U0126209

儒家思想與康熙大帝

劉家駒 著

臺灣學生書局印行

序言

康熙皇帝幼年曾受儒家經典的教育，青年時期又主動與儒學官僚接近，首開經筵日講以加強其對四書五經的研讀，使其能突破傳統直窺儒家經典的精義而創新其「帝王之學」。

儒家思想著重尊王攘夷，康熙皇帝親政後的集權專制與剷除權臣，或許是來自儒家思想中尊君理念的影響。至吳三桂等起兵激變後，康熙皇帝為了平定叛亂，更是一方面以儒家的道德正義強烈的譴責吳三桂等「反覆亂常，不忠不孝，不仁不義」的罪狀。另一方面又以儒家的「忠」「孝」召諭綠旗諸漢人將領效忠清朝，「勇」於剿平叛逆，強調儒家思想的綱常名教以安定社會人心。

其出兵澎湖，招撫臺灣也是因中國東南沿海居民長期受「海寇」或「海賊」騷擾所致，符合儒家「保民」「養民」的精神。尤其是招撫臺灣後的展界與開海，更是中國沿海居民的要求與整體經濟利益相符，臺灣也將為其海洋發展的先鋒。但由於受中國傳統農業文化大陸政策與內陸文明的影響太深，致清廷在開放海禁後又再度實施海禁，臺灣遂被邊陲化而清廷也喪失向海洋發展的契機。

滿洲部族原屬於東胡，但康熙皇帝自認為繼承二帝三王的治統與道統，與傳統中國所謂的夷狄有別。他親率大軍平定準噶爾，與派兵平定西藏，完全是為了西北西南邊疆的永久和平，不是窮兵黷武的好戰。而且清朝不修築長城，以蒙古部族為屏藩的戰略思想，更有其超越時代的歷史意義。其對蒙古、西藏各部族宣揚儒家思想一體「恩養」、「仁愛」、「誠信」相待及其尊君親上之義，使他們永為大清的「忠」「順」藩屬臣民。其以黃教懷柔蒙藏各族的政策，也是儒家思想「王道」等理念影響下自然完成。

孝治天下是康熙皇帝的政治理想，正心誠意修身齊家治國平天下更是他教導子孫的準則。但其皇太子胤礽雖在其慎選的理學名臣悉心的教導下，卻仍「不仁不孝」，甚至想奪權「潛謀大事」。而其諸皇子間結黨爭權，更無骨肉親情，於此可見儒家倫理道德仍有其侷限性。康熙皇帝晚年受其不肖諸皇子奪權明爭暗鬥的打擊，但仍未動搖其對人性善良的信念，影響其仁民愛物的諸多政治措施。

儒家思想向被認為太過保守與消極，太過於維護既得利益，是阻礙整體社會進步的「元凶」，儒家的道德更是「偽」與「詐」的溫床，且桎梏思想，對社會國家產生許多負面的影響！事實上這是儒家思想「僵化」後所衍生出的惡果。對一個剛漢化的滿洲部族而言，儒家思想確新鮮活潑，處處呈現其積極與正面的意義與影響！而沒有「僵化」後的副作用與後遺症。

讀書教學與研究是我的人生理想，研究清史更是我最大的興趣。自民國四十三年省立基中畢業，以第一志願考入臺大歷史系起，始終以研究清史為職志，先後也有相當的學術論文發表。自民國八十年在《東吳文史學報》發表第一篇論文起，十餘年間先後在其他學術刊物上發表近十篇以康熙皇帝為研究中心的論文。第一篇與第二篇關於康熙皇帝幼年及青年時期所受教育的論文曾獲國家科學發展獎助委員會的獎助，給我很大的鼓勵。當然東吳大學更供給我一個學術自由、尊重專業的好環境。而東吳大學師生對我的督促與鼓勵，使這本書能如期完成問世，是我衷心最要感謝的。

本書的電腦打字，校對由東吳大學史研所包暐稜同學負責，致本書的封面設計及全書的造字排版與再校則分別由黃仕光先生及吳若蘭小姐完成，增加本書的光彩，除感謝他們的專業與勤勞外，也欽佩臺灣學生書局總經理鮑邦瑞先生及總編輯陳仕華先生的遠見及其企業化經營文化出版事業的精神。當然更得感激內人蔣凱華女士的辛勞，卅餘年來對我生活的照顧，使我無後顧之憂，全心貫注於興趣所在的教學與研究工作。

儒家思想與康熙大帝

目　錄

第一章　幼年所受的教育與影響

（一）功歸祖母，深恩誨迪

康熙皇帝名玄燁，是順治皇帝的第三子，母親佟妃，是遼東漢人佟養真的孫女，算是清代開國功臣的後代❶。按清朝舊制，后妃之選，例不得及漢人。相傳順治皇帝的母親孝莊皇太后也曾有「以纏足女子入宮者斬」的諭令❷。因當時漢人女子皆纏足，惟遼東漢軍八旗女子因受滿洲部族風俗習慣的影響而不纏足，所以佟氏於順治九年得以被選入宮為妃。佟妃並不特別得寵於順治皇帝，但卻受到孝莊皇太后的鍾愛，其子玄燁能繼位為皇帝與此有莫大的

❶《清史稿校註》卷二四二頁八一六二，佟圖賴傳。

❷《清宮遺聞》卷二頁五八及《清代軼聞》卷三頁五一，清宮詞註。

關係❸。

孝莊皇太后是蒙古人，出身於科爾沁部博爾濟吉特氏戚畹貴族世家，賢良而具有政治頭腦。她十四歲時嫁給清太宗皇太極，廿七歲時生福臨❹。皇太極逝世時，其子福臨年僅六歲，她自己則是卅二歲的盛年，握有軍權實力的皇弟和碩睿親王多爾袞則是卅三歲，為了「保護」、「撫育教訓」幼兒，憑著自己的智慧，膽識與謀略，為其子福臨爭得皇位的繼承，而由皇叔多爾袞攝政❺。由於她的年齡，出生及其家族間微妙的政治關係，故當時即有太后下嫁皇叔多爾袞之說❻。

十九年後，年僅廿四歲的順治皇帝以患天花病逝於養心殿，遺詔命八歲的第三子玄燁為皇太子繼位❼。她又以其智慧與經驗，耐心教導輔佐孫兒康熙皇帝。據康熙皇帝後來回憶說：「朕自幼齡學步能言時，即奉聖祖母慈訓，凡飲食，步履，言語，皆有矩度。雖平居獨處，亦教以罔敢越軼，少不然即加督過，賴是以克有成」❽。

孝莊皇太后以帝王的標準嚴格訓練孫兒，如「儼然端坐」是皇帝舉止修養最基本功夫。為了養成這種習慣，孝莊皇太后時刻告誡他：「凡人行為坐臥，不可回顧斜視」，「此等處不但關於德容，並且有犯忌諱」❾。所以康熙皇帝「自幼年登基，直至日後與諸臣議事，或與講官論證經史，與親屬閒話家常，率皆儼然端坐」，此乃其「自幼所習成，素日涵養之所致」❿。玄燁「自幼好看書」⓫，「自幼嗜書法」⓬，「自幼留心典籍」⓭，「自幼喜歡稼

❸《聖祖仁皇帝實錄》卷一頁二：「先是，孝康章皇后詣慈寧宮問安，將出，衣裾若有龍繞，太皇太后見而異之，問之有娠，顧謂近侍曰：朕曩孕皇帝時，左右嘗見朕裾褶間，有龍盤旋，赤光燦爛，後果誕生聖子，統一寰區，今妃亦有此祥徵，異日生子，必膺大福，至上誕降之辰……」。

❹《清史稿校註》卷二二一頁七六六九，后妃，孝莊文皇后。

❺《聖祖仁皇帝實錄》卷一三二頁八，康熙廿六年十二月己巳：「……諸王大臣，以世祖皇帝方在沖齡，繼承大統，保護扉託，合辭堅請，撫育教訓，未嘗少懈……」，並參蕭一山著《清代通史》。

❻《清宮遺聞》卷一頁四，太后下嫁攝政王。並參孟森著「太后下嫁考實」，此為清初三大疑案之一。

❼同❺引書。

❽《聖祖仁皇帝御製文》第二集卷四十，雜著，庭訓。

❾《聖祖仁皇帝庭訓格言》頁一六。

❿《聖祖仁皇帝庭訓格言》頁一七。

⓫《聖祖仁皇帝庭訓格言》頁六三：「朕自幼好看書，今雖年高，萬機之暇，猶手不釋卷。誠以天下事繁，日有萬機。為君者一身處九重之內，所知豈能盡乎？時常看書，知古人事，庶可以寡過。故朕理天下事五十餘年，無甚差忒者，亦看書之益也」。

⓬《聖祖仁皇帝庭訓格言》頁七六：「朕自幼嗜書法，凡見古人墨蹟，必臨一過，所臨之條幅手捲將萬餘，賞賜人者不下數千。天下有名廟宇禪林，無一處無朕御書匾額，約計其數，亦有千餘。大概書法，心正則筆正，書大字如小字。此正古人所謂心正氣和，掌虛指實，得之於心而應之於手也」。

⓭《聖祖仁皇帝庭訓格言》頁四四：「朕自幼留心典籍，比年以來，所編定書約有數十種，皆以次第告成。至於字學所關尤切，字彙失之簡略，正字通涉於汎濫，兼之各方風土不同，語音各異……」。

穡」⑭，「自幼不喜飲酒」⑮，以及「自少習射」⑯，這些良好習慣均非一日所能養成。法國傳教士白晉認為康熙皇帝有極高的天賦，過人的才能和諸多美德。而且認為他的嗜好和興趣高雅不俗，都能適合帝王的身分⑰。這些嗜好和興趣，都是自幼養成的。

年幼的康熙皇帝非常乖巧，能善體乃祖母心意。康熙元年即帝位不久之後，即尊奉祖母為太皇太后，並於冊文中特別記下祖母及母后「撫育眇躬」，「紹丕基而恩深訓迪」⑱，「顧眇躬之嗣纘洪猷，賴懿教之恩隆誨迪」⑲。康熙二年，「西邊大帥某，得黃鸚鵡，以黃金作籠，獻上」。康熙皇帝並未獎賞，而是「卻其獻，嚴飭之」⑳。在親政而計除權臣鰲拜掌握國家實權後，康熙皇帝仍不時至太皇太后所居慈寧宮請安，並請教國家大事，平均一月有四、五次之多㉑。「吳三桂亂作，頻年用兵，太后念從征將士勞苦！發宮中金帛加犒。聞各省有偏災，輒發帑賑恤」㉒。康熙皇帝也把平定三藩等叛亂的勝利歸功於祖母，「只遵懿訓，綏靖寰區，叛逆削平，兵民休息」㉓。

康熙皇帝對祖母的感戴與孝敬皆誠意懇到。如康熙十二年四月，「太皇太后聖體違和」，思念巴林淑慧公主，康熙皇帝命乾清門侍衛武格乘御轎，馳驛往迎公主至京，「太皇太后甚喜，聖體遂強健如常」㉔。康熙廿二年九月，太皇太后詣五臺，山路難行，乘車不穩，康熙皇帝命備八人煖轎，太后念及轎夫步履維艱，堅持乘車。「朕勸請再三，聖意不允，朕不得已，命轎近隨車行。行不數里，朕見聖躬乘車不甚安穩，因請乘轎。聖祖母云：

⑭《聖祖仁皇帝庭訓格言》頁四七：「朕自幼喜觀稼穡，所得各方五穀菜蔬之種，乃種之以觀其收穫，誠欲廣布，於民生或有裨益也。朕豐澤園所種之稻，偶得一穗，較他穗先熟，因種之，遂比別稻早收，若南方和煖之地，可望一年兩穫。即如外國之卉，各省之花，凡所得種，種之即生，而且花開極盛，觀此則花木各遂其性也可知矣！今塞外之野繭大於山東之山繭，朕因織為繭，製衣衣之，此皆農桑之要務。至於花木皆天地生意所發，故朕心深愜焉」。

⑮《聖祖仁皇帝庭訓格言》頁二一：「朕自幼不喜飲酒，然能飲而不飲。平日膳後，或遇年節筵席之日，止小杯一杯。人有點酒不聞者，是天性不能飲也！如朕能飲而不飲，始為誠不飲者。大抵嗜酒則心志為其所亂而昏昧，或致病疾，實非有益於人之物」。

⑯㈠《聖祖仁皇帝御製文》第二集卷四頁二：「朕自少習射，亦如讀書作字之日有課程，久之心手相得，輒命中的，率虎賁羽林以時試射，念祖宗以來以武功定虓亂，文德致太平，豈宜一日不事講習？」

㈡《清宮遺聞》卷一頁一六：聖祖射獵之神武。聖祖晚年嘗於行圍幄次，諭近御侍衛諸臣曰：朕自幼至老，凡用鳥槍弓矢獲虎一百三十五，熊二十，豹二十五，猞猁猻十，麋鹿十四，狼九十六，野豬一百三十二，哨獲之鹿，凡數百。其餘射獲諸獸，不勝記矣，又於一日內射兔三百十八。

⑰白晉著《康熙帝傳》頁一九六：「但是，康熙的精神品質遠遠強過他身體的特性。他生就帶有世界上最好的天性。他的思想敏捷、明智，記憶力強，有驚人的天才。他有經得起各種事變考驗的堅強意志。他還有組織，引導和完成重大事業的才能。所有他的愛好都是高尚的，也是一個皇帝應該具備的。老百姓極為贊賞他對公平和正義的熱心，對臣民父親般的慈愛，對道德和理智的愛好，以及對欲望驚人自制力。更人人使驚奇的是，這樣忙碌的皇帝竟對各種科學如此勤奮好學，對藝術如此醉心。在他幼年時，人們就已發現他的高尚品質」。

⑱《聖祖仁皇帝實錄》卷七頁一三，康熙元年八月癸卯。

予已易車矣！未知轎在何處？焉得即至？朕奏曰：轎即在後，隨令進前。聖祖母喜極，拊朕之背稱讚不已，曰：車轎細事，且道路之間，汝誠意無不懇到，實為大孝」㉕。

康熙廿六年十一月，太皇太后病重，康熙皇帝更是「心懷憂慮，日侍左右，檢方調藥，親侍飲饌。」太皇太后寧憩之時，「朕惟隔幔靜俟，席地危坐，一聞太皇太后聲息，即趨至榻前，凡有所需，手奉以進」㉖。「卅五晝夜衣不解帶，目不交睫，竭力盡心」。為滿足祖母不時之需，凡坐臥物品飲食肴饌無不具備，僅糜粥之類即備有卅餘品，「隨所欲用，一呼即至」。祖母屢次命他回宮暫息，「少宜自愛」。大臣們也一再奏請皇帝保重身體，但他仍勉強支持㉗。甚至「願減其齡」，「以延聖壽」㉘。並對大臣們說出他的心情：

「朕念幼蒙太皇太后撫養教育三十餘年，罔極深恩難以報答。今見病體依然，五內焦灼，莫知所措！朕躬寢處何暇顧及？覽奏，具見大小臣工愛君誠悃。但當此時不竭心盡力，少抒仰報之忱，異日雖欲依戀慈闈，竭朕心力，豈易得耶」㉙。

同年十二月廿五日，太皇太后病逝，享年七十五歲。康熙皇帝更是悲痛欲絕，「擗踊哀號，呼天搶地，哭無停聲，飲食不入口」。「諸王、貝勒、貝子，公等文武群臣見上哀痛過甚，皆惶懼無措，公疏奏請節哀」㉚。康熙皇帝乃對文武大臣們說出他對祖母的懷念：

朕自八齡皇考世祖章皇帝賓天，十一歲幼遭皇妣章皇后崩逝。早失怙恃，未得久依膝下，于皇妣音容，僅能彷彿，全賴聖祖母太皇太后撫育教訓。三十餘年，朕竭此衷誠，期盡孝養，朝夕侍奉，未敢少懈。近值太皇太后違豫，虔誠祈禱，躬奉湯藥，三十餘日，不離左右，尚冀痊安，永享遐福。詎意竟遭捐棄，五內摧迷。顧念慈恩，罔極難報，哀號痛切，情何容已。㉛

---

⑲《聖祖仁皇帝實錄》卷七頁一二，康熙元年八月癸卯。

⑳《池北偶談》卷一頁六。

㉑《聖祖仁皇帝實錄》卷三〇頁三一，康熙八年六月至十二月。

㉒《清史稿校註》卷二二一頁七六六九，列傳一，后妃。

㉓《聖祖仁皇帝實錄》卷九九頁二一，康熙二十年十二月壬寅。

㉔《聖祖仁皇帝實錄》卷四二頁八，康熙十二年五月丙子。

㉕《聖祖仁皇帝庭訓格言》頁一一。

㉖《聖祖仁皇帝御製文》第二集卷五頁二〇，康熙二十六年十二月十一日。

㉗《聖祖仁皇帝庭訓格言》頁六七，並參上註。

㉘《郎潛紀聞初筆》卷一三頁二七三，聖祖之孝。

㉙《聖祖仁皇帝御製文》第二集卷五頁一四，康熙二十六年十二月十一日。

㉚《康熙起居注》二冊一六九二頁，康熙二十六年十二月二十五日己巳。

㉛《康熙起居注》二冊一六九三頁，康熙二十六年十二月二十五日己巳。

(二)一半漢人血統，偏重滿洲語文的教育

至康熙皇帝幼年所受的教育，仍與其祖母孝莊皇太后有密切關係，其生母慈和皇太后於康熙二年，玄燁十一歲時逝世㉜。康熙皇帝雖有一半漢人血統，但他幼年所受的教育則偏重於滿洲部族的語文及習俗，所受的漢文教育則不完整。據朝鮮李朝實錄的記載，孝莊皇太后甚厭漢語漢文，或有兒孫輩習漢俗者，則以為漢俗盛而胡運衰，而輒加禁抑㉝。由於孝莊皇太后甚厭漢文，而又對其孫兒玄燁特別鍾愛，故特令自己的侍女蘇麻喇姑總管照顧玄燁的幼年生活，並教他學習滿語滿文，「聖祖幼時賴其誨迪」㉞。而且按清代宮中的規定，皇子與生母不能同居一宮，皇子誕生不論嫡庶，一墮地，即由褓姆抱出交乳姆撫養，不能與生母相見。每年見面有定時，見亦不能多言，不能如民間可以隨時隨地相親近也㉟。因此玄燁誕生後，即由褓姆抱走，交乳姆撫養，不能與其漢人生母佟妃相親近。玄燁的褓姆，乳姆各有數人，與玄燁相處最久的乳姆，是正白旗漢軍包衣（奴隸之意）曹璽之妻孫氏，這是玄燁幼年時最親近的一位漢人。曹璽家能於康熙朝，三代為江寧織造，其曾孫中更出了一個偉大的作家曹雪芹，皆緣於此。康熙皇帝六次南巡，有四次以江南織造衙署為行宮，康熙三十八年，孫氏六十八歲，帝三次南巡，曹寅奉母以見，康熙皇帝重見孫氏，「色喜，且勞之曰：此吾家老人也」，並御書「萱瑞堂」三字賜之。康熙朝另一大臣噶禮，也是康熙皇帝乳姆之子㊱。

專門哺乳皇子皇孫之乳媼是清代一種特殊的行業，位於北京東安門外稍北之禮儀房或嬭子府，即專管乳媼的挑選與訓練以備內廷不時宣召所需。其制每年四季各精選鄉里間十五以上，廿以下的良家產嬰婦女四十名，養於府內，以備皇宮宣取選用。選中之乳媼，則易高髻新衣如宮妝以進。皇子皇孫以產女之乳媼哺之，公主或格格則以產男之乳媼哺之㊲。如皇子將來繼位為皇帝，乳媼或可被封為「奉聖夫人」，頂帽服飾照公夫人例㊳。所以這種與自己骨肉相離，而專門哺乳皇子皇孫的行業，也為「旗人」或鄉里間貧窮產嬰婦女所樂為㊴。

㉜《聖祖仁皇帝實錄》卷八頁一，康熙二年二月癸丑。

㉝孟昭信著《康熙大帝全傳》頁四六，二，尊孔崇儒，引朝鮮李朝實錄。

㉞《清宮遺聞》卷一頁一九：蘇麻喇姑，為孝莊文皇后侍女，性巧黠，清初衣冠飾樣，皆其手製，聖祖幼時賴其誨迪，手教國書，宮中甚推重之，至康熙壬午始逝。

㉟《清宮遺聞》卷二頁一〇，皇室無骨肉情。

㊱周汝昌著《紅樓夢新證》頁二五三，三九七及四〇三。順治十一年，三子玄燁生，孫氏二十三歲，為玄燁保母，並參《清史列傳》卷一二頁二七，噶禮傳。

㊲《清宮遺聞》卷二頁二二，嬭子府。

㊳《清宮遺聞》卷一頁一九，奉聖夫人。

㊴參㊲引史料。

按欽定宮中現行則例的規定，皇子降生後，設首領侍監一名，太監四人㊵。事實上，一皇子例須用四十人，除褓姆八人，乳姆八人外，還有針線上人，漿洗上人，燈火上人，鍋灶上人等照顧皇子幼年的生活起居㊶。皇子稍長，離開乳姆後，則添內監若干人為其諳達（Anda）（滿文朋友，伙伴之意），教以飲食，言語，行步。清朝家法，皇子皇孫六歲入學，宮中則延請翰林院內之庶吉士，侍講等官為其師傅，教以四書、五經、史、漢、策問，詩、賦之學。另遴選八旗武員弓馬滿語嫻熟者數人，教授皇子皇孫騎馬射箭與滿文，名曰諳達，其地位僅次於師傅。清晨五時至七時入學，下午三時至五時放學，在學時間整整八小時，除特定假日外，沒有寒暑假，師傅及諸諳達們的管教非常嚴格㊷。但玄燁受這種嚴格教育的時間，僅只有二、三年而已。

乾隆年間目睹皇子們讀書的趙翼，對清朝皇子典學讀書的制度，即站在肯定的立場而頗多頌揚。他寫道：

本朝家法之嚴，即皇子讀書一事，已迥絕千古。余內直時，屆早班之期，率以五鼓入，時部院百官未有至者，惟內府蘇喇數人（謂閑散白身人在內務供役者）往來。黑暗中殘睡未醒，時復倚柱假寐，然已隱隱望見有白紗燈一點入隆宗門，則皇子進書房也。吾輩窮措大專恃讀書為衣食者，尚不能早起，而天家金玉之體乃日日如是。既入書房，作詩文，每日皆有課程，未刻畢，則又有滿洲師傅教國書，習國語騎射等事，薄暮始休。然則文學安得不深？武事安得不嫻熟？宜乎皇子皇孫不惟詩文書畫無一不擅其妙，而上下千古成敗理亂已了然於胸中。以之臨政，復何事不辦？因憶昔人所謂生於深宮之中，長於阿保之手，如前朝宮庭間逸惰尤甚，皇子十餘歲始請出閣，不過官僚訓講片刻，其餘皆婦寺與居，復安望其明道理，燭事機哉？然則我朝諭教之法，豈惟歷代所無，即三代以上，亦所不及矣。[43]

(三)民本思想，帝王之學

玄燁可能比其他諸皇子早一年入學[44]，八歲即帝位。在二、三年的啟蒙教育中，實在讀

---

[40]《欽定宮中現行則例》卷四頁四八。

[41] 參[35]引史料。

[42]《清宮遺聞》卷一頁四〇，皇子典學之禮及皇子讀書。

[43]《簷曝雜記》卷一頁八。

[44]《聖祖仁皇帝實錄》卷一頁二，「聖祖……自五齡後，好學不倦……」而清代歷朝諸皇子皇孫正式入學的年齡則為六歲。

不完論語、孟子、大學、中庸等四書[45]。俗諺云「半部論語可以治天下」，儒家經典著作中的精髓，就一個帝王而言，最重要的就是性善與推己及人的人道主義及民本思想。一個帝王果能常念及此，即可垂拱而「禮」治無須人為的「法」了。

玄燁踐阼後，「一日太皇太后問上何欲？奏曰：惟願天下安，生民樂業，共享太平之福而已」[46]，這正是儒家政治理想的實現。為了瞭解更多的儒家典經的深義，玄燁「八歲登極，即知黽勉學問。彼時教我句讀者，有張、林二內侍，俱係明時多讀書人。其教書惟以經書為要」[47]。

康熙六年，玄燁十四歲，承祖母太皇太后之命，及輔政大臣之請，躬親大政。每日「未明求衣，辨色視朝」，於乾清門聽理朝政[48]。二年後，率諸王大臣等親詣太學祭孔，並聽滿漢祭酒司業以次講易經書經，聽後宣制曰：「聖人之道，如日中天，講究服膺，用資治理」[49]。充分肯定孔子及其學說的政治地位。次年，即著手舉行經筵日講，經筵講官則以內閣大學士、學士、六部尚書、侍郎等儒臣為主。初召國史院學士熊賜履至瀛台試講，熊賜履進講「道千乘之國」一章，繼講「務民之義」一章。康熙皇帝聽後大喜，乃命擇吉正式舉行經筵日講[50]。而「內侍中又無博學善書者，以致講論不能應對」，不能滿足康熙皇帝的求知慾，乃於翰林院內選博學善書者二員，常侍左右，講究文義，並於乾清門右階撥給房屋居住，以便「不時宣召」[51]。沈荃、勵杜訥、張英、高士奇等才學兼優，博學能文的儒臣即於康熙十年後入直南書房[52]。他們與康熙皇帝剖析經義，討論時政，無異同堂師友，使康熙皇帝對中國傳統儒家思想中經史的瞭解，更深進一層。他已將儒家的「道統」與二帝三王的「治統」合而為一，並用以「治」「化」天下，故康熙皇帝的尊孔崇儒實有其極高的政治目的。茲抄錄若干條康熙朝君臣對儒家經典精義的體認，以明其著重之處。

(一)蓋有四子，而後二帝三王之道傳，有四子之書，而後五經之道備，四子之書，得五經之精義而為言者也。孔子以生民未有之聖，與列國君大夫，及門弟子論政與學，

---

45 白晉著，馬緒祥譯《康熙帝傳》頁二四一，載於清史資料第一輯，「……那時（九歲）最小的王子（胤禛雍正皇帝）已學習四書的前三部，並開始學習最後一部了。……」胤禛九歲時只能讀完《四書》中的前三部，則八歲的玄燁當然讀不完全部的《四書》了，即令其入學早一年。

46 《聖祖仁皇帝實錄》卷一頁四，順治十八年正月己未。

47 《聖祖仁皇帝庭訓格言》頁二。

48 《聖祖仁皇帝實錄》卷二二頁二—四，康熙六年七月乙巳及己酉。

49 《聖祖仁皇帝實錄》卷二八頁一八，康熙八年四月丁丑。

50 《池北偶談》卷一頁二，經筵日講。

51 《康熙起居注》冊一頁三三一，康熙十六年十月二十日癸亥。

52 《清史稿校註》卷二七三頁八五七四沈荃，勵杜納傳。

天德王道之全，修己治人之要，俱在論語一書。學、庸皆孔子之傳，而曾子子思獨得其宗，明新止至善，家國天下之所以齊治平也。性教中和，天地萬物之所以位育，九經達道之所以行也。至於孟子，繼往聖而開來學，闢邪說以正人心，性善仁義之旨，著明於天下。此聖賢訓辭詔後，皆為萬世生民而作也。道統在是，治統亦在是矣！歷代賢哲之君，創業，莫不尊崇表章，講明斯道。……誠以此編之大義，究先聖之微言，以此為化民成俗之方，用期夫一道同風之治，庶幾近於唐虞三代文明之盛也夫。53

(二)訓曰：孝經一書，曲盡人子事親之道，為萬世人倫之極，誠所謂天之經，地之義，民之行也。推原孔子所以作經之意，蓋深望夫後之儒者，身體力行，以助宣教化而敦風俗。其旨甚遠，其功甚宏，學者自當留心頌習，服膺弗失可也。54

(三)訓曰：書經者，虞、夏、商、周治天下之大法也。書傳序云：二帝三王之治本於道，二帝三王之道本於心，得其心，則道與治固可得而言矣。55

(四)大學中庸皆以慎獨為訓，是為聖賢第一要節，後人廣其法曰暗室不欺，所謂暗室有二義焉！一在私居獨處之時，一在心曲隱微之地。夫私居獨處，則人不及見，心曲隱微，則人不及知。惟君子謂此時指視必嚴也！戰戰慄慄，兢兢業業，不動而敬，不言而信，斯誠不愧於屋漏，而為正人也夫。56

當然康熙皇帝對四書的初步瞭解，除得力於張、林二內侍外，實由其「生性好問」，而且「知之為知之，不知為不知，朕自幼即如此。每見高年人，必問其以往經歷之事而切記於心，決不自以為知而不訪於人也」。故「朕自幼讀書，間有一字未明，必加尋繹，務至明愜於心而後已！不特讀書為然，治天下國家，亦不外是也」㊼。至激發康熙皇帝憤而研讀經史的興趣，則為熊賜履、沈荃、張英等諸儒臣「啟沃」之功。康熙皇帝對宋明理學的瞭解及其後之重視理學，皆奠基於此一時期。據康熙皇帝回憶說：「及至十七、八，更篤於學，逐日未理事前，五更即起誦讀，日暮理事稍暇，復講論琢磨，竟至過勞，痰中帶血，亦未少輟。朕少年好學如此」㊽。而且康熙皇帝把讀書當作一種修養工夫，「因人心至靈，出入無鄉，

㊸《聖祖仁皇帝實錄》卷七〇頁一一，康熙十六年十二月庚戌：「上親製日講四書解義序曰：朕惟天生聖賢，作君作師。萬世道統之傳，即萬世治統之所繫也。自堯、舜、禹、湯、文武之後，而有孔子、曾子、子思、孟子，自易、書、詩、禮、春秋而外，而有論語，大學、中庸、孟子之書，如日月之光昭於天，岳瀆之流峙於地，猗歟盛哉！蓋有四子……」。

㊹《聖祖仁皇帝庭訓格言》頁一一。

㊺《聖祖仁皇帝庭訓格言》頁四。

㊻《聖祖仁皇帝庭訓格言》頁一八。

㊼《聖祖仁皇帝庭訓格言》頁八：「人多強不知以為知，乃大非善事，是故孔子云：知之為知之……」。

㊽《聖祖仁皇帝庭訓格言》頁三。

一刻不親書冊，此心未免旁騖，朕在宮中，手不釋卷，正為此也」[59]。也因其「自幼好看書」，養成良好習慣，「今雖年高，萬幾之暇，猶手不釋卷」[60]。

而康熙皇帝自幼好看書，亦是為了求知，「益思學問者，百事根本，不能學問，則漸即於非」，而「學問之要，在乎窮理致知」[61]。「凡聖賢經書，一言一事，俱有至理，讀書時，便宜留心體會。此可以為我法，此可以為我戒，久久貫通，則事至物來，隨感即應，而不待思索矣」[62]。「故讀一卷，則為一卷之益，讀書一日，則有一日之益，故夫子所以發憤忘食，學如不及也」[63]。「蓋人之知也有涯，不能憑虛以悟，故必假於詩書六藝之文，誦讀以舉其詞，思索以晰其義，綜微研頤以窮其指歸，而後可以多識前言往行以蓄其德」[64]。而且「天下事繁」，「為君者一身處九重之內，所知豈能盡乎？時常看書，知古人事，庶可以寡過」，「斯足增長見聞，充益神智」[65]。但「帝王之學，以明理為先」[66]。「不專事纂組章句」[67]。故康熙皇帝「自弱齡苦好讀書，未嘗以文為事」，「帝王之學，識其遠者大者而已！非儒生對句華詞多麗為勝也」[68]。「文章以發揮義理，關係世道為貴，騷人詞客不過技藝之末，非朕所貴也」[69]。「朕平日讀書窮理，總是要講求治道，見諸實行，不徒空談耳」[70]。

但就一個帝王而言，即令具備了傳統儒學的經史知識與修養，仍嫌不夠應付天下事繁的需要。康熙皇帝之學算數，即為事實之需要。「爾等惟知朕算數之精，卻不知我學算之故。

朕幼時，欽天監漢官與西洋人不睦，互相參劾，幾至大辟。楊光先，湯若望於午門外九卿前，當面賭測日影，奈九卿中無一知其法者。朕思己不知，焉能斷人之是非，是自憤而學焉」㉑。康熙皇帝的算學，幾何學，靜力學，天文學及歐洲科學等方面的知識，就是從南懷

---

⑲《聖祖仁皇帝實錄》卷四三頁一六，康熙十二年十月戊戌：「諭講官等曰：人心至靈……」。

⑳《聖祖仁皇帝庭訓格言》頁六三。

㉑《聖祖仁皇帝御製文》第二集卷四〇頁一。

㉒《聖祖仁皇帝庭訓格言》頁九。

㉓《聖祖仁皇帝庭訓格言》頁九〇。

㉔《聖祖仁皇帝庭訓格言》頁一並參㉖。

㉕《聖祖仁皇帝庭訓格言》頁六三。

㉖《聖祖仁皇帝實錄》卷六七頁一，康熙十六年五月己卯：「帝王之學，以明理為先，格物致知，以資講論……」。

㉗《聖祖仁皇帝御製文》第二集卷四〇頁二。

㉘《聖祖仁皇帝御製文》第三集卷一九頁一。

㉙《聖祖仁皇帝實錄》卷四三頁八，康熙十二年八月辛酉：「諭講官等曰：文章以發揮義理……」。

㉚《聖祖仁皇帝實錄》卷四三頁一〇，康熙十二年八月癸亥：「上御弘德殿，講官進講畢，諭講官等曰：致治之道，不宜太驟，只合日積月累，久之自有成效，朕平日讀書窮理……」。

㉛《聖祖仁皇帝庭訓格言》頁六九。

仁、張誠、徐日昇、安多等西方傳教士那裡學來的，而且在學習過程中，他自始至終都非常認真[72]。至其「自幼見醫學頗多，洞澈其原」，則可能與其年幼身體虛弱有關[73]。就一個帝王而言，康熙皇帝在算數及醫學方面之造詣與成就，固無詳加探討的必要，但其「精於算學」[74]，「留心醫理，熟諳藥性」後[75]，所做的判斷與決定，確是影響深遠。康熙八年以西洋傳教士南懷仁「神父」為欽天監副，革楊光先職並廢推算閏月差誤的「七政民曆」[76]。「西法復行」，「其節氣占候，悉從南懷仁之言」[77]。更由於康熙皇帝熟諳藥性醫理，而保全千萬人的生命而「有益於多人」。據其回憶云：「國初，人多畏出痘，至朕得種痘方，諸子女及爾等子女皆以種痘，得無恙。今邊外四十九旗及喀爾喀諸藩，俱命種痘。凡所種，皆得善愈。嘗記初種時，年老人尚以為怪，朕堅意為之，遂全此千萬人之生者，此偶然耶」[78]。「又西洋有一種樹皮，名金雞勒，以治瘧疾，一服即愈，可見用藥只在對症也」[79]。至康熙皇帝「自幼喜觀稼穡」；進而改良稻種，增加糧米的生產量，更是造福於人的大事[80]。

至將中國傳統儒家思想實現於實際政治中，則為康熙皇帝最高的政治智慧與成就。儒家思想中的聖君則為其能勤政，節儉與愛民。康熙皇帝自親政後，「於宮中未明求衣，辨色而起」，御門聽政，經筵日講，硃批奏摺及辦理政事，幾未暫輟，可謂勤政之君。康熙三十三年十二月，大學士等以天下「太平」，「事務亦極清簡」、「請隔三四日御門」聽政「一次」，「似於政事，亦不致有誤。上曰：朕聽政三十餘年，已成常規，不日日御門理事，即覺不安，若隔三四日，恐漸致倦怠，不能始終如一矣」，「朕仍照常，每日聽政」㉛。

---

⑫ 白晉著馬緒祥譯《康熙帝傳》頁二二二。

⑬ 《聖祖仁皇帝庭訓格言》頁四五：「朕自幼所見醫書頗多，洞徹其原，故後世托古人之名而作者，必能辨也。今之醫生所學既淺，而專圖利。立心不善，何以醫人？如諸藥之性，人何由知之，皆古聖人之所指示者也。是故朕凡所試之藥，與治人病愈之方，必曉諭廣眾。或各處所得之方，必告爾等共記者，冀有益於多人也」。

⑭ 《郎潛紀聞初筆》卷六頁一三五：聖祖精於算學：「宣城梅瑴成，泰州陳厚耀，同值南書房，正定算學諸書。聖祖嘗召厚耀於便殿，問測景使何法？厚耀不知，上寫西人定位法、開方法、虛擬法示之。又命至御座旁，隨意作兩點，上自用規足畫圖，即得相去幾何之法。瑴成直蒙養齋，上亦授以借根方法。諭之曰：『西洋人名此書為阿爾熱八達，譯言東來法也』。幾餘召對，時有指授，自後二人之學，彌益精邃……」。

⑮ 《清代述異》卷一一頁八四，聖祖論醫。

⑯ 《聖祖仁皇帝實錄》卷二七頁二四，康熙七年十二月庚戌，並參清史料卷三頁一四，西人修曆：「明萬曆中，西洋人利瑪竇，與其徒湯若望，羅雅谷等，奉天主教來遊中國，極言授時曆之誤，當時未之信也……」。又白晉著康熙帝傳中均稱南懷仁為神父，故從之。

⑰ 《聖祖仁皇帝實錄》卷二八頁一五，康熙八年三月庚戌。

⑱ 《聖祖仁皇帝庭訓格言》頁二〇。

⑲ 同⑭。

⑳ 同⑱。

㉛ 《聖祖仁皇帝實錄》卷一七一頁一一，康熙三十二年十二月癸酉。

至康熙皇帝的節儉，則以「本朝（清）與前明宮中費用之比較」來說明：康熙廿九年，「查得故明宮中每年用金花銀共九十六萬九千四百餘兩，今悉已充餉。又故明光祿寺每年送內所用各項錢糧二十四萬餘兩，今每年只用三萬餘兩，明每年木柴二千六百八十六萬餘觔，今只用六七八萬觔。明每年用紅螺等炭共一千二百八萬餘觔，今只用百餘觔。各宮床帳輿輪花毯等項，明每年用銀二萬八千二百餘兩，今俱不用。又查故明宮殿樓亭門名共七百八十六座，今以本朝宮殿數目較之，不及前明十分之三。至故明各宮殿九層，基址牆垣，俱用臨清磚，木料俱用楠木，今禁宮中修造房屋，出於斷不可已，凡一切基址牆垣，俱用尋常磚料，木植皆用松木而已」。康熙四十九年，又查得「明朝費用甚奢，興作亦廣，一日之費，可抵今一年之用。其宮中脂粉錢四十萬兩，供應銀數百萬兩，至世祖皇帝登極，始悉除之。紫禁城內一切工作，俱派民間，今皆現錢雇覓。明季宮女至九千人，內監至十萬人，飯食不能遍及，日有餓死者，今則宮中不過四五百人而已。又諭戶部曰：國家錢糧，理當節省，否則必至經費不敷。每年有正額蠲免，有何費用，必能大加節省，方有裨益。前光祿寺一年用銀一百萬兩，今只用十萬兩，工部一年用二百萬兩，今只用二三十萬兩，必如此，然後可謂之節省也」㉜。法國傳教士白晉曾目睹康熙皇帝生活恬淡樸素。他說康熙皇帝「滿足於最普通的菜肴，從未有過絲毫的過度，他的淡泊超過了人們所能想像的程度」㉝。

至康熙皇帝愛民的具體措施，則在其恤民賑災，減免天下賦稅。「若期比戶豐盈，必以蠲租減賦，除其雜派為先，邇年以來，各省地丁錢糧，已經節次豁免」。其「第思百姓足，則國家足裕」的思想[84]，也正與藏富於民的中國傳統儒家思想吻合。衣食足而後知榮辱，「百姓足」正是康熙皇帝「化民成俗」，實踐儒家政治理想「禮」治天下的基礎。

(四) 游情翰墨，硃批中的錯別字

琴、棋、書、畫與詩賦為傳統中國文人所擅長，也為文人生活的一部份，尤其是書法更是文人的「門面」，而為每個讀書人所研習。故康熙皇帝「自幼留心典籍」[85]，「自幼嗜書法」[86]，以及「音律之學，朕嘗留心」[87]，與「幾暇作畫賜廷臣」[88]，也是為了適應作中國

---

[82] 《郎潛紀聞三筆》卷一〇頁八二二。

[83] 白晉著馬緒祥譯《康熙帝傳》頁二一一。

[84] 《聖祖仁皇帝御製文》第二集頁三，論山東巡撫錢珏。

[85] 同[13]。

[86] 同[12]：「訓曰：書法為六藝之一，而游藝為聖學之成功，以其心體所寓也。朕自幼嗜書法……」。

[87] 《聖祖仁皇帝庭訓格言》頁六九。

[88] 《清宮遺聞》卷一頁一五：「畫狀元，聖祖天縱多能，藝事無一不學，亦無一不精，幾暇作畫賜廷臣，今海內舊家，尚有寶守者。……」

人的皇帝所培養的嗜好，尤其是在書法上所費的工夫最多，「所臨之條幅手卷，將及萬餘」[89]。「今年老，雖極匆忙時，必書幾行字，一日亦未間斷」[90]。初由「及見明時善於書法」的張、林二內侍「指示」其書法，繼由翰林院儒臣沈荃教其學董其昌字體[91]，或「臨米芾書」幅[92]，及臨古人墨跡。沈荃、勵杜訥、張英等儒臣於康熙十年後入直南書房，受知於聖祖，固由彼等博學能文，「謹慎勤勞」，但亦由彼等擅長書法，而內侍中又無善書之人[93]。其後沈荃子宗敬「以編修入直，上命作書，因諭大學士李光地曰：朕初學書，宗敬父荃指陳得失。至今作字，未嘗不思其勤也」[94]。

康熙皇帝的御書真跡據其回憶云：「天下有名廟宇禪林，無一處無朕御書匾額，約計其數，亦有千餘」[95]。而見於文獻上的記載，則為廿三年第一次南巡，至山東曲阜孔子故里，「御書萬世師表四字，懸大成殿。次年，以四字頒行天下學宮」[96]。但國立故宮博物院確是保存康熙皇帝御筆真跡最多的地方。「宮中檔康熙朝奏摺」中的硃批，據他自己說：「各處奏摺所批硃諭旨，皆出朕手，無代書之人。此番出巡，朕以右手病，不能寫字，用左手執筆批旨，斷不假手於人」[97]。從康熙硃批諭旨中的書法來研究，只覺其書法「有異於尋常人」[98]，但並無董其昌或米芾書法的神韻[99]。僅從寫字書法的藝術研究，康熙皇帝實在沒有這方面的天份。他自己也曾自我解嘲的說：「人君之學不在此，朕非專工書法，但暇時游情翰墨耳」[100]。

茲從康熙硃批諭旨中逐一檢其錯別字，分列於後：將今年作「近」年，彼此作「比」此，爭競作爭「竟」，西洋之教作「叫」，通作「同」，以後作「已」後，雙穗作「雙蕙」，兩淮作「兩准」，數倍作「数」倍，武官作「武宮」，海賊作海「賊」，何嘗作「何

---

(89) 參(12)、(85)。

(90) 《聖祖仁皇帝庭訓格言》頁八九。

(91) 《聖祖仁皇帝庭訓格言》頁三。

(92) 《聖祖仁皇帝御製文》第三集卷三頁一一。

(93) 參(51)、(52)。

(94) 《清史稿校註》卷二七三頁八五七五，沈荃傳。

(95) 同(12)、(85)。

(96) 《清宮遺聞》卷一頁一五：「康熙御書：康熙二十三年，駕幸闕里……又御書白鹿書院，額廬山白鹿洞，並賜監本五經四書。其河南府二程祠，邵康節祠，鳳翔府橫渠書院，建寧府紫陽書院，徽州府文公闕里，長沙府石鼓書院，皆頒御書學達性天大字，盛舉也」。

(97) 《聖祖仁皇帝實錄卷》二六五頁一四，康熙五十四年十月丙寅。並參拙著《故宮所藏清代文獻檔案》，（教育與文化月刊）四一八期三七頁。

(98) 《聖祖仁皇帝庭訓格言》頁三。

(99) 參(90)、(91)。並參附錄一、二。

(100) 《聖祖仁皇帝實錄》卷四一頁一五，康熙十二年三月甲戌。

晉」，貴賤作「濺」貴，醫藥作「毉」藥，起居作「趄」居，精神日日倍加脫一「神」字，起居漸覺平和作「起」居「濺」覺平和，擾害作「繞」害，失調作「矢」調，憑據作「平」據，求作「永」，湖廣作「湖」廣，逃遁作「逃遁」，准百日假作「準」百日「暇」，無妨作無「防」，暫停作「暫停」，俟卿病痊作「似」卿病「全」，錢糧作錢「量」，聲明作聲「名」，不和作不「合」[101]。

綜觀統計分析康熙皇帝硃批諭旨中的錯別字，則以音同意異的字佔多數，其次則為書寫時筆畫上的錯誤。而且重複寫錯字，將以作「已」竟有六次，准作「准」或作「準」也有二次，賊作「賊」二次，起作「起」或「趄」二次，數作「數」或「數」竟有四次，而且前後錯字的筆畫不同，這完全與康熙皇帝幼年所受不完整的啟蒙教育有關。八歲即位後，貴為帝王。所看重的又是「帝王之學」，不重「文」章，「纂組章句」及「對句華辭」，旨在識其儒家經典的微言大義，對漢文的筆畫沒有經過反覆練習的過程而易忽略。十七、八歲後，雖有沈荃、勵杜納等儒臣之「啟沃」，沈荃也敢「指陳得失」，但君臣之間與嚴師益友究有分際。故康熙皇帝幼年或少年所受的教育，是在沒有人嚴格管教下，憑個人興趣及求知慾的驅使，自我自制下發展完成的，在漢文方面沒有奠下堅實深厚的基礎，行文寫字時常會忘記字畫，而音同意異的錯字常為初學漢文的人所易犯，也可能是受康熙皇帝幼年的滿文教育及滿文發音的影響。但就整體硃諭旨而言，其文句還算通順，這是康熙皇帝過人之處。

（五）結語

也許康熙皇帝幼時或少年沒有受嚴格而完整的教育，而特別重視幼年的教育。他曾訓諭諸皇子等曰：「為上人者，教子必自幼嚴飭之始善。看來有一等王公之子，幼失父母，或人惟有一子，而愛恤過甚。其家下僕人多方利誘，百計奉承。如此嬌養，長大成人，不至癡獃無知，即多任性狂惡。此非愛之而反害之也，汝等各宜留心」[102]。因「人在幼稚，精神專一通利，長成之後，則思慮散逸外馳，是故應須早學，勿失機會」[103]。而且根據他個人的經驗，「朕七、八歲所讀之經書，至今五、六十年，猶不遺忘，至於二十以外所讀經書，數月不溫，即至荒疏矣」[104]。「蓋幼而學者，如日出之光，壯而學者，如炳燭之光」[105]。法國傳

---

[101] 本文所列舉的康熙皇帝的錯別字，係從陳垣編《康熙與羅馬使節關係文書》及國立故宮博物院出版影印共計七本《宮中檔康熙朝奏摺中》檢出。事實上，康熙硃批諭旨中的錯別字尚不止於此，本文只略加檢選舉例而已。並參附錄三、四、五、六。

[102] 《聖祖仁皇帝庭訓格言》頁一九。

[103] 《聖祖仁皇帝庭訓格言》頁九一。

[104] 同上註。

[105] 同[103]。

教士白晉[106]。曾記康熙皇帝重視諸皇子們幼年的教育，不希望他們「過分嬌生慣養」，而「能吃苦耐勞」的事，可供參考。他寫道：

這些皇子的教師都是翰林院中最博學的人……然而，這並不妨礙皇帝還要親自去檢查皇子們的一切活動，了解他們的學習情況，直到審閱他們的文章，並要他們當面解釋功課。皇帝特別重視皇子們道德的培養以及適合他們身份的鍛鍊，從他們懂事時起，就訓練他們騎馬、射箭與使用各種火器，以此作為他們的娛樂和消遣。他不希望皇子們過分嬌生慣養，恰恰相反，他希望他們能吃苦耐勞，盡早地堅強起來，並習慣於簡樸的生活。……起初，君王只把他的長子，第三個和第四個兒子帶在身邊，到打獵時，他還另外四個兒子隨同前往，其中年齡最大的只十二歲，最小的才九歲。整整一個月，這些年幼的皇子同皇帝一起終日在馬上，任憑風吹日曬。他們身背箭筒，手挽弓弩，時而奔馳，時而勒馬，顯得格外矯捷。他們之中每個人，幾乎沒有一天不捕獲幾件野味回來……。

皇子們都能流利地講滿語和漢語。在繁難的漢語學習中，他們進步很快。那時連最小的皇子也已學過「四書」前三部，並開始學習最後一部了。皇帝不願讓他們受到任何細微的不良影響。他讓皇子們處在歐洲人無法辦到的最謹慎的環境中成長起來。皇子們身邊的人，誰都不敢掩飾他們的那怕是一個微小錯誤。因為這些人明白，如果這樣做，就要受到嚴厲的懲罰。107

---

106 白晉，一六五六年生，耶穌會傳教士。康熙二十六年夏（一六八七），到達中國，次年人京晉見康熙，被留在清廷供職，雍正八年（一七三〇），病死於北京。白晉在清廷供職期間和康熙此較接近，報告中涉及康熙各方面的活動，都是他耳聞目睹，有相當高的史料價值。

107 白晉著馬緒祥譯《康熙帝傳》頁二四一。

附錄一

宋緙絲米芾書

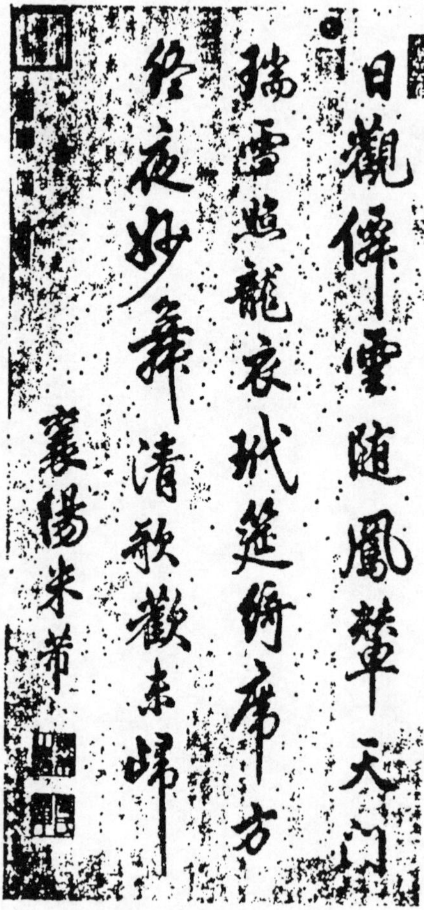

附錄二

東坡先生此賦楚騷之一變此書
蘭亭之一變也宋人文字俱以此
為極則其參參知所藏名迹雖多
知無然逾是矣萬曆辛丑携至靈
巖村觀因題　董其昌

附錄三

法度。不能少違方好。以後凡自西洋来者。
再不回去的人。許他内地居住。若近年来
明年去的人。不可叫他許住。此等人譬如
立於大门之前。論人屋内之事。衆人何以
服之。況且多事。更有[redacted]做生意。跑買賣。
等人益不可留住。凡各國各會皆以敬
天主者。何得論彼此。一槩同居同住。則永無
争競矣。爲此曉諭。

競

附錄四

覽此告示。只可說得西洋人等小人。如何言得中國之大理。況西洋人等。無一人同漢書者。說言議論。令人可笑者多。今見來臣告示。竟是和尚道士。異端小教相同。彼此亂言者莫過如此。以後不必西洋人在中國行教。禁止可也。免得多事

附錄五

聖諭令臣存問原大學士臣熊賜履已於貳月貳拾日往湖廣

拜掃俟其來時傳

旨臣擬於初肆日赴揚州會同李煦商議鹽務織造及分

奏六員官摺事宜臣回日再當

奏

聞

知道了已後有聞地方細小之

事必具密摺來奏

康熙肆拾柒年叁月初壹日

附錄六

知道了口外不論高下一槩十分收成甚是多

康熙肆拾柒年捌月拾壹日巡撫直隸等處地方管理兵部右侍郎事提督軍務兼理糧餉都察院右副都御史加級臣趙弘燮

第二章　經筵日講

——青年時期所受的公開教育

(一)前言

經筵之禮，至宋始舉，清沿明制❶。順治九年，「工科給事中朱允顯請舉行經筵日講，慎選滿漢儒臣，講求至道，疏下所司。」❷但「因文華殿未建，有旨暫緩」❸。至順治十四

❶〈清朝通典〉卷五五頁二三九六，並參〈清史稿校註〉卷九六，志七一，祀禮八：經筵儀，頁二八二〇。

❷〈世祖章皇帝實錄〉卷六八頁三〇，順治九年九月壬辰。

❸〈世祖章皇帝實錄〉卷一一一頁二，順治十四年八月甲戌：「諭部部，經筵大典，理當早舉，向因文華殿未建，有旨暫緩，今思稽古典學，有關治道，難以再延，應於保和殿，先行開講，爾部即詳考典例，擇開列儀注具奏。」

年，禮部遵旨議奏經筵儀注，定每歲春秋仲月（即二月及八月），各舉經筵一次❹，以「大學士知經筵事，預期禮部劄欽天監擇吉具題。其應講經書及講官姓名，由翰林院奏請欽定。滿漢講官各二員，撰擬講章，繕寫恭呈御覽。先一日，皇帝親祭奉先殿，於弘德殿設位祭先師孔子。至日，內閣滿漢大學士，六部尚書，都察院，通政司，大理寺，詹事府，堂官各一員，俱補服侍班。滿漢給事中，御史各一員侍儀。禮部鴻臚寺官設御前書案，講官書案，翰林院捧講章正本副本各置案上，四書講章在左，經講章在右。皇帝常服御文華殿，陞座，鳴贊官四員，兩旁立，贊進班，各官行二跪六叩頭禮，禮畢，各退原班立。鴻臚寺引各官進殿內，東西序立，滿講官居左，漢講官居右，科道官兩旁相向立，贊進講，講官出班至講案前，一跪三叩頭，以次講四書經書畢，退立原班。鴻臚寺引各官出，行禮如初。禮部堂官奏講書經禮畢，皇帝還宮，翰林院恭進正本講章，交內監收進，各官同至協和門赴宴，宴畢至太和門謝恩，行一跪三叩頭禮，不贊」。

至經筵之外，又有日講，由翰林院專掌。每日講章，亦先期以正本進呈，皇帝御乾清宮（康熙二〇年前，御弘德殿），滿漢常參進講官（滿講官一員，漢講官二員，間用三員❺，捧副本入置講案上，行一跪三叩頭禮，兩旁侍立，以次詣講案前進講，講畢各退）❻。至每日或格日於弘德殿舉行日講，進講四書五經，則為康熙皇帝個人「稽古典學」，「崇儒重道」所致。

(二)經筵日講的籌劃

康熙皇帝幼年所受的教育，雖偏重騎射滿洲語文習俗方面，但也讀了〈大學〉、〈中庸〉、〈論語〉、〈孟子〉等儒家經典❼，故於其躬親大政後，即率諸王大臣等親詣太學祭孔，並聽滿漢祭酒司業等以次講〈易經〉〈書經〉，聽後宣制曰：「聖人之道，如日中天，講究服膺，用資治理」❽，充分肯定孔子及其學說的政治地位。但此時的康熙皇帝，在張、林二內侍的教導下，對儒家經典精義的瞭解，實在不夠深入❾。為了更進一層瞭解儒家經典精義，於康熙九年，即著手準備經筵日講，經筵講官則以內閣大學士、學士、六部侍郎、尚

---

❹〈世祖章皇帝實錄〉卷一一一頁四，順治十四年八月戊寅。「……每年春秋舉行二次，此所奏儀注太繁，於講學無益，著另議具奏。」

❺參附表，三：講官，及六：起居注官，其滿漢日講官之人數與附表所列甚相吻合，有時日講官即為當日之起居注官，故日講官常稱為日講起居注官，但起居注官則不兼日講官，均為天子近臣。

❻〈皇朝禮志〉，嘉禮二，卷四頁二四。並參〈世祖章皇帝實錄〉卷一一一頁十，順治十四年八月壬辰，所議經筵儀注太繁，今從〈皇朝禮志〉所載。

❼參第一章：〈康熙皇帝幼年所受的教育及其影響〉，三：民本思想，帝王之學。

❽〈聖祖仁皇帝實錄〉卷二八頁一八，康熙八年四月丁丑。

❾〈聖祖仁皇帝庭訓格言〉頁二。

書等熟悉儒家經典的儒臣為主。初召國史院學士熊賜履至瀛臺試講，熊賜履進講〈論語〉「道千乘之國」一章，繼講「務民之義」一章，康熙皇帝聽後，覺得獲益匪淺❿。後命折庫納，熊賜履為翰林院掌院學士，俱兼禮部侍郎⓫。並諭禮部：「帝王圖治，必稽古典學，以資啟沃之益。經筵日講，允屬大典，宜即舉行，爾部詳察典例，擇吉具儀奏聞」⓬。

康熙十年二月，「命吏部尚書黃機，刑部尚書馮溥，工部尚書王熙，都察院左都御史明珠，禮部左侍郎常鼐，戶部右侍郎田逢吉，刑部右侍郎多諾，中和殿學士折爾肯，保和殿學士達都，翰林院掌院學士折庫納，熊賜履，侍讀學士傅達禮，史大成，侍講學士胡密色，李仙根，國子監祭酒徐元文，充經筵講官」⓭。次日，「遣大學士杜立德祭先師孔子」⓮。十二日後，「舉行經筵禮」，又「遣大學士杜立德告祭先師孔子」⓯。至四月九日，「以初次舉行日講，再遣大學士杜立德告祭先師孔子⓰。

從任命經筵講官到初次舉行日講，曾先後三次派遣儒臣大學士杜立德祭告孔子，即知經筵及日講與孔子之關係，是何等密切！因「〈論語〉一書，皆孔子與及門弟子及當時君臣論學論政之辭，門人記之」。「其言不外乎人倫日用之常，而其義則該乎天德王道之大」⓱。至「〈大學〉一篇，為古帝王立學垂教之法，孔子詳舉其次第以示人，曾子復分為十傳以解之，規模廣大而本末不遺，節目詳明而終始不紊，在初學為入德之門，而極其至，則內聖外王不越乎是」⓲。而〈中庸〉乃列聖相傳之心法，子思懼其久而失真，故筆之於書以詔後之學者」，「中者天下之正道，庸者天下之定理，其功在致知力行，其要在誠身盡性，始於存養省察，極於知化達天」⑲。故日講以〈大學〉、〈中庸〉、〈論語〉、〈孟子〉的順序，循序漸進，以究儒家經典的精義。為了便於進講，先編為講章，其「體裁，首列綱，次列目，每條之後，總括大義，撰為講說，先儒論斷可採者，亦酌量附入」⑳。於是〈日講大學解義〉將〈大學〉分為「大學之道」等三六章節，而〈日講中庸解義〉則分為「天命之謂性」等六六章節，〈日講論語解義〉則分為「學而」等五〇七章節㉑。其解義與講說旨在反

---

⑩ 王士禛著〈池北偶談〉卷一頁二，經筵日講。

⑪ 〈聖祖仁皇帝實錄〉卷三四頁一二，康熙九年十月甲午。

⑫ 〈聖祖仁皇帝實錄〉卷三四頁一二，康熙九年十月丁酉。

⑬ 〈聖祖仁皇帝實錄〉卷三五頁七，康熙十年二月丙戌。

⑭ 〈聖祖仁皇帝實錄〉卷三五頁七，康熙十年二月丁亥。

⑮ 〈聖祖仁皇帝實錄〉卷三五頁九，康熙十年二月戊戌。

⑯ 〈聖祖仁皇帝實錄〉卷三五頁二一，康熙十年四月庚寅九日。

⑰ 〈欽定四庫全書〉〈日講四書解義〉卷四頁一。

⑱ 〈欽定四庫全書〉〈日講四書解義〉，〈大學〉卷一頁一。

⑲ 〈欽定四庫全書〉〈日講四書解義〉〈中庸〉卷二頁一。

⑳ 〈康熙起居注〉冊一頁二七八，康熙一五年十月二六日。

㉑ 參〈日講論語解義〉，〈日講大學解義〉，及〈日講中庸解義〉各書。

覆講解說明該章節之意義，其字句之注疏及先儒論斷，當亦在探討之範圍。事實上，僅就〈論語〉而言，其中意思完整的一段文字，即分為一章，而其為首之子句，即為該章節之名目。因〈論語〉一書包括了「孔子與及門弟子及當時君臣論學論政」約五〇七句話㉒。自第一章學而時習之起，至最後一章子曰不知命止，總共分為五〇七章節。茲舉康熙十一年四月十五日巳時，由講官熊賜履，孫在豐所進講的〈論語〉第七章：子夏曰賢賢易色一章之綱目解義為例，以見其日講解義之編定。「子夏曰：賢賢易色，事父母能竭其力，事君能致其身，與朋友交，言而有信，雖曰未學，吾必謂之學矣！此一章書是子夏勉人躬行實踐之學。子夏姓卜名商，孔子弟子。子夏曰：人之為學，於經常倫理上見得明白，方是根本切要工夫。如見人之賢，真知篤信，凡嗜好不足以移之，直以易其好色之心，而好善極其誠矣！如事父母，委曲承順，凡分所當為，情所當盡者，俱竭其力而無遺，而事親極其誠矣！如事君實心任事，無虞必儆，艱大不辭，直以己身委置於君，而事君極其誠矣！如與朋友交，言語之間，極其誠信，內不欺己，外不欺人，雖久要而不忘，而交友極其誠矣！此四事，皆經常日用之大者，而行之各盡其誠，此即見道分明，踐履篤實所在，雖或未嘗為學，而躬行之外，有何講究？綱常之外，有何名理？我必謂之已學矣！子夏此言，以敦行為實學，自是探本之論。但學者於人倫日用，事事求造其極，則又不可恃德性而不加學問之功，故聖人教人文行不偏廢也」㉓。康熙十年四月九日，即為初次舉行日講之時㉔。此後康熙皇帝常於卯時御乾清門聽政或早朝後，即於辰時或巳時舉行日講，甚至有於卯時直接舉行日講之事[25]。卯時為清晨五時至七時，辰時為七時至九時，巳時為九時至十一時，正是一個人精力最旺盛，頭腦最清晰的時候。康熙皇帝選擇這段時間舉行日講，可見其對日講之重視。日講起居注官張英曾記敘其日講的情形：

> 雞未鳴時，從長安門步入左翼門，祇候少頃，東方發白，樓鴿群起，星稀殿角，露浥階墀，偕奏事諸臣，方曳組而入。候諸臣奏事畢，內侍傳入弘德殿中，左右列圖書，南向設御座，北向設講官席，皆用黃絁幕，中設爐焚香。講官既入，則侍從咸退。講官再拜，北向立，敷陳經義，時有諮詢。既退，命賜茶于乾清宮門。[26]

---

[22] 〈欽定四庫全書〉〈日講四書解義〉卷四頁一，〈論語〉上。

[23] 同上引書卷四頁七。〈日講論語解義〉。

[24] 參[16]。

[25] 參附表，一：進講時。

[26] 張英著〈篤素堂文集〉，講筵應制詩序，卷五，孟昭信著〈康熙大帝全傳〉引，頁五七。

（三）經筵日講的進度

講官按照〈大學〉、〈中庸〉、〈論語〉、〈孟子〉的順序，及其講章的進度進講，日講一章或二、三章，最多時日講五、六章㉗。向來隔日進講，至康熙十二年二月初七日，康熙皇帝心尤為未足命講官「日侍講讀」㉘。甚至因修葺宮殿，移駐瀛臺數日時，康熙皇帝亦以「講書之事最要，不可少間」，命講官等仍照常每日至瀛臺進講㉙。一年之間，除參與宮中正常活動或因事巡幸在外及「溽暑姑停數日」㉚，與「冬至後輟講」外㉛，幾無間斷。但據〈康熙起居注〉的記載，吳三桂叛後，調軍遣將，「戎馬倥傯」，「多事之時」，有九個月的時間，未舉行日講㉜。但一當軍情穩定，即以「日講關係重大」，「當此多事之時，不妨乘間進講」㉝。至康熙十四年三月，已講畢〈大學〉、〈中庸〉、〈論語〉等共六〇六章節，開始日講〈孟子〉了㉞。可見其日講之進度，自初舉日講起，與日俱進，幾未耽誤。

在〈四書〉中最後講〈孟子〉，即因「孟子當戰國時，憫教化衰微，人心陷溺，於是發明孔子之學，以性善闢異端，以王道黜功利，進則告於列國諸侯，退則與及門萬章，公孫丑之徒，反復論辨，總不異乎仁義者，故求觀聖人之道者，必自〈孟子〉始」㉟。〈孟子〉分為三七六章節，但日講〈孟子〉時，其進度較日講〈論語〉等快，平均日講〈孟子〉四、五章㊱。但因係乘間進講，故於一年多的時間，只講畢〈孟子〉約二分之一強㊲。至十五年十月

㉗ 參附表，四：講章。

㉘ 〈康熙起居注〉冊一頁八〇，康熙十二年二月初七日，「學士傅達禮等以開日講事奏請，上曰：「人主臨御天下，建極綏猷，未有不以講學明理為先務，朕聽政之暇，即於宮中披閱典籍，殊覺義理無窮，樂此不疲，向來隔日進講，朕心尤為未足，嗣後爾等須日侍講讀，闡發書旨，為學之功，庶無可間」。

㉙ 〈康熙起居注〉冊一頁八五，康熙十二年三月初四日。

㉚ 〈康熙起居注〉冊一頁一〇一，康熙十二年五月廿九日，上曰：「朕御講席，殊不覺勞，爾等退後，朕在宮中亦不時溫習，未有間斷。今既溽暑，姑停數日，講章仍照常進呈，以便朝夕玩閱。」

㉛ 〈康熙起居注〉冊一頁二三三，康熙十四年十一月初一日，「講畢，學士傅達禮請旨：舊例，冬至以後輟講，上諭天氣猶未寒，仍令進講。」

㉜ 參附表，自康熙十二年十一月廿九日，講官熊賜履，喇沙里，孫在豐等進講「是故君子有大道」等六節後，至十三年九月五日，其間除於十三年二月十九日及八月廿八日於保和殿舉行經筵大典，由講官常鼐等講〈四書〉，〈書經〉外，有九個多月的時間未舉行日講。

㉝ 〈康熙起居注〉冊一頁一七四，康熙十三年九月初一日，「早，上御乾清門，聽部院各衙門官員面奏政事畢，諭翰林院學士傳達禮，熊賜履，侍講學士勒貝曰：日講關係重大，今停講已久，若再遲，恐致荒疏，日月易邁，雖當此多事之時，不妨乘間進講，於事無所廢，工夫不間，裨益身心非淺，爾衙門議奏。」五日後，即舉行日講。

㉞ 〈康熙起居注〉冊一頁一九八，康熙十四年三月廿六日，「早，上御乾清門，聽部院各衙門官員面奏政事。辰時，上御弘德殿，講官喇沙里，孫在豐，張英進講：齊宣王問曰齊桓晉文之事可得聞乎？至是折枝之類也。」即由〈孟子〉第十一章講至十四章，一日講〈孟子〉共四章。次日，則由〈孟子〉第十五章開始講止廿章，一日講〈孟子〉共六章，其進講〈孟子〉的進度較進講〈論語〉快。

㉟ 〈欽定四庫全書〉〈日講四書解義〉卷十三，孟子上，頁一。

廿四日，上諭曰：「〈四書〉屢經講讀，朕心業已熟曉，每觀〈通鑑〉，事關前代得失，甚有裨於治道，應與〈四書〉（即與〈孟子〉參講㊳。而〈通鑑綱目〉又從〈資治通鑑〉中提綱分目，尤得要領，擬從綱目中，擇切要事實進講）」㊴。至十六年三月初四日，由講官喇沙里，張英等開始進講〈通鑑綱目〉㊵。但每年於保和殿舉行經筵大典時，〈書經〉與〈四書〉亦同時參講，或於日講時進講〈書經〉二、三章㊶。至十九年四月十日，「〈書經〉應講者已畢，自明日始，當以〈易經〉進講」，並命將〈通鑑〉講章陸續送入，令張英在內，每晚進講〈通鑑〉」㊷。直至廿一年，康熙皇帝已由青年步入中年，其日講之講章仍以〈易經〉為主，甚至於每歲春秋二季舉行經筵大典時，講官亦以〈易經〉與〈四書〉同時參講㊸。因「〈易經〉一書，義精而用博，範圍天地萬物之理」㊹，「闡發天人理數，道統攸關」㊺，「而極天人，窮性命，開物前民，通變盡利，則其理莫詳於〈易〉」㊻。正是一個步入中年，歷經八年平叛戰爭㊼，守成兼創業的中國傳統帝王所應講究的。

（四）經筵日講的心得

康熙皇帝舉行經筵及日講並非虛應故事。講官「退後，朕在宮中，亦不時溫習，未有間斷」㊽。「朕於爾等進講之後，仍再三閱繹，即心有所得，猶必考正于人，務期道理明徹乃

止。至于聽政之暇，無間寒暑，惟有讀書寫字而已」。真是「一日萬幾，復孜孜于學，講習

36 參〈日講孟子解義〉〈孟子〉凡七篇，自「孟子見梁惠王」第一章始，至「由堯舜至於湯」最後一章止，總共三七六章節，並參❸。

37 〈康熙起居注〉冊一頁二七八，康熙十五年十月廿四日，講官徐元文，張英進講：孟子曰君子深造之以道一章。此係〈孟子〉第一九四章，於三七六章〈孟子〉中已講畢二分之一以上。

38 〈康熙起居注〉冊一頁二七八，康熙十五年十月廿四日。

39 〈康熙起居注〉冊一頁二七八，康熙十五年十月廿六日。

40 〈康熙起居注〉冊一頁二九四，康熙十六年三月初四日，講官喇沙里，陳廷敬，張英進講〈通鑑綱目〉：周威烈王廿三年初命晉大夫為諸侯一章，初智宣子將以瑤為後一章。

41 〈康熙起居注〉冊一頁二九四，康熙十六年二月廿八日，講經二、三章。

42 〈康熙起居注〉冊一頁五二六，康熙十九年四月初十日。

43 〈康熙起居注〉冊一頁五八五，康熙十九年八月十二日，講官庫勒納，項景襄進講四書：肫肫其仁淵淵其淵浩浩其天一節，牛鈕，馮源濟進講〈易經〉：範圍天地之化而不過，曲成萬物而不遺二句。

44 〈四庫全書〉〈易經通注〉卷一頁一。

45 〈日講易經解義〉頁十。

46 御製〈日講易經解義〉序頁一。

47 孟昭信著〈康熙大帝全傳〉，第三章，八年平叛戰爭。

48 〈康熙起居注〉冊一頁一〇一，康熙十二年五月廿九日，「上曰：朕御講席，殊不覺勞，爾等退後……未有間斷。今既溽暑，姑停數日，講章仍照常進呈，以便朝夕玩閱。」

討論，惟日不足，真可謂無逸作所矣！」[49]。經過「溫習」，「再三閱繹」及「孜孜于學」後，康熙皇帝乃能於講官「講書時」，提出問題，「詢問」、「覆講」[50]。甚至當講官進講〈孟子〉「萬章問曰敢問交際何心也四節，方展書時，上諭曰：朕先親講一次，然後進講，講官拱立聽講」[51]。其後日講〈孟子〉或〈尚書〉時，都是「上親講畢，講官照常進講」[52]。至十六年六月五日，上諭曰：「朕於四書究心已久，汝可試舉一章，待朕講解。沙里等奏曰：皇上聖學日新，四書精義皆已貫徹，臣等愚陋，安敢仰測高深。上諄諭再四，敬舉：子曰舜其大知也與一章。上講論精微，義理融貫，沙里等恭聽不勝忻幸」[53]。因此時，〈日講四書解義〉早已諭令刊刻[54]，「溫習」，「閱繹」就更為方便而有所本了。至十九年三月十九日奉旨：「易經講章應行刊刻」[55]，而康熙皇帝也能與講官分講〈易經〉了[56]。而且講究〈易經〉頗有獨到的心得，〈易經〉六十四卦的乾卦中有「亢龍有悔」一條。從字面上講，亢者坑者，亦可引伸為池澤，龍則常被理解為皇帝的象徵。亢龍有悔，即可解釋龍陷池澤之中，為劣境所困。對皇帝進講的〈易經〉講章中原有此條，但恐不吉利，難免冒犯之罪，所以講官將此條刪除，列入「不應講」的範圍。康熙皇帝問明不應講的原因後，提出新的見解。上曰：「天道虧盈，過高則亢。〈易〉中所言無非此理，正宜以此為戒，不必避忌。以後繫辭講章不分應講，不講，俱以次逐節進講」。孫在豐奏曰：「誠如聖諭，帝王保泰持盈，有大能，謙則豫，堯咨舜敬，兢兢業業。實同此心。皇上以此為心，真天下萬世之

㊾〈康熙起居注〉冊一頁八六，康熙十二年三月初四：「上又曰：人君講究學問，若不實心體認，徒應故事，講官進講後，即置之度外，是務虛名也，于身心何益？朕於爾等進講之後……至於聽政之暇……一日萬幾，復孜孜于卓……真可謂無逸作所矣。」

㊿〈康熙起居注〉冊一頁二九六，康熙十六年三月十二日。……上又曰：「講書務求實學，若不詢問，覆講，則進益與否，何由得知？今後朕有欲覆講處，當使爾等共聞之。喇沙里等回奏曰：臣等朝夕侍從講幄，久窺聖學高深。今皇上仍欲詢問，覆講，益見勤學下問之意。」

51〈康熙起居注〉冊一頁三〇二，康熙十六年四月十四日，辰時，上御弘德殿，講官喇沙里，陳廷敬，葉方藹進講：萬章問曰敢問交際何心也四節……講畢，喇沙里等奏曰：皇上天語朗徹，義理曉暢，足徵聖學高深，非臣等所能仰窺萬一。恭聽之下，臣等不勝欣慶。」

52〈康熙起居注〉冊一頁三〇六，康熙十六年五月十二日，辰時，「講官喇沙里等進講：孟季子問公都子曰一章，上親講畢……諭曰：「朕自今後，每日誦四書大字畢，講官將講章自此一章書下講起。至講解之處，隨朕意，欲講時，朕為親講。」其後一連五日，均由康熙皇帝親講孟子畢，講官照常進講。

53〈康熙起居注〉冊一頁三一二，康熙十六年六月初五日。是日，上召學士喇沙里，侍講學士張英至懋勤殿，命英講：孟子曰求則得之一章，泰誓曰若有一個臣一節及〈詩經〉國風首章。上諭曰：朕於四書究心已久……

54〈日講四書解義〉進呈疏頁一：陳廷敬等謹題，為進呈刊完〈日講四書解義〉，仰祈睿鑒事，臣等於十六年三月十三日，恭侍弘德殿進講，蒙皇上面諭〈四書〉講章庶行刊刻，欽此……康熙十六年十二月十八日具題。

55〈日講易經解義〉疏頁一。

56〈康熙起居注〉冊一頁五四六，康熙十九年五月廿日，辰時，上御懋勤殿，講官庫勒納，葉方藹，張玉書進講。上親講：六四乘馬班如二節。講官進講：九五屯其膏二節，上六乘馬班如二節。巳時，上詣太皇太后，皇太后宮請安。

福也」57。

康熙皇帝之孜孜於講究〈四書〉、〈詩經〉、〈書經〉、〈易經〉，其主要目的，「無非欲講明義理，以資治道」58。「人主臨御天下，建極綏猷，未有不以講學明理為先務」59。「明理最為緊要，朕平日讀書窮理，總是要講求治道，見諸措施。故明理之後，又須實行，不行，徒空談耳」60。日講起居注官熊賜履就是「讀孔孟之書，學程朱之道」的理學家61。他云：「理學不過正心誠意，日用倫常之事，原無奇特，我平日雖有理學虛名，不曾立講學名色，我輩惟務躬行，不在口講」62。康熙皇帝曾於日講後，召賜履至御前，諭曰：「朕昨觀〈大學〉，格物二字最是切要工夫，蓋格物即窮理也。對曰：聖賢本體工夫，只格物二字包括無餘，內而身心意知，外而家國天下，皆物也。物無不格，斯知無不致，而德無不明。聖經賢傳，千言萬語，無非發明此理。但其間有根本，有切要，非泛騖於一草木，一器具之末，為支離無本之學也。孟子曰物皆然，心為甚。蓋心又物之大者，萬理之所具，而萬物之所出也。上曰：天地古今，道理只有一個，故曰一以貫之。然則博文約禮，工夫合當如是。對曰：誠如聖諭。」63。

（五）最信任的日講起居注官

康熙皇帝對熊賜履極為信任，常於其日講後，頻繁召對，所談內容極為廣泛，凡國計民生，用人行政，弭盜治河，諸子百家，無不論及[64]。雖未見起草制誥的記載，但諮詢、顧問

57 〈康熙起居注〉冊二頁一一六三，康熙廿三年四月初五日。

58 〈康熙起居注〉冊一頁三一〇，康熙十六年六月廿九日。辰時……「上親講畢，講官照常進講，講畢，上諭曰：卿等每日起早進講，皆天德王道修齊治平之理，朕孜孜問學，無論欲講明義理……。朕雖不明，虛心傾聽，尋繹玩味，甚有啟沃之益，雖為學不在多言，務期躬心實踐，非徒為口耳之資。然學問無窮，義理必須闡發，卿等以後進講，凡有所見，直陳無隱，以副朕孜孜嚮學之意」。

59 〈康熙起居注〉冊一頁八〇，康熙十二年二月初七日。

60 〈康熙起居注〉冊一頁一一六，康熙十二年八月廿六日。

61 〈康熙起居注〉冊一頁二八，康熙十一年四月初一日，經筵日講官，起居注，翰林院掌院學士兼禮部侍郎熊賜履給假回籍省親，至是，前來陛見……上復召至御前問曰：湖廣百姓如何？賜履奏曰：臣鄉自西山用兵之後，繼以水旱頻仍，昨年旱荒更甚，顆粒無收，道殣相望，臣所目擊。蒙皇上蠲本年額賦十分之三，民已感被德意，但今春米價騰貴，小民救死不暇，穀種尚未入土，稅糧將何完納。伏乞皇上加意軫恤，庶楚民有更生之望。上為之惻然。問曰：別處年歲何如？對曰：臣所經過地方，畿輔秋禾大熟，河南半收，惟汝南一帶與湖廣接壤，亦苦旱荒。總之，小民窮苦已極，端望逢年。……臣讀孔孟之書……不與此輩交往，生平未睹其面，亦不信其說（指朱二眉）。

62 〈康熙起居注〉冊一頁三九，康熙十一年六月廿日，上召傳達禮至御前問曰：爾與熊賜履共事，他與爾講理學否？爾記得試說一二語來。對曰：臣曾向他問及，他云：……

63 〈康熙起居注〉冊一頁一二一，康熙十二年九月十三日。

64 參附表：五講後事。並參[61]。

的作用非常顯明。康熙十年，他被選為日講官，入直南書房，為康熙皇帝的近臣，至十四年，已升為內閣學士，並超授武英殿大學士兼刑部尚書了[65]。另一入直南書房，擔任日講官的張英，康熙皇帝更是備加信任，不次擢用，入直不滿三年，即被指名提升為翰林院學士兼禮部侍郎，後晉禮部尚書兼翰林院掌院學士，仍管詹事府事。自張英之後，桐城張氏日益顯赫，「以科第世其家，四世皆為講官」，子孫五人入直南書房[66]。其子廷玉，歷事康，雍，乾三朝，官至保和殿大學士兼吏部尚書，軍機大臣，進三等伯，死後配享太廟，為有清一代名臣[67]。其他入直，並任日講起居注官者，亦不少人成為達官顯貴，如陳廷敬官至尚書，大學士[68]。王鴻緒官至左都御史，葉方藹官至刑部侍郎[69]，孫在豐官至工部侍郎[69]。因為他們與康熙皇帝有君臣兼師友之情。四十餘年後熊賜履逝世，康熙皇帝猶憶賜履經筵日講，輔弼之功，命吏部擢用其子，諭曰：「原任大學士熊賜履，夙學老成，歷任多年。朕初立講官，熊賜履夙夜惟勤，未嘗不以內聖外王之道，正心修身之本，直言講論，務得至理而後已。且品行清正，學問優長，身歿以後，朕屢加賜恤，至今猶軫於懷。原因大學士張英，張玉書，朕因眷念舊勞，擢用其子，熊賜履之子自應一例推恩，著調取來京，酌量錄用，以示不忘耆舊之意」[70]。

(六) 結語

康熙皇帝舉行經筵及日講，固為其崇儒重道，講明義理，以資治道，亦即欲以儒家經典精義教化天下，在聖諭十六條中，首揭孝悌人倫71，他自己更是躬行實踐，每於經筵日講畢後，親詣太皇太后，皇太后宮問安，期以此德化天下72。康熙皇帝對其祖母稱得上是「篤遵孝道」73。此或為經筵日講另一種重要意義。

---

65 〈清史稿校註〉卷二六九頁八五三八，熊賜履傳。

66 〈清史稿校註〉卷二七四頁八五八九，張英傳，及卷二九五頁八八一二，張廷玉傳。

67 〈清史稿校註〉卷二七四頁八五九一，陳廷敬傳。

68 〈清史稿校註〉卷二七三頁八五七三，葉方藹傳。

69 〈國朝耆獻類徵初編〉卷六五頁一，孫在豐傳。

70 〈清史列傳〉卷七頁五〇，熊賜履傳。

71 〈聖祖仁皇帝實錄〉卷三四頁一〇、一一、二一，康熙九年十月癸巳，「諭禮部，朕惟至治之世，不以法令為亟，而以教化為先……蓋法令禁於一時，而教化維於可久，若徒恃法令，而教化不先，是捨本而務末也……朕今欲法古帝王，尚德緩刑，化民成俗。舉凡敦孝悌，以重倫。篤宗族，以昭雍睦。和鄉党，以息爭訟。重農桑，以足衣食。尚節儉以借財用。隆學校，以端士習。黜異端，以崇正學。講法律，以儆愚頑。明禮讓，以厚風俗。務本業，以定民志。訓子弟，以禁非為。息誣告，以全良善。誡窩逃，以免株連。完錢糧，以省催科。聯保甲，以弭盜賊。解讎忿，以重身命。以上諸條，作何訓迪勸導，及作何責成內外文武，該管各官督率舉行，爾部詳察典制，定議以聞。」

72 參附表：五講後事。

73 吳秀良著，張震久，吳伯婭譯，〈康熙朝儲位鬥爭記實〉，第一部分：篤遵孝道。

附表：經延日講進度簡表

進講時	進講地	講官	講章	講後事	起居注官	備註
11.4.15.巳	弘德殿	熊賜履、孫在豐	子夏曰賢賢易色一章。	問太后安	胡密子、史大成	1.31.
11.4.19.辰	弘德殿	熊賜履、史大成、孫在豐	子曰君子不重則不威。	問太后安	喇沙里、蔡啟僔	1.31.
11.4.22.巳	弘德殿	熊賜履、史大成、孫在豐	曾子曰慎終追遠一章。	問湖廣、浙江麥田成熟事	李仙根、喇沙里	1.32.
11.4.24.辰	弘德殿	熊賜履、史大成、孫在豐	子禽問於子貢曰夫子至於是邦也一章。		莽色、孫在豐	1.32.
11.4.26.辰	弘德殿	熊賜履、史大成、孫在豐	子曰父在觀其志。		楊正中、莽色	1.32.
11.4.28.辰	弘德殿	傅達禮、熊賜履、史大成、孫在豐	有子曰禮之用一章。	賜茶乾清門，以為常	喇沙里、嚴我斯	1.33.
11.4.30.辰	弘德殿	傅達禮、熊賜履、史大成、孫在豐	有子曰信近於義一章。		莽色、孫在豐	1.33.
11.5.2.辰	弘德殿	傅達禮、熊賜履、史大成、孫在豐	子曰君子食無求飽一章。		李仙根、喇沙里	1.33.
11.5.4.辰	弘德殿	傅達禮、熊賜履、史大成、孫在豐	子貢曰貧而無諂一章。	問太后安	楊正中、莽色	1.34.
11.5.9.辰	弘德殿	傅達禮、熊賜履、史大成、孫在豐	子曰不患人之不己知一章。		胡密子、史大成	1.34.
11.5.11.辰	弘德殿	傅達禮、熊	子曰為政以德		傅達禮、	1.34.

		賜履、史大成、孫在豐	一章。		熊賜履	
11.5.13.辰	弘德殿	傳達禮、熊賜履、史大成、孫在豐	子曰詩三百一章。	問太皇太后安	胡密子、杜臻	1.35.
11.5.15.辰	弘德殿	傳達禮、熊賜履、史大成、孫在豐	子曰道之以政一章。		傳達禮、蔡啟僔	1.35.
11.5.17.辰	弘德殿	傳達禮、熊賜履、史大成、孫在豐	子曰吾十有五而志於學一章。		胡密子、史大成	1.35.
11.5.19.辰	弘德殿	傳達禮、熊賜履、史大成、孫在豐	孟懿子問孝一章。	問太皇太后安	傳達禮、蔡啟僔	1.35.
11.5.22.辰	弘德殿	傳達禮、熊賜履、史大成、孫在豐	孟武伯問孝一章。	問太皇太后安	喇沙里、嚴我斯	1.36.
11.閏 7.25.辰	弘德殿	傳達禮、熊賜履、史大成、孫在豐	子游問孝一章。	問太皇后安	莽色、蔡啟僔	1.49.
11.閏 7.27 辰	弘德殿	講官同上	子夏問孝一章		胡密子、李仙根	1.49.
11.閏 7.29.巳	弘德殿	講官同上	子曰吾與回言終日一章。	復御乾清門賜外藩。	熊賜履、莽色	1.49.
11.8.8.巳	弘德殿	講官同上	子曰視其所以一章。	賜進貢部落臺吉等宴。	莽色、孫在豐	1.50.
11.8.12.辰	弘德殿	講官同上	子曰溫故而知新一章。	問太皇太后安	楊正中、喇沙里	1.52.
11.8.14.辰	弘德殿	傳達禮、熊賜履、史大成、孫在豐	子曰君子不器一章。	問太皇太后安	傳達禮、楊正中、喇沙里、孫在豐	1.52.
11.8.16 辰	弘德殿	傳達禮、熊賜履、史大	子貢問君子一章。		莽色、	1.53.

		成、孫在豐	子曰君子周而不比一章。		史大成	
11.8.17.辰	弘德殿	講官同上	子曰學而不思則罔一章。 子曰攻乎異端一章。	問太皇太后安	李仙根、喇沙里	1.53.
11.8.18.辰	弘德殿	常鼐、徐元文、折庫納、宋德宣	大學所謂平天下一節。 書經后克艱厥后一節。	賜宴如例	莽色、楊正中	1.53.
11.10.16.辰	弘德殿	傅達禮、熊賜履、史大成、杜臻	子曰由誨女知之乎一章。 子章學千祿一章。	召賜履問朝政何如？		
11.10.18.辰	弘德殿	講官同上	哀公問曰何為則民服一章。 季康子問使民敬忠以勸一章。		喇沙里、蔡啟僔	1.61.
11.10.20.辰	弘德殿	講官同上	或謂孔子曰子奚不為政一章。 子曰人而無信不知其求也一章。	賜來貢外藩宴	熊履賜、胡密子	1.61.
11.10.22.辰	弘德殿	傅達禮、熊賜履、史大成、孫在豐	子張問十世可知一章。 子曰非其鬼而祭之諂也一章。	問太后安	傅達禮、史大成	1.61.
11.10.24.辰	弘德殿	講官同上	孔子謂季氏一章。		胡密子、李仙根	1.61.
11.10.26.辰	弘德殿	講官同上	三家者以雍徹	賜來貢外藩	傅達禮、	1.62.

			一章。		蔡啟傳	
11.10.28.辰	弘德殿	講官同上	子日人而不仁一章。	問太后安	熊賜履、胡密子	
12.2.13	保和殿	常鼐、徐元文、折庫納、梁清標	論語、寬則得眾一節。書經、惟天地萬物父母一節。	賜宴如例	李仙根、喇沙里	1.81.
12.3.2.辰	弘德殿	傅達禮、熊賜履、孫在豐	林放問禮之本一章子曰夷狄之有君一章季氏旅於泰山一章。		傅達禮、陳廷敬	1.84.
12.3.3.辰	弘德殿	講官同上	子曰：君子無所爭一章。子夏問曰巧笑倩兮一章。	問熊賜履近日朝政若何？	胡密子、杜臻	1.84.
12.3.5.辰	弘德殿	講官同上	子曰夏禮吾能言之一章。子曰禘自既灌而往者一章。	問太皇太后安	莽色、李仙根	1.86.
12.3.6.辰	瀛臺	講官同上	或問禘之說一章。	召學士傅達禮諭移駐瀛臺事	傅達禮、陳廷敬	1.86.
12.3.7.辰	瀛臺	講官同上	祭如在一章，王孫賈問曰一章。	出西門看麥苗	喇沙里、史鶴齡	1.87.
12.3.8.辰	瀛臺	講官同上	子曰周監於二代一章。	問太皇太后安	莽色、孫在豐	1.87.
12.3.9.辰	弘德殿	講官同上	子入太廟一章。		傅達禮、楊正中	1.87.
12.3.10.辰	弘德殿	講官同上	子曰射不主皮一章，子貢欲去告朔之餼羊一章，子曰事		胡密子、杜臻	1.87.

			君盡禮一章。			
12.3.11.辰	弘德殿	講官同上	定公問君使臣一章。		熊賜履、喇沙里	1.88.
12.3.12.辰	弘德殿	講官同上	子曰關雎樂而不淫一章。哀公問社於宰我一章。子曰管仲之器小哉一章。		莽色、孫在豐	1.88.
12.3.13.辰	弘德殿	講官同上	子語魯太師樂曰一章。儀封人請見一章。	問熊賜履雨衍期，何道可感召天和？	傅達禮、楊正中	1.88.
12.3.15.辰	弘德殿	講官同上	子謂韶盡美矣一章。子曰居上不寬一章。		李仙根、喇沙里	1.89.
12.3.16.辰	弘德殿	講官同上	子曰里仁為美一章。	問太皇太后安	莽色、陳廷敬	1.89.
12.3.22.辰	弘德殿	喇沙里、孫在豐	子曰不仁者不可久處約一章。	問太皇太后安	莽色、陳廷敬	1.90.
12.3.24.辰	弘德殿	傅達禮、熊賜履、孫在豐	子曰惟仁者一章，子曰苟志於仁矣一章，子曰富與貴是人之所欲也一章。	問太皇太后安	熊賜履、胡密子	1.90.
12.3.25.辰	弘德殿	喇沙里、孫在豐	子曰我未見好仁者一章。子曰人之過也各於其党一章。	問太皇太后安	喇沙里、史鶴齡	1.90.
12.3.26.辰	弘德殿	傅達禮、熊	子曰朝聞道一	問太皇太后安	莽色、	1.91.

		賜履、孫在豐	章，子曰士志於道一章。		楊正中	
12.4.3.辰	弘德殿	講官同上	子曰君子之於天下也一章。子曰君子懷德一章。子曰放於利而行一章。子曰能以禮讓為國乎一章。子曰不患無位一章。	問太皇太后安	李仙根、喇沙里	1.92.
12.4.5.辰	弘德殿	講官同上	子曰參乎吾道一以貫之一章。		胡密子、史鶴齡	1.92.
12.4.6.辰	弘德殿	講官同上	子曰君子喻以義一章。子曰見賢思齊焉一章。		喇沙里、孫在豐	1.92.
12.4.7.辰	弘德殿	講官同上	子曰事父母幾諫一章。子曰父母在不遠遊一章。子曰父母之年不可不知也一章。		莽色、陳廷敬	1.92.
12.4.8.辰	弘德殿	講官同上	子曰古者言之不出一章。子曰以約失之者鮮矣一章。子曰君子欲訥於言一章。		傅達禮、杜臻	1.93.
12.4.9.辰	弘德殿	講官同上	子曰德不孤一章。子游曰事君數一章。子	問太皇太后安	熊賜履、胡密子	1.93.

			謂公冶長一章。			
12.4.10.辰	弘德殿	講官同上	子謂子賤一章。子貢問曰賜也何如一章。或曰雍也而不佞一章。		李仙根、喇沙里	1.93.
12.4.12.辰	弘德殿	講官同上	子使漆雕開仕一章。	問太皇太后安	傅達禮、史鶴齡	1.93.
12.4.13.辰	弘德殿	講官同上	子曰道不行一章。		胡密子、杜臻	1.94.
12.4.14.辰	弘德殿	講官同上	孟武伯問子路仁乎一章，子謂子貢曰女與回也孰愈一章。	問太皇太后安	喇沙里、陳廷敬	1.94.
12.4.18.辰	東宮前殿	傅達禮、史鶴齡、張英	宰我晝寢一章。子曰吾未見剛者一章。			1.94.
12.4.19.辰	東宮前殿	講官同上	子貢曰我不欲人之加諸我也一章。子貢曰夫子之文章可得而聞也一章。子路有聞一章。			1.95.
12.4.20.辰	東宮前殿	講官同上	子貢問曰孔文子何以謂子文一章。			1.95.
12.4.22.辰	東宮前殿	講官同上	子謂子產一章。子曰晏平			1.95.

			仲善與人交一章。			
12.4.23.卯	東宮前殿	講官同上	子曰臧文仲居蔡一章。子張問曰令尹子文三仕為令尹一章。	問太皇太后安		1.95.
12.4.25.辰	東宮前殿	講官同上	季文子三思而後行一章。			1.95.
12.4.26.辰	東宮前殿	講官同上	子曰甯武子邦有道則智一章。			1.95.
12.5.1.辰	弘德殿	傅達禮、熊賜履、孫在豐	子在陳曰歸與歸與一章。子曰伯夷叔齊不念舊惡一章。子曰孰謂微生高直一章。子曰巧言令色足恭一章。	問太皇太后安	李仙根、喇沙里	1.96.
12.5.3.辰	弘德殿	講官同上	顏淵季路侍一章。	傅達禮以舊例夏至輟講	莽色、史鶴齡	1.96.
12.5.10.辰	弘德殿	講官同上	子曰已矣乎一章。子曰十室之邑一章。	問太皇太后安	胡密子、李仙根	1.97.
12.5.12.辰	同上	講官同上	子曰雍也可使南面一章。哀公問弟子孰為好學一章。			1.97.
12.5.13.辰	同上	傅達禮、李仙根、孫在豐	子華使於齊一章。		莽色、杜臻	1.98.

12.5.14.辰	同上	傅達禮、李仙根、孫在豐	子謂仲弓曰一章。子曰回也其心三月不違仁一章。		胡密子、李仙根	1.98.
12.5.15.辰	同上	同上	季康子問仲由可使從政也與一章。季氏使閔子騫為費宰一章。伯牛有疾一章。	問太皇太后安	喇沙里、史鶴齡	1.98.
12.5.16.辰	同上	傅達禮、李仙根、孫在豐	子曰賢哉回也一章。冉求曰非不說子之道一章。子謂子夏曰女為君子儒一章。		莽色、孫在豐	
12.5.17.辰	同上	同上	子游為武城宰一章。子曰孟之反不伐一章。		胡密子、陳廷敬	1.98.
12.5.18.辰	同上	同上	子曰不有祝鮀之佞一章。子曰誰能出不由戶一章。	問太皇太后安	傅達禮、杜臻	1.99.
12.5.20.辰	同上	同上	子曰質勝文則野一章。子曰人之生也直一章。		莽色、楊正中	1.99.
12.5.21.辰	同上	同上	子曰知之者不如好之者一章。子曰中人以上一章。樊遲問知一章。	問太皇太后安	李仙根、喇沙里	1.99.

12.5.22.辰	同上	同上	子曰知者樂水一章。子曰齊一變一章。		傅達禮、葉方藹	1.99.
12.5.23.辰	同上	同上	子曰觚不觚一章。宰我問曰一章。		胡密子、史鶴齡	1.99.
12.5.24.辰	同上	同上	子曰君子博於文一章。子見南子一章。		莽色、孫在豐	1.100.
12.5.25.辰	同上	同上	子曰中庸之為德也一章。子貢曰如有博施於民一章。子曰述而不作一章。	問太皇太后安	喇沙里、陳廷敬	1.100.
12.5.26.辰	同上	同上	子曰默而識之一章。子曰德之不修一章。子之燕居一章。子曰甚矣吾衰也一章。		傅達禮、杜臻	1.100.
12.5.27.辰	同上	同上	子曰志於道一章。子曰自行束脩以上一章。子約不憤不啟一章。子食於有喪者之側一章。		熊履賜、胡密子	1.100.
12.5.28.辰	同上	同上	子謂顏淵曰用之則行一章。子曰富而可求也一章。子之	問太皇太后安	莽色、楊正中	1.100.

			所慎一章。子在齊聞韶一章。			
12.5.29.辰因暑停經筵一月七日	同上	同上	冉有曰夫子為衛君乎一章。子曰飯蔬食飲水一章。子曰加我數年一章。			1.100.
12.7.8.辰	同上	同上	子所雅言一章。葉公問孔子於子路一章。子曰我非生而知之者一章。	問熊賜履朝廷何以服人	熊賜履、喇沙里	1.105.
12.7.10.早	東宮前殿	傅達里、孫在豐、張英	子不語一章。子曰三人行一章。子曰天生德於予一章。			1.106.
12.7.11.早	東宮前殿	同上	子曰二三子以我為隱乎一章。子以四教一章。			1.106.
12.7.12.早	同上	同上	子曰聖人吾不得而見之矣一章。子釣而不見綱一章。			1.106.
12.7.13.早	東宮前殿	傅達里、孫在豐、張英	子曰蓋有不知而作之者一章。互相難與言一章。			1.106.

12.7.15.早	同上	同上	子曰仁遠乎哉一章。陳司敗問昭公知禮乎一章。			1.106.
12.7.16.早	同上	同上	子與人歌一章。子曰文莫吾猶人也一章。子曰若聖與仁則吾豈敢一章。			1.106.
12.7.17.早	同上	同上	子疾病一章。子曰奢則不遜一章。			1.107.
12.7.18.早	同上	同上	子曰君子坦蕩蕩一章。子溫而厲一章。子曰泰伯其可謂至德也已矣一章。			1.107.
12.7.19.早	同上	同上	子曰恭而無禮則勞一章。曾子有疾召門弟子曰一章。曾子有疾孟敬子問之一章。曾子曰以能問於不能一章。			1.107.
12.7.20.早	同上	同上	曾子曰可以託六尺之孤一章。	24日回宮，扈從起居注官傅達禮、喇沙里、孫在豐		1.107.
12.7.21.早	同上	同上	曾子曰士不以不弘毅一章。			1.107.

12.7.22.早	同上	同上	子曰興於詩一章。			1.107.
12.7.23.早	同上	同上	子曰民可使由之一章。子曰好勇疾貧亂也一章。			1.107.
12.7.26.辰	弘德殿	傅達里、熊履賜、孫在豐	子曰如有周公之才之美一章。子曰三年學一章。	問太皇太后安巳午二次	杜臻、喇沙里	1.108.
12.8.2.辰	弘德殿	傅達里、熊履賜、孫在豐	子曰篤好學一章。子曰不在其位一章。		喇沙里、陳廷敬	1.109.
12.8.3.辰	弘德殿	同上	子曰狂而不直一章。	問太皇太后安	莽色、杜臻	1.109.
12.8.5.辰	弘德殿	同上	子曰學如不及一章、子曰巍巍乎舜禹之有天下也一章。		喇沙里、孫在豐	1.110.
12.8.6.辰	同上	同上	子曰大哉堯之為君也一章。舜有臣五人一章。	問太皇太后安	莽色、葉方藹	1.110.
12.8.7.辰	同上	同上	子曰禹吾間然矣一章。子罕言利與命與仁一章。	問太皇太后安	楊正中、喇沙里	1.110.
12.8.8.辰	同上	同上	達巷党人曰大哉孔子一章。子曰麻冕禮一章。		胡密子、杜臻	1.110.
12.8.10.辰	同上	同上	子絕四一章。		陳廷敬、	1.111.

			子畏於匡一章。		喇沙里	
12.8.15.辰	弘德殿	同上	子見齊衰者一章。顏淵喟然嘆曰一章。		莽色、孫在豐	1.111.
12.8.16.辰	弘德殿	同上	子曰有美玉如斯一章。子欲居九夷一章。	問太皇太后安	喇沙里、張英	1.112.
12.8.18.辰	同上	同上	子在川上曰一章。子曰吾未見好德一章。		莽色、陳廷敬	1.112.
12.8.20.辰	同上	同上	子曰譬如為山一章。子曰語之而不惰者一章。		熊賜履、胡密子	1.114.
12.8.21.辰	同上	同上	子謂顏淵曰一章。子曰苗而不秀者有矣夫一章。		莽色、楊正中	1.114.
12.8.22.巳	保和殿	折庫訥、徐元文、明珠、王熙	〈大學〉：大學之道一章。〈詩經〉：無教逸欲有邦一節。	講畢賜宴如例	喇沙里、葉芳藹	1.114.
12.8.23.辰	弘德殿	傅達里、熊賜履、孫在豐	子曰後生可畏一章。子曰法語之言一章。	問太后宮問安	胡密子、孫在豐	1.114.
12.8.24.辰	同上	熊賜履、喇沙里、孫在豐	子曰三軍可奪帥也一章。子曰衣敝縕袍一章。	召熊賜履論及文章。	莽色、張英	1.115.
12.8.25.辰	弘德殿	同上	子曰歲寒然後		喇沙里、	1.115.

			知松柏之後凋也一章。子曰知者不惑。		史鶴齡	
12.8.26.辰	同上	同上	子曰可與共學一章。唐棣之華一章。	召賜履論治道	胡密子、陳廷敬	
12.8.28.辰	同上	同上	孔子於鄉党至色斯舉矣共十七章。		熊賜履、喇沙里	1.116.
12.8.29.辰	同上	同上	子曰先進於禮樂一章。子曰從我於陳蔡者一章。	詣太后宮問安	胡密子、楊正中	1.116.
12.9.2.辰	同上	同上	子曰回也非助我者也一章。子曰孝哉閔子騫一章。南容三復一章。季康子問弟子一章。		喇沙里、孫在豐	1.117.
12.9.3.辰	同上	同上	顏淵死顏路請子之車一章。顏淵死子曰噫一章。顏淵死子哭之慟一章。顏淵死門人欲厚葬之一章。季路問事鬼神一章。閔子侍側一章。魯人為長府一章。		胡密子、張英	1.117.

12.9.5.辰	同上	同上	子曰由之瑟奚為於丘之門一章。子貢問師與商也孰賢一章。季氏富於周公一章。柴也愚一章。子曰回也其庶乎一章。		喇沙里、陳廷敬	1.117.
12.9.6.辰	弘德殿	熊賜履、喇沙里、孫在豐	子張問善人之道一章。子曰論篤是與一章。		胡密子、葉方藹	1.117.
12.9.7.辰	同上	同上	子路問聞斯行諸一章。子畏於匡一章。	諭熊賜履古今道理及讀書之要	莽色、張英	1.118.
12.9.8.辰	同上	同上	季子然問仲由冉求可謂大臣與一章。	召熊賜履諭其撰講章事。	楊正中、喇沙里	1.119.
12.9.9.辰	同上	同上	子路使子羔為費宰一章。子路曾晳冉有公西華侍坐一章。顏淵問仁一章。	問太皇太后安	胡密子、杜臻	1.119.
12.9.10.辰	同上	同上	仲弓問仁一章。司馬牛問仁一章。司馬牛問君子一章。	問賜履昨地震災異事	莽色、孫在豐	1.120.
12.9.11.辰	同上	同上	司馬牛憂曰一章。子張問明一章。子貢問		喇沙里、孫在豐	1.120.

			政一章。			
12.9.12.辰	同上	同上	棘子成曰君子質而已矣一章。哀公問於有若曰一章。子問崇德辨惑一章。		胡密子、史鶴齡	1.121.
12.9.13.辰	同上	同上	齊景公問政於孔子一章。子曰片言可以折獄者一章。子曰聽訟吾猶人也一章。	召賜履諭大學格物窮理事	莽色、陳廷敬	1.121.
12.9.14.辰	同上	同上	子張問政一章。子曰君子成人之美一章。季康子問政一章。	問太皇太后安	杜臻、喇沙里	1.121.
12.9.15.辰	同上	同上	季康子患盜問於孔子一章。季康子問政於孔子一章。子張問士一章。樊遲從遊於舞雩之下一章。		胡密子、張英	1.121.
12.9.16.辰	同上	同上	樊遲問仁一章。子貢問友一章。		莽色、楊正中	1.122.
12.9.17.辰	同上	同上	曾子曰君子以文會友一章。子路問政一章。仲弓為季氏宰		熊賜履、喇沙里	1.122.

			一章。			
12.9.18.辰	同上	同上	子路曰衛君待子而為政一章。	問太皇太后安	胡密子、孫在豐	1.122.
12.9.19.辰	同上	同上	樊遲請學稼一章。子曰誦詩三百一章。子曰其身正一章。		莽色、張英	1.122.
12.9.20.辰	同上	同上	子曰魯衛之政一章。子謂衛公子荊善居室一章。子適衛冉有僕一章。子曰苟有用我者一章。		喇沙里、史鶴齡	1.122.
12.9.21.辰	同上	同上	子曰善人為邦百年一章。子曰如有王者一章。子曰苟正其身矣一章。		胡密子、杜臻	1.123.
12.9.22.辰	同上	同上	冉有退朝一章。定公問一言而可以興邦有諸一章。		莽色、陳廷敬	1.123.
12.9.23.辰	同上	喇沙里、孫在豐	葉公問政一章。子夏為莒父宰問政一章。葉公語孔子曰一章。樊遲問仁一章。	問太皇太后安	喇沙里、孫在豐	1.123.
12.9.24.辰	同上	喇沙里、孫在豐、張英	子貢問曰何如斯可謂之士矣		胡密子、楊正中	1.123.

			一章子曰不得中行而與之一章。子曰南人有言一章。			
12.9.25.辰	同上	熊賜履、喇沙里、孫在豐	子曰君子和而不同一章。子貢問曰鄉人皆好之一章。		莽色、葉方藹	
12.9.26.辰	同上	同上	子曰君子易事一章。子曰君子泰而不驕一章。子曰剛毅木訥一章。子路問曰何如斯可謂之士矣一章。子曰善人教民七年一章。		喇沙里、史鶴齡	
12.10.2.辰	弘德殿	熊賜履、喇沙里、孫在豐	子曰以不教民教一章。憲政問恥一章。克伐怨欲不行焉一章。子曰士而懷居一章。子曰邦有道危言危行一章。	召賜履論學問之道，問太皇太后安。		1.125.
12.10.3.辰	同上	同上	子曰有德者必有言一章。南宮適問於孔子曰羿善射一章。子曰君子而不仁者有矣夫一章。		胡密子、葉方藹	1.126.

12.10.4.辰	同上	同上	子曰愛之能勿勞乎一章。子曰為命裨諶草創之一章。或問子產一章。子曰貧而無怨難一章。子曰孟公綽為趙魏老則優一章。		莽色、孫在豐	1.126.
12.10.5.辰	同上	喇沙里、孫在豐、張英	子路問成人一章。子問公叔文子於明賈曰一章。		喇沙里、張英	1.126.
12.10.6.辰	同上	同上	子曰臧武仲以防求為後於魯一章。子曰晉文公譎而不正一章。子路曰桓公殺公糾一章。		胡密子、陳廷敬	1.126.
12.10.7.辰	同上	同上	子貢曰管仲非仁者與一章。公叔文之臣大夫僎一章。子言衛靈公之無道也一章。	問太皇太后安	莽色、杜臻	
12.10.9.辰	同上	熊賜履、喇沙里、孫在豐	子曰其言之不怍一章。陳成子弒簡公一章。子路曰桓公殺公子糾一章。	諭賜履歲闢佛	胡密子、楊正中	

12.10.10.辰	同上	同上	子路問事君一章。子曰君子上達一章。	午時詣太皇太后宮問安。	喇沙里、葉方藹	
12.10.11.辰	同上	同上	子曰古之學者為己一章。遽伯玉使人於孔子一章。		莽色、孫在豐	
12.10.12.辰	同上	同上	曾子曰君子思不出其位一章。子曰君子恥其言一章。子曰君子道者三一章。	詣太皇太后宮問安。	胡密子、張英	
12.10.14.早	南殿	喇沙里、孫在豐、張英	子貢方人一章。子曰不患人之不已知一章。子曰不逆詐一章。			1.128.
12.10.15.早	南殿	同上	微生畝謂孔子曰一章。子曰驥不稱其力一章。			1.128.
12.10.17.早	同上	同上	或曰以德報怨一章。子曰莫我知也一章。			1.129.
12.10.18.早	同上	同上	公伯寮愬子路於季孫一章。			1.129.
12.10.19.早	同上	同上	子曰賢者辟世一章。子曰作者七人矣，子路宿於石門一章。			1.129.

12.10.21.早	同上	同上	子擊磬於衛一章。 子章曰書云一章。 子曰上好禮一章。			1.129.
12.10.22.早	同上	同上	子路問君子一章。原壤夷俟一章。闕党童子將命一章。 衛靈公問陳於孔子一章。	問太皇太后安	喇沙里、孫在豐、張英	1.129.
12.10.23.辰	弘德殿	熊賜履、喇沙里、孫在豐	子曰賜也汝以予為學而識之者與一章。子曰由知德者鮮矣一章。子曰無為而治者一章。			
12.10.24.辰	同上	同上	子張問行一章。子曰直哉史魚一章。	問太皇太后安	莽色、史鶴齡、	1.129.
12.10.25.辰	同上	同上	子曰可與言而不與之言一章。子曰志士仁人一章。子曰志士仁人一章。		楊正中、喇沙里	1.130.
12.10.26.辰	同上	同上	顏淵問為邦一章。子曰人無遠慮一章、子曰已矣乎一章。子曰臧文	問太皇太后安	胡密子、葉方藹	1.130.

			仲其竊位者與一章。子曰躬自厚一章。			
12.10.27.辰	弘德殿	熊賜履、喇沙里、孫在豐	子曰不曰如之何如之何者一章。子曰群居終日一章。子曰君子義以為質一章。子曰君子病無能焉一章。		莽色、孫在豐	1.130.
12.10.28.辰	同上	同上	子曰君子疾沒世一章。子曰君子求諸己一章。子曰君子矜而不爭一章。子曰君子不以言舉人一章。	問太皇太后安	喇沙里、張英	1.130.
12.10.29.辰	同上	同上	子貢問曰有一言而可以終身行之者夫一章。子曰吾之於人也一章。子曰吾猶及史之闕文也。子曰巧言亂德一章。子曰眾惡之必察焉一章。子曰人能弘道一章。	召賜履重刑獄事	熊賜履、胡密子	1.131.
12.11.1.辰	同上	同上	子曰過而不改一章。子曰吾		莽色、陳廷敬	1.131.

			常終日不食一章。子曰君子謀道一章。子曰如及之仁不能守之一章。子曰君子不可小知一章。子曰民之於仁也一章。子曰當仁於不讓於師一章。子曰君子貞而不諒一章。			
12.11.2.辰	同上	同上	子曰事君敬其事一章。子曰有教無類一章。子曰道不同一章子曰辭達而已矣一章。師冕一章。季氏將伐顓臾一章。孔子曰天下有道一章。孔子曰祿之去公室一章。孔子曰益者三友一章。		杜臻、喇沙里	1.131.
12.11.3.辰	弘德殿	熊賜履、喇沙里、孫在豐	孔子曰益者三樂一章。孔子曰侍於君子一章。孔子曰君子有三戒一章。孔子曰君	問太皇太后安	胡密子、史鶴齡	1.132.

			子有三畏一章。			
12.11.4.辰	弘德殿	同上	孔子曰生而知之者一章。孔子曰君子有九思一章。孔子曰見善如不及一章。齊景公有馬千駟一章。陳亢問於伯魚曰一章。邦君之妻一章。陽貨欲見孔子一章。子曰性相近也一章。	召賜履問本然之性，性善是也	莽色、楊正中	1.132.
12.11.5.辰	同上	同上	子曰惟上知與下愚不移一章。子之武城一章。公山弗擾以費畔一章。子張問仁於孔子一章。佛肸召一章。子曰由也汝聞六言一章。子曰小子何莫學夫詩一章。子謂伯魚曰一章。		喇沙里、葉方藹	1.133.
12.11.6.辰	同上	同上	子曰禮云禮云一章。子曰色厲而內荏一			

			章。子曰鄉愿德之賊也一章。子曰道聽而塗說一章。子曰鄙夫可與事君也與哉一章。子曰古者民有三疾一章。子曰惡紫之奪朱也一章。			
12.11.7.辰	同上	同上	子曰予欲無言一章。孺悲欲見孔子一章。宰我問三年之喪一章。子曰飽食終日一章。	命儒臣賜履等撰太極圖論進呈	莽色、張英	1.133.
12.11.8.辰	弘德殿	熊賜履、喇沙里、孫在豐	子路曰君子尚勇夫一章。子貢曰君子亦有惡乎一章。子曰惟女子與小人一章。子曰年四十而見惡焉一章。微子去之一章。		喇沙里、孫在豐	1.134.
12.11.9.辰	同上	同上	柳下惠為士師一章。齊景公待孔子曰一章。齊人歸女樂一章。楚狂接輿歌一章。		胡密子、陳廷敬	1.134.

			長沮桀耦而耕一章。子路從而後一章。逸民伯夷叔齊一章。			
12.11.10.辰	同上	同上	太師摯適齊一章。周公謂魯公曰一章。周有八士一章。子張曰士見危致命一章。子張曰執德不弘一章。子夏之門人一章。子夏曰雖小道一章。	問太皇太后，皇太后安 有事南郊齋戒不理政事	莽色、杜臻	1.134.
12.11.11. 12.11.16.辰	同上	同上	子夏曰日知其所亡一章。子夏曰博學而篤志一章。子夏曰百工居肆一章。子曰小人之過也必文一章。子夏曰君子有三變一章。		莽色、史鶴齡	1.135.
12.11.17.辰	同上	同上	子夏曰君子信而後勞其民一章。子夏曰大德不踰閑一章。子游曰子夏之門人一章。子夏曰仕	問太皇太后，皇太后安	喇沙里、陳廷敬	1.135.

			而優則學一章。子游曰喪致乎哀而止一章。子游曰吾友張也一章。曾子曰堂堂乎張也一章。曾子曰吾聞諸夫子一章。曾子曰吾聞諸夫子孟莊子之孝也一章。孟氏使陽膚為士師一章。子貢曰紂之不善一章。			
12.11.18.辰	弘德殿	熊賜履、喇沙里、孫在豐	衛公孫朝問於子貢曰一章。叔孫武叔語大夫於朝曰一章。叔孫武叔毀仲尼一章。陳子禽問於子貢曰一章。		胡密子、杜臻	1.135.
12.11.19.辰	弘德殿	同上	堯曰咨爾舜二節。曰予小子履一節。周有大賚五節寬則得眾一節。		熊賜履、莽色	1.135.
12.11.20.辰	同上	同上	子張問於孔子曰一節。子張曰何謂惠而不費一節。子張曰何謂四惡一	問熊賜履知符合一之悅？	喇沙里、孫在豐	1.136.

			節。子曰不知命一章。			
12.11.21.辰	同上	同上	大學之道一章。		胡密子、葉方藹	1.136.
12.11.22.辰	同上	同上	康誥曰克明德一章。湯之盤銘曰一章。詩云邦畿千里二節。詩云穆穆文王一節。	問太皇太后	喇沙里、張英	1.136.
12.11.23.辰	同上	同上	詩云瞻彼淇澳一節。詩云於戲前王不忘一節。子曰聽訟吾猶人也一章。右（左）傳之五章一章。	問太皇皇太后安	胡密子、陳廷敬	1.136.
12.11.24.辰	弘德殿	熊賜履、喇沙里、孫在豐	所謂誠其意者毋自欺也一章。小人閒居為不善一節。曾子曰十目所視二節。所謂修身在正其心一章。		熊賜履、喇沙里	
12.11.25.辰	同上	同上	所謂齊其家在修其身者一章。所謂治國必先齊其家者一節。康誥曰如保赤子二節。		莽色、史鶴齡	1.137.

12.11.26.辰	弘德殿	同上	堯舜帥天下以仁一節。詩云桃之夭夭四節。所謂平天下在治其國者一節。所惡於上毋以使下一節。		胡密子、杜臻	1.137.
12.11.27.辰	同上	同上	詩云樂只君子二節。詩云殷之未喪師一節。是故君子先慎乎德一節。德者本也一節。外本內末一節。康誥曰惟命不于常一節。		喇沙里、葉方藹	
12.11.28.辰	同上	同上	楚書曰楚國無以為寶二節。泰誓曰若有一個臣一節。唯仁人放流之三節。			
12.11.29.辰	同上	同上	是故君子有大道一節。生財有大道一節。仁者以財發身二節。孟獻子曰畜馬乘二節。		喇沙里、張英	1.138.
13.2.19.巳	保和殿	常鼐、李仙根、折庫	四書：恭則不悔一段。書	賜宴如例行經筵大典	喇沙里、張英	1.152.

		納、吳正治	經：禹曰都帝慎乃在位一節。			
13.8.28.辰	保和殿	常鼐、王熙、胡密子、徐元文	四書：唯天下至聖為能聰明睿知足以有鄰也一節。	行經筵大典	熊賜履、勒貝	1.174.
13.9.1.早			書經：知人則哲一段。諭翰林學士傅達禮、熊賜履、勒貝曰：日講關係重大，今停已久，若在延，恐致荒疏。			1.174.
13.9.5.辰	弘德殿	熊賜履、喇沙里、孫在豐	天命之謂性三節。		喇沙里、孫在豐	1.174.
13.9.6.辰	同上	同上	喜怒哀樂之未發二節。仲尼曰君子中庸一章。		庫勒納、史鶴齡	1.175.
13.9.8.辰	同上	同上	子曰中庸其至矣乎一章。子曰中庸其至矣乎一章。子曰道之不行也一章。子曰道其不行矣夫一章。子曰舜其大知也與一章。		喇沙里、葉方藹	1.175.
13.9.9.辰	同上	同上	子曰人皆予知		陳廷敬、	1.175.

			一章。子曰回之為人也一章。子曰天下國家可均也一章。子路問強一章。		庫勒納	
13.9.11.辰	後殿	喇沙里、張英	子曰素隱一章。君子之道費而隱二節。			
13.9.14.辰	後殿	喇沙里、孫在豐、張英	詩云鳶飛戾天二節。子曰道不遠人三節。			1.175.
13.9.15.巳	後殿	喇沙里、孫在豐、張英	君子之道四一節。君子素其位而行一章。君子之道辟如行遠一章。			1.176.
13.9.16.辰	後殿	同上	子曰鬼神之為德一章。子曰舜其大孝也與一節。			1.176.
13.9.17.辰	後殿	同上	故大德必得其位三節。子曰無憂者其為文王乎一章。子曰武王周公其達孝矣乎二節。			1.176.
13.9.18.辰	後殿	同上	春秋修其祖廟四節。			1.176.
13.9.19.辰	同上	同上	哀公問政五節。			1.176.
13.9.21.辰	同上	同上	故君子不可以			1.176.

			不修身三節。			
13.9.23.辰	弘德殿	熊賜履、喇沙里、孫在豐	子曰好學近乎知三節。		勒貝、韓菼	1.176.
13.9.24.辰	弘德殿	同上	修身則道立二節。		陳廷敬、庫勒納	1.177.
13.9.26.辰	同上	同上	凡為天下國家有九經三節。		庫勒納、史鶴齡	1.177.
13.10.7.辰	同上	同上	誠者天之道也四節。	問太皇太后安	崔蔚林、庫勒納	1.178.
13.10.8.辰	同上	同上	自誠明謂之性，唯天下至誠為能盡其性二章。	問太皇太后安	喇沙里、韓菼	1.179.
13.10.9.辰	弘德殿	熊賜履、喇沙里、孫在豐	其次致曲，至誠之道可以前知二章。		熊賜履、庫勒納	1.179.
13.10.10.辰	同上	同上	誠者至成也一章。	問太皇太后安	喇沙里、史鶴齡	1.179.
			故至誠無息六節。			
13.10.22.辰	同上	同上	天地之道可一言而盡也三節。		庫勒納、張英	1.180.
13.10.26.辰	同上	同上	詩云維天之命一節。大哉聖人之道五節。	問太皇太后安	庫勒納、史鶴齡	1.181.
13.10.27.辰	同上	同上	故君子尊德性而道學問二節。		熊賜履、喇沙里	1.181.
13.10.28.辰	同上	同上	王天下有三重焉一章。		孫在豐、庫勒納	1.181.
13.11.6.巳	同上	同上	仲尼組述堯舜		喇沙里、	1.182.

			一章。唯天下至聖一節。		史鶴齡	
13.11.7.辰	同上	同上	溥博淵泉而時出之三節。		庫勒納、葉方藹	
13.11.10.辰	同上	同上	唯天下至誠唯能經綸天下之大經一章。詩云衣錦尚絅一節		喇沙里、庫勒納、張英	
13.11.12.辰	同上	同上	詩云潛雖伏矣四節。		熊賜履、喇沙里	1.183.
13.11.14.辰	同上	同上	孟子見梁惠王王曰叟、孟子見梁惠王立於沼上二章。		喇沙里、韓菼 喇沙里、	1.183. 1.183.
13.11.16.辰	同上	同上	梁惠王曰寡人之於國也一章。		喇沙里、葉方藹	1.183.
13.11.17.辰	同上	同上	梁惠王曰寡人願安承教一章。	問太皇太后安	孫在豐、庫勒納	
13.11.18.辰	同上	同上	梁惠王曰晉國天下莫強焉，孟子見梁襄王二章。			

附註：

㈠本表據〈康熙起居注〉所編定，備註中即該史料出處，冊數及頁數。從康熙十一年至廿一年的〈起居注〉剛好完整無缺，亦即康熙皇帝十九歲至廿九歲青年時期舉行經延日講的史料，完整無缺。正好利用這些史料，分析其所受的教育。

㈡康熙十三年九月一日，上諭翰林院議奏乘間進講，其日講進度遂無一定之規則，故本附表中的史料止於十三年。

㈢六：起居注官所列人名，常出現於日講官所列人名中，亦即日講官常為起居注官，稱為日講起居注官，但有些起居注官則不兼日講官。

第三章 「理學」思想

(一) 前言

康熙皇帝幼年曾讀四書，青年時期又在經筵日講中逐字逐句重讀四書五經，並與理學名臣熊賜履、張英、李光地、湯斌等共同研究講論儒家經典的要義。使他對儒家經典的瞭解不止更為精進，且能突破傳統直窺儒家經典的精義而有所創新。本文即據康熙皇帝的《御製文集》、《庭訓格言》與詔諭，兼採其時各理學名臣之文集與傳記，分析研究其將傳統儒家理學思想轉化而實踐於實際政治中的過程。亦即康熙皇帝一再所強調的「帝王之學」的主要內容。

(二) 君仁臣敬，孝治天下

康熙皇帝即位時，還差三個月才滿八週歲，因此由索尼、蘇克薩哈、遏必隆、鰲拜四大臣共同輔政。四人中，鰲拜武功最多，而他本人又是巴圖魯（勇士）出身，故能結權內外，獨攬「輔政」大權，根本沒有把年少的康熙皇帝看在眼裏。康熙六年，玄燁十四歲躬親大政，二年後即剪除了權臣鰲拜，掌握朝政大權。年少的康熙皇帝曾受儒家經典的教育，其尊孔崇儒，或因儒家的綱常名教，對其鞏固君權，恢復並重建大難後的社會秩序，有所助益❶。因儒家的綱常名教，君臣、父子、夫婦、兄弟、朋友之倫，上下尊卑之序，是以君臣倫常為主體，也就是一個「仁」字。詩云：「為人君止於仁，為人臣止於敬，為人子止於孝，為人父止於慈，與國人交止於信」❷。康熙皇帝曾說：「仁者無不愛，凡愛人愛物皆愛也，故其所感甚深，所及甚廣。」「仁者以萬物為一體，惻隱之心觸處發現，故極其量，則民胞物與，無所不周。」仁是道德的至則，人君心懷有仁，則能「已逸而必念人之勞，已安而思人之苦」。「凡有利於人者則為之，凡不利於人者則去之」❸。則能「先憂後樂，使天下家給人足，顛連而無告者，咸得生全」。人臣以仁為懷，則能「陳善閉邪，誠亦不已之誠，夙夜匪懈，使天下移風易俗。」同樣的，康熙皇帝認為父子能以仁為懷，則能父慈子孝，達到孝慈之極。據他自己的體認：「晨昏定省視膳問安，此謂儀文，不足言孝也。更有甚者，口過怨惡，非孝也。滿溢高危，非孝也。弟子服勞，非孝也。不讀正書，非孝也。祇守天經地義，必敬必戒，競業自持，罔失人子色難之教」。才能達孝之極。而「教子大綱小紀，循分自安，此謂大義，不足盡慈也。更有過者，溺愛不明，非慈也。厚敬賊愛，非慈也。相戾不哭，非慈也。不教正書，非慈也。真示天理倫常，善繼善述，由親及遠，罔失喬梓天性之誠」。才能達慈之極❹。總之。「仁是心之德，愛之理」❺。是倫理道德的基本原則，其他各種倫理道德如敬孝慈信均由此發生。

孝是中國傳統倫理道德的基本內容，「教孝實人倫之本」。康熙皇帝更是躬行實踐，身體力行「以孝治天下」。他說：「孝為萬事之綱，五常百行，皆本諸此。」「凡人之行，莫善於孝」。「夫孝者，百行之原，萬善之極。書言奉先思孝，詩言孝思維則，明乎為天之經，地之義，人情所同然，振古而不易」。孝既為天經地義，人情所趨，古往今來永遠不變的真理，「故以之為己，則順而祥，以之教人，則樂而易從，以之化民成俗，則德施溥而不匱，帝王奉此以宰世御物，躬行為天下先」❻。「推而極之，通於神明，貫乎天地，夫寧有

---

❶《康熙起居注》冊二，頁四，明珠奏：「自古惟孔孟之道，大有益於世……」

❷《日講大學解義》卷一頁一二，《欽定四庫全書》。

❸《聖祖仁皇帝庭訓格言》頁六，《欽定四庫全書》。

❹《御製文第四集》卷二四頁六。

❺《康熙起居注》一冊頁二〇三，康熙一四年四月二五日。

❻《康熙政要》卷一一頁二〇—三〇。

涯際乎哉」。

「孝，其事始於寢門視膳之節，而推之于配帝饗親。覲光揚烈，誠萬民而光四海，皆斯義也」。「故衍至德之義，則仁義禮智信之說備矣。衍孝道之義，則父子君臣夫婦昆弟朋友之倫備矣。衍教所由生之義，則禮樂刑政之屬備矣。衍五孝而皆以愛敬為本，明貴賤之所同也。由天子之敬親推之，則郊丘宗廟典禮之義備矣。由天子之愛親推之，則仁民育物撫綏愛養之義備矣。無非敬也，無非愛也，即無非孝也。遞而至於諸侯之不驕不溢，卿大夫之法服法言法行，士庶人之忠順事上，謹身節用，何一非愛敬之義」❼。

「人君以孝治天下，則臣下觀感以作忠，兆民親睦而成俗，真所謂至德要道也」❽。而「人子至情，忠孝皆出一理」❾。「夫不欺之謂忠，無偽之謂誠。古名臣忠與誠合，然後能守正不阿、獨立不倚」❿。而「誠敬一理，敬又為誠之本」⓫。「為臣子者，果能盡心體貼君親之意，凡事一出於至誠，未有不得君親之歡心者」⓬。康熙皇帝常常講孝不講忠，或以孝代忠，因忠有一定的強制性，君臣不能親密無間。以孝事君為忠，便把君臣關係直接連在宗法血緣關係上，使君臣關係比較親睦和諧自然。所謂君臣如父子，便把「忠君」變成臣子分內應盡的事了。「事君不忠非孝，蒞官不敬非孝，朋友不信非孝，戰陣無勇非孝，皆孝子分內之事也」。

孝是人間感情的自然流露，「人不知孝父母，獨不思父母愛子之心乎？方其未離懷抱，饑不能自哺，寒不能自衣。為父母者，審音聲，察形色，笑則為之喜，啼則為之憂。行動則跬步不離，疾痛則寢食俱廢，以養以教至於成人。復為授家室謀生理，百計經營，心力俱瘁。父母之德，實同昊天罔極！人子欲報親恩於萬一，自當內盡其心，外竭其力，謹身節用，以勤服勞，以隆孝養」。而且「不孝與不弟相因，事親與事長並重，能為孝子，然後能為悌弟，能為孝子悌弟，然後在田野為循良之民，在行間為忠勇之士」⑬。故「興起教化，鼓舞品行，必以孝道為先」⑭。

康熙皇帝更是身體力行，事親「至孝」。玄燁幼失怙恃，父母早逝，賴其祖母撫養誨迪，故其孝事祖母孝莊皇太后無不「誠意懇到」，其祖母也一再稱讚康熙皇帝的「大孝」。康熙皇帝也將其奉事祖母孝莊皇太后的事蹟，記載於《庭訓格言》中，期以之訓迪其子孫與

❼《御製文集第二集》卷三一頁九—一二。
❽《康熙政要》卷一一頁三七。
❾《御製文集》卷一二頁一二，康熙二一年二月二四日。
❿《聖祖仁皇帝實錄》卷二三七頁九，康熙四八年三月辛卯。
⓫《康熙仁皇帝實錄》卷七三頁二三，康熙一七年五月戊午。
⓬《康熙政要》卷一一頁三五。
⓭《聖諭廣訓》頁一—二，《欽定四庫全書》。
⓮《康熙政要》卷一一頁三三，康熙三七年。

臣民效法其「大孝」。其以「孝治天下」之意，可謂甚明。康熙皇帝訓曰：「昔日太皇大后聖躬不豫，朕侍湯藥，三十五晝夜，衣不解帶，目不交睫，竭力盡心，惟恐聖祖母有所欲用而不能備。故凡坐臥所需，以及飲食肴饌無不備具。如糜粥之類，備有三十餘品。其時聖祖母病勢漸增，實不思食。有時故意索未備之品，不意隨所欲用，一呼即至。聖祖母拊朕之背，垂泣讚歎曰：我因老病，汝日夜焦勞，竭盡心思，諸凡服用以及飲食之類，無所不備。我實不思食，適所欲用，不過借此支吾，安慰汝心，誰知汝皆先令備在彼。如此竭誠體貼，肫肫懇至，孝之至也。惟願天下後世，人人法皇帝如此大孝可也」[15]。

禮是倫理道德的基礎，故「安上治民，莫善於禮。」「禮為範身之具，而興起教化之原也。天之生人，品類紛綸，莫可紀極，聖人起而整齊之。」「大者在冠昏喪祭朝聘射宴之規，小者在揖讓進退飲食起居之節。」依禮而行，「則君臣上下賴以序，夫婦內外賴以辨，父子兄弟婚媾姻婭賴以順而成。反是，則尊卑易位，等殺無章」[16]。而且「禮也者，所以勸民為善也」[17]。「蓋非有以強之者，率乎其理之所安而已」[18]。但事實上，不敬不孝之極，除有鄉里鄉黨宗族的輿論制裁外，尚有十惡等律條來懲罰，故倫理道德並非全無強制性。

康熙皇帝幼年及青年時曾受傳統儒家經典的教育與宋明理學的薰陶[19]，但其在倫理道德的建樹上，確能超越其時代，突破歷史傳統甚多，也開啟並穩定有清一代百餘年的盛世。他不以倫理道德為取士的標準，避免流入虛偽及太重形式等泛倫理道德的流弊。他認為「朝夕承懽」、「乃家庭常禮」、「天理至性」、不分「貴賤」⑳。「惟以順適為安，自然為樂，並不以朝見日期，限定禮法而稱孝也。」「昏定晨省」，也當究其本意，不可徒泥其辭。」若其「子孫眾多，逐日早起問安，將終日不得一飯之暇矣！」㉑他對「漢軍旗人居父母之喪，親朋聚會，演劇飲酒，呼盧鬥牌，儼如筵宴。」「孝服鞍轡等類，皆異常華美」、「毫無居喪之禮」，甚不以為然。更反對愚民「以捨身為孝」及「夫亡從死」之事㉒。認為「此等事」、「正宜曉諭嚴禁」及「應行停止褒揚。」㉓此正是康熙皇帝超越其時代與歷史傳統，而閃耀人性與理性光輝的地方。

---

⑮《聖祖仁皇帝庭訓格言》頁六七。
⑯《御製文第二集》卷三一頁六—七。
⑰《御製文集》卷一七頁一五。
⑱同⑮。
⑲參第一章《幼年所受的教育及其影響》及第二章《經筵日講——青年時期所受的公開教育》。
⑳《御製文集》卷二七頁七。
㉑《聖祖仁皇帝庭訓格言》頁二九及三六。
㉒《康熙政要》卷一一頁二三—二四。
㉓《康熙起居注》二冊頁一七七三，康熙二七年五月四日。

（三）帝王之學，家給人足

康熙九年，年青的康熙皇帝在聽完國史院學士熊賜履首次試講《論語》「道千乘之國」一章，繼講「務民之義」一章後，覺得獲益匪淺，乃命禮部擇吉舉行經筵日講[24]。熊賜履為著名的理學家，故其試講時，即以理學的觀點，慎選「孔子論治國之要」以啟沃年青的康熙皇帝。

「居敬」「存誠」，正是宋儒理學修身的切要工夫。孔子言治國之要有五，而首言敬，又以敬為主，堯舜以來治道，皆以敬為之。熊賜履慎選此章首先進講，實有其深意存於其間[25]。次年四月，首次舉行經筵日講，年青的康熙皇帝在理學名臣熊賜履、孫在豐、張英等之主講啟沃下，又逐字逐句認真的重讀四書五經，使他對儒家經典的瞭解更為精進。理學家除精研儒家的經典，發揮其義理外，更著重「道統」的傳承。康熙皇帝受其影響，繼承其說並有所創見。他說：「朕惟天生聖賢，作君作師，萬世道統之傳，即萬世治統之所繫也。自堯、舜、禹、湯、文、武之後，而有孔子、曾子、子思、孟子。自《易》、《書》、《詩》、《禮》、《春秋》而外，而有〈論語〉、《大學》、《中庸》、《孟子》之書，如日月之光昭於天，岳瀆之流峙於地，猗歟盛哉！蓋有四子而後，二帝三王之道傳，有四子之書而後，五經之道備。四子之書得五經之精意而為言者也。孔子以生民未有之聖，與列國君、大夫及門弟子論政與學，天德王道之全，修己治人之要，具在《論語》一書。《學》、《庸》皆孔子之傳，而曾子、子思獨得其宗。明新止善，家國天下之所以齊治平也。性教中和，天地萬物之所以位育，九經達道之所以行也。至於孟子繼往聖而開來學，闢邪說以正人心，性善仁義之旨著明於天下。此聖賢訓辭詔後，皆為萬世生民而作也。道統在是，治統亦在是矣！歷代賢哲之君，創業守成，莫不尊崇表章，講明斯道」㉖。

在此，康熙皇帝言道統的傳承沒有提到周公，卻加進曾子、子思。但在其親製周公廟碑文中，卻又特別說明周公在道統傳承中的地位。其文曰：「世運代嬗，隔越千載，則必有神哲挺生其間，以承大統，以作名世。惟公體上聖之質，紹祖考之德，孝友篤仁，左右寧王，厥勳爛矣！及乎負扆，能以勤勞寅恭，惇大忠信之道，翼贊其君，太和洽而頌聲作焉！夫功莫大於致治綏邦，業莫隆於制禮作樂，公身兼數器，開物成務……昔孟子論列古帝王，至於公，曰兼三王，施四事。而韓愈亦歷數堯、舜、禹、湯、文、武以至公。蓋道統之傳如此，豈僅以治理之彰彰者歟？」㉗「至孔子，雖不得位，而贊修刪定，闡精義於六經，祖述憲

㉔《池北偶談》卷一頁二，經筵日講，並參註一九。
㉕《日講論語解義》卷四頁五，《欽定四庫全書》。
㉖《康熙起居注》冊一頁三三九，康熙一六年一二月八日。
㉗《聖祖仁皇帝實錄》卷一三〇頁一二，康熙二六年五月壬辰。

章，會眾理於一貫，為往聖繼絕學，為萬世正人心，使堯、舜、禹、湯、文、武之道燦然丕著於宇宙與天地無終極焉！誠哉先賢所稱，自生民以來，未有盛於孔子者也」㉘。「不有孔子，則學術紛淆，仁義湮塞，斯道之失傳也久矣！後之人欲探二帝三王之心法，以為治國平天下之準，其奚所取衷焉！然則孔子之為萬古一人也審矣！」㉙。

康熙皇帝除讚揚周公及孔子外，在先儒中則特別推崇朱熹，他認為朱子「所著作及編纂之書，皆明白精確，歸於大中至正，而且集道統之大成。」他說：「至於朱夫子，集大成而繼千百年絕傳之學，開愚蒙而立億萬世一定之規，窮理以致其知，反躬以踐其實。釋《大學》則有次第，由致知而平天下，自明德而止於至善，無不開發後人而教來者也。五章補之於斷簡殘篇之中，而一旦豁然貫通之為要。雖聖人復起，必不能逾此。問《中庸》各篇之義，則不偏不倚，無過不及之名，未發已發之中，本之於時中之中，皆先賢所不能及也。若語孟則逐篇討論，皆內聖外王之心傳，於世道人心之所關匪細。如五經則因經取義，理正言順，和平寬宏，非後世淺見而輕議者同日而語也。至於忠君愛國之誠，動靜語默之敬，文章言談之中，全是天地之正氣，宇宙之大道。朕讀其書，察其理，非此不能知天人相與之奧，非此不能治萬邦於衽席，非此不能仁心仁政施於天下，非此不能內外為一家。讀書五十載，只認得朱子一生居心行事」㉚。在此康熙皇帝推崇朱熹是道統的集大成者，並闡發了道統，「孔孟之後，有裨斯文者，朱子之功最為弘鉅，將朱子配享孔廟，「升於大成殿十哲之次，以昭表彰至意」㉛。而朱子所傳注的四書五經早已列為科考所必備，至是則更加強。

由康熙皇帝之推崇朱熹，好像他已完全贊同並接受朱子之學。事實上，康熙皇帝的理學是「帝王之學」與朱熹的「儒生」理學有所不同。儒生的理學著重在修身齊家，康熙皇帝的理學則在治國平天下。朱熹著重「內聖的修養工夫，強調個人理想人格的完整，從自制自律方面下工夫。「餓死事小，失節事大。」理學真能殺人於無形㉜。康熙皇帝則兼重「內聖」與「外王」，大講「治萬邦於衽席」，「施仁政於天下」，完成「內外一家」的統一。

至康熙皇帝大講道統，旨在說明他是順天應人，繼道統而治，是朱熹以來道統的傳人，大清帝國則繼承堯、舜、禹、湯以來的治統。「作君作師」，「道統」、「治統」兼備，故「我（清朝）得天下之正。」可謂超出往古矣！」㉝道統向為中國傳統士大夫所維護與支持，於此則吳三桂所率領及號召的漢人降將的反叛，將失其理論上的基礎。基於此種緣由，

㉘《康熙政要》卷一六頁一〇，康熙三二年。
㉙《御製文集》卷二五頁一。
㉚《御製文第四集》卷二一頁一〇。
㉛《聖祖仁皇帝實錄》卷二四九頁八，康熙五一年二月丁巳。
㉜宋德宣著《康熙思想研究》（中國社會科學出版社，北京，一九八七）頁二一四。
㉝《聖祖仁皇帝庭訓格言》頁三四，《欽定四庫全書》。

故經筵日講在吳三桂反叛時，「戎馬倥傯」之際，暫停了九個月後，馬上恢復舉行，或與此有關。當然康熙皇帝乘間參與經筵日講，亦有於「危殆之時」，示以「暇豫」、「沈著」，「持心堅定」，穩定民心之意[34]。

道統就是孔、孟繼承並發揚二帝三王的治國理民的政治思想，也就是儒家所謂的王道。康熙皇帝留心研究「帝王道法」，「期於貫通」，也構成其「帝王之學」的主要內容。他說：「天生民而立之君，非特以崇高富貴之具而已，固將副教養之責，使四海九州，無一夫不獲其所也」[35]。又說：「上之人有萬物一體之懷，有天下為家之意，仁以漸之，義以摩之，而下之人亦皆愛之如父母，敬之如師保，咸有不忍去其上之心，此王道也。」帝王的責任就是在教養「生民」使無一夫不獲其所，故「教養者，王道之原也」[36]。但治民以養為先，以教為本」[37]。「而近民者，王道之旨。」，「周公之言曰：政不簡不易，民不有近，平易近民，民必歸之。」，「易曰：易則易知，簡則易從，易知則有親，易從則有功。」而「致治無他道」，「惟在因民之心而已矣。」故「致治之本在寬仁。」，「古人所謂民可近不可下者，即孟子所謂民為貴之意。蓋天視自我民視，天聽自我民聽，斯豈非邦本之謂乎？」[38]「古之聖王體上天仁愛之心，惟務化民於善，閑民於義而已，不忍制民以術，怵民以威也。是故五刑之屬三千，皆本惻怛之心以出之，而非慘刻峻削之為也。」而「治理之方，其要在仁義而已矣！」，「仁以育之，義以正之。仁以育之所以養也，義以正之所以教也。孔子曰：「如有王者，必世而後仁。又曰：聖人久於其道，而天下化成。蓋言王道之成，仁義之效也。」養民就是「使天下之民，家給人足，有俯仰之樂，而無阽危之患」㊴。此為康熙皇帝恤貧賑災，減免天下賦稅，藏富於民等政治措施的思想基礎。他曾說：「百姓足，君孰與不足？百姓不足，君孰與足？古今不易之理也」㊵。「第思百姓足，則國家足裕」與其「若期比戶豐盈，必以蠲租減賦，除其雜派為先」的思想，正與藏富於民的傳統儒家思想相吻合，也是康熙皇帝實踐其帝王之學」的具體表現。他在硃筆御旨中更曾一再強調「收成好，家給人足，就是莫大的祥瑞」㊶。衣食足而後知榮辱，「家給人足」也正是康熙皇帝「化民成俗」，實踐其「理學」思想禮治天下的基礎。而「禮」治天下，又以教化為

㉞ 孟昭信著《康熙大帝全傳》（吉林文史出版社，長春，一九八七）頁一〇一。
㉟ 《康熙政要》卷一七頁三。
㊱ 《御製文集》卷一八頁二一，頁一七及三。
㊲ 《康熙政要》卷四頁二九。
㊳ 《御製文第二集》卷三〇頁四及六。
㊴ 《御製文集》卷一七、一八及二六，頁一三、一〇及九。
㊵ 《康熙起居注》冊一頁四三九，康熙十八年十月四日。
㊶ 《宮中檔康熙朝奏摺》第四及七集三五四及二頁。

先。「尚德緩刑，良由化導之功」[42]。理學名臣陸隴其即「以德化民，不事刑威」而著名於康熙朝。隴其於江蘇嘉定知縣任內，「有民告其子不孝，訊得實，隴其涕泣自訟曰：吾德薄，不能宣教化，令汝父子至此，因委曲誠諭，父子皆大哭去。子歸，卒善事其父。有弟以盜訟其兄，廉知其弟婦翁所導也，杖而數之曰：為子婿計，乃忍斷其手足耶？兄弟皆感泣，和好如初。」其廷對策時務略曰：「法者治之跡而非恃以為治也，為治而專恃法，自古及今，未有能治者。臣非欲陛下廢法而治也，竊以為法之及人也淺，德之及人也深。法之禁人也難，教之禁人也易。今日之治，苟非崇德教以正人心。雖日議法無益矣。」「使不先正人心，而徒恃區區之法，議法者日益精，而刓法者日益巧，法之弊未有已也」[43]。

(四)存理去欲，德化天下

同朱熹一樣，康熙皇帝也講存天理，去人慾。他說：「學問無他，惟在存天理去人慾而已。天理乃本然之善，有生之初，天之所賦畀也。人欲是有生之後，因氣稟之偏，動於物，縱於情，乃人之所為，非人之所固有也。是故閉邪存誠，所以持養天理，隄防人慾，省察克治，所以辨明天理，決去人欲，若能操存涵養，愈精愈密，則天理常存，而物慾盡去矣！」[44]而且「人心一念之微，不在天理，便在人慾。是故心存私便是放，不必逐物馳騖然後為放也。心一放便是私，不待縱情肆欲而後為私也。」㊺因「幾動而理與欲遂分，是以古之聖賢，於一念之發，必審之於中曰：此為理乎？為慾乎？理則擴充之，欲則禁止之，不待其滋長顯露而後為補救也，以故理日長而欲日消」。

康熙皇帝對「幾動」的詮釋是：「幾者動之微，吉之先見者也。夫天下之廣，事物之眾，其接於中而散見於外者，至紛綸而莫可紀極。然當其寂焉獨處，萬感不交，自人窺之，罔測端倪，而心之隱約欲動者，已灼然其不能遏，此所謂幾也。」因「事顯而幾微。微則幽而難辨，危而難持，苟非察之於早，而謹之於終，則天命之在人者必漓，心之安於止者必蕩軼而踰檢矣。」故其「惟恐隱微之地，有一端未善，故日講求於先儒性命之學，以務盡其誠意正心之功，而猶恐未得其要也。孜孜焉從事惇頤之思，張載之所謂豫，朱熹之所謂敬，劼毖罔懈，庶幾慎獨之方可企而全歟！」

事實上，「《易》與《書》之言幾，猶《大學》之言獨，《中庸》之言微顯也，其道德不外於一慎而已矣。」「因人心道心消長靡定，勢不中立，或縱於一時，而貽於久遠，或疏

㊷《康熙政要》卷二頁三。
㊸《國朝耆獻類徵初編》卷五五頁六，陸隴其傳。
㊹《康熙政要》卷一六頁三〇。
㊺《聖祖仁皇帝庭訓格言》頁二八，《欽定四庫全書》。

於一事，而誤及多端，則其失非淺顯也。」㊻「故《大學》《中庸》俱以慎獨為訓，是為聖賢第一要節，後人廣其說曰暗室不欺。所謂暗室不欺有二義焉，一在私居獨處之時，一在心曲隱微之地。夫私居獨處，則人不及見，心曲隱微，則人不及知，惟君子謂此時指示必嚴也。戰戰慄慄，兢兢業業，不動而敬，不言而信。斯誠不愧於屋漏，而為正人也夫！」

康熙皇帝對人心道心之消長，亦有深切的體認而有助於修身的工夫，他說：「人惟一心起為念慮，念慮之正與不正，只在頃刻之間，若一念之不正，頃刻而知之，即從而正之，自不自至道之遠。書曰：惟聖罔念作狂，惟狂克念作聖，一念之微，靜以存之，動則察之，必使俯仰無愧，方是實在工夫。是故古人治心，防於念之初生，情之未起，所以用力甚微，而收功甚鉅也」㊼。

至於「理」，康熙皇帝則認為「天地古今，大本大原，只是一理。」「夫理，語大乾坤莫能載，語小乾坤莫能破，散之萬物，歸於一中，無過不及，日用平常見於事物者，謂之理。」㊽而且「有一事必有一事之理，有一物必有一物之理。從此推去，自有所得。求之而失於過，不得其理也。求之而失於不及，亦不得其理。惟一中即是無私，無私而後得其之也乎！」㊾理既存於一切事物之中，故「帝王之學，以明理為先。」未有不以講學明理為先務㊿。「非格物致知，窮其理之至當，即理在前而不識也。自宋儒起而有理學之名，至於朱子擴而充之，方為理明道備，後人雖雜出議論，總不能破萬古之正理。」(51)「惟通經而後明理。」[52]但「先儒有言，窮理非一端，所得非一處。或在讀書上得之，或在講論上得之，或在思慮上得之，或在行事上得之。讀書得之雖多，講論得之尤速，思慮得之最深，行事得之最實。此語極為切當，有志於格物致知之學者，其宜知之」[53]。「理既明，則中心有主，而是非邪正自判矣！遇有疑難事，但據理直行，得失自可無愧。書云：學於古訓乃有獲。凡聖賢經書，一言一事，俱有至理，讀書時便宜留心體會。此可以為我法，此可以為我戒，久久貫通，則事至物來，隨感即應，而不待思索矣！」[54]

除「存理」「去欲」外，「良心」亦「能勝私欲」，「為聖為賢皆此路也。」「朱子云：人作不好底事，心卻不安，此是良心。但被私欲錮蔽，雖有端倪，無力爭得出，須是著

---

[46]《御製文集》卷一七貫六及七。

[47]《聖祖仁皇帝庭訓格言》頁二一及一八，《欽定四庫全書》。

[48]《康熙政要》卷一六頁二一及二七。

[49]《御製文第四集》卷二一，頁二。

[50]《聖祖仁皇帝實錄》卷六七頁一，康熙一六年五月己卯。

[51]《康熙起居注》二冊，一〇八九頁，康熙二二年十月二四日，並參《御製文第四集》卷二一，頁一。

[52]《聖祖仁皇帝實錄》卷二三，頁六，康熙六年七月甲寅。

[53]《聖祖仁皇帝庭訓格言》頁九二。

[54]《康熙政要》卷一六頁二〇。

力與他戰，不可輸與他。知得此事不好，立定腳跟，硬地行，從好路去。待其熟時，私欲自住不得。」「性無不善，故心無不正。」[55]故「人性之善，無分賢愚，只在勉強行之。」[56]雖然性相近，習相遠，「惟天賦忠孝之性，無有異同，雖窮荒僻壤，亦有至忠至孝者。」[57]「孟子言良知良能，蓋舉此心本然之善端，以明性之善也。」[58]「惟人性皆善，所以皆可以為堯舜，如惻隱羞惡之仁義之端，只在察識擴充，能盡其性，雖堯舜不難至也。」[59]故「千古聖賢與我同類。」[60]康熙皇帝曾於日講後，召理學名臣熊賜履至御前，問曰：「本然之性，氣質之性，其指何居？」對曰：「本然之性，即太極也，孟子所謂性善是也。氣質之性即二五萬物也，孔子所謂性相近習相遠也。究之氣質之性。皆可化為本然之性。故性善之說為不可易，而大有功於天下萬世也。」[61]因人性之善，故「禮義之心人皆有之，未有安心為非而逆乎人道者也。若或有之，不過百中一、二，然此輩亦有所由起，或有負氣而縱者，或有使酒而縱者。」[62]故康熙皇帝認為「民之蚩蚩，皆朕赤子，乃或迫於饑寒，或失於訓誡，轉而為盜，非其本心。為有司者，能曲體民隱，經畫其生計，勤施而禮教，使其民皆有樂生嚮義之念，則善良既安，而莠頑可格，此非民牧之切務歟！」[63]而人性善良的信念，也正是康熙皇帝移風易俗，德化天下的基礎，而傳統儒家「家給人足」，「藏富於民」的政治理想即由此出發。

除了積極的以「本然之善」與「良心」的「性善」去「私欲」外，更要發揮道德的功能，堅守義利之辨，不為物欲所動搖。「志於道則義理為之主，而物欲不能移，由是而據於德，依於仁，而游於藝。自不失其先後之序，輕重之倫，本末兼該，內外交養，涵泳從容，不自知其入於聖賢之域矣！」[64]又因「無逸則主敬，主敬則無欲。」[65]故康熙皇帝認為「理性書」、「千言萬語，不外一敬字，人君治天下但能居敬，終身行之足矣。」[66]「慎重者敬也，當無事時，敬以自持，而有事時，即敬以應事，務必謹終如始，慎修思永，習而安焉，

---

55 《聖祖仁皇帝庭訓格言》頁六九及一〇，《欽定四庫全書》。

56 《聖祖仁皇帝實錄》卷五五頁一三，康熙一四年五月己卯。

57 《康熙起居注》三冊頁二一〇四，康熙五三年七月二十日。

58 《康熙政要》卷一六頁二九。

59 《康熙起居注》一冊，頁二〇六，康熙一四年五月二一日。

60 《聖祖仁皇帝庭訓格言》頁一〇。

61 《康熙起居注》一冊，頁一三二，康熙一二年一一月四日。

62 《康熙政要》卷一六頁二九。

63 《聖祖仁皇帝實錄》卷二三七，頁九，康熙四八年三月辛卯。

64 《聖祖仁皇帝庭訓格言》頁一〇，《欽定四庫全書》。

65 《御製文集》卷一七，頁一〇。

66 《康熙政要》卷一，頁一一。

自無廢事。故凡天下事，不可輕忽，雖至微至易者，皆當以慎重處之。」67並要求其官吏「臨民以主敬為主，昔人有言，一念不敬，或貽四海之憂，一日不敬，或以致千百年之患，《禮記》首言毋不敬，《夏書》始終皆言敬慎，大抵誠與敬，千聖相傳之學，不越乎此。」因「心法為治法之本，所謂敬也誠也中也。敬則神明有主，而物欲不能搖，誠則孚信在中，而巧偽不能間，中則公正無偏，而邪說不能移。」68「總之，為政以中正誠敬為本，中正則能公，誠敬則能去私。」69而「誠敬一理，敬又為誠之本。」「夫不欺之謂忠，無偽之謂誠。」70「敬」比「忠」之意更廣，故康熙皇帝以「敬」代「忠」，所謂「君仁臣敬」，其意在此。

至「義」「利」之辨，康熙皇帝則認為「聖人以義為利，安義處便是利。凡人惟棄利己之心，以求義之所安，則為忠臣者亦此道，為孝子者亦此道。人人皆當以此語為至教而奉行之也。」71「人應以身勞而心安者為之，利少而義多者為之，此二語簡而要，人之處世能依此二語行之，過差何由而生？」72

(五) 格物窮理，躬行實踐

與宋明理學一樣，康熙皇帝也講格物致知，認為《大學》格物二字最是切要工夫，蓋格物即窮理也。理學名臣熊賜履更認為「聖賢本體工夫，只格物二字包括無餘，內而身心意知，外而家國天下，皆物也。物無不格，斯知無不致，而德無不明。聖經賢傳，千言萬言，無非發明此理。但其間有根本，有切要，非泛騖於一草木，一器具之末，為支離無本之學者。孟子曰：物皆然，心為甚。蓋心又物之大者，萬理之所具，而萬事之所出也。」[73]康熙皇帝曾訓諭其子孫「窮理格物，多識前言往行，是為作聖之功。」故其格物窮理即欲窮宋儒存理去欲而人人皆可為聖賢之理。但在格物窮理上特別著重實踐，他一再強調：「平日讀書窮理，總是要講求治道，見諸實行，不徒空言耳。」[74]「但學問無窮，不在徒言，惟當躬行實踐，方有益於所學。」[75]「為學不在多言，務期躬行實踐，非徒為口耳之資」[76]。

---

67 《聖祖仁皇帝庭訓格言》頁二。
68 《御製文集》卷二六、一九，頁九及八。
69 《康熙政要》卷二頁一六。
70 《聖祖仁皇帝實錄》卷七三卷二三七，頁二三及九，康熙十七年，四十八年五、三月戊午、辛卯。
71 《聖祖仁皇帝庭訓格言》頁八八。
72 《康熙政要》卷一六頁三〇。
73 《康熙起居注》一冊頁一二一，康熙十二年九月一三日。
74 《康熙政要》卷一〇及一頁六及七，教戒諸皇子。
75 《聖祖仁皇帝實錄》卷六七頁七，康熙十六年五月癸卯。
76 《康熙起居注》一冊頁三一〇，康熙十六年五月二九日。

康熙皇帝在格物窮理上特別著重躬行實踐，除針對明季士大夫空談心性誤國而發外⑰，實因「天地間道理甚大，聖賢言語包蘊無窮，若止就數語翻駁，徒滋紛擾，反於學問無益。」「近人辯論太繁，而特別強調理學在躬行。」⑱此亦為其「帝王之學」的特色而與儒生的理學有所不同。故康熙皇帝於「知先行後」、「行先知後」、「知行合一」與「致良知」等說，除於日講後好奇的詢問理學名臣日講官熊賜履及魏象樞而贊同宋儒朱熹之說外，重未作太多的申論與辯解⑲。至將儒家理學思想實踐於實際政治中，則為其躬行實踐的重心，也是康熙皇帝最高的政治智慧與最大的政治成就。康熙皇帝言理學不在「空言」「空談」，其理亦在此。

康熙皇帝在理學「格物」上最大的成就與貢獻，則為其突破傳統致力於科學的研究。傳統理學認為「泛騖一草木，一器具之末，為支離無本之學。」而不屑於「格」其物。康熙皇帝則因事實的需要而學算術，他說：「爾等惟知朕算術之精，卻不知我學算術之故。朕幼時，欽天監漢官與西洋人不睦，互相參劾，幾至大辟。楊光先，湯若望於午門外九卿前，當面睹測日影，奈九卿中無一知其法者。朕思己不知，焉能斷人之非，自是憤而學焉。」⑳康熙皇帝的算學、幾何學、靜力學、天文學及歐洲科學等方面的知識，就是從西方傳教士南懷仁、張誠、徐日昇、安多等那裏學來的，而且在學習過程中，他自始至終都非常認真㉑。至康熙皇帝在植物的栽培實驗中，改良水稻品種成一年兩熟的「御稻種」，推廣在北方及江南試種，因而增加糧食的生產量82。此關係全人類及億萬人的「民生」生計與福祉，更是值得大加讚揚。此亦為康熙皇帝自幼所培養的興趣，而在「格物窮理」上超越其時代並突破歷史與理學傳統，發出了萬丈光芒。此種科學試驗的實證精神，更突顯康熙皇帝理學不「空談」、重「實踐」的重要意義。

(六) 結語

康熙皇帝以理學的舊觀念，恢復並重建社會秩序，於鞏固並提昇皇權，穩定大清帝國的統治，確有深遠的影響與貢獻。惟其理學思想能超越其時代，並突破歷史傳統而有所創新，

---

77 李文治著《晚明流寇》（食貨出版社，臺北，民國七十二年）頁一六二。

78 《康熙起居注》一、二冊頁四五二及一〇八九，康熙十八、二十二年十月二六、二四日。

79 《康熙起居注》一冊，頁一一六、一三六、四五二，康熙十二年、十八年八、十一、十月二十、二十六日。

80 《聖祖仁皇帝庭訓格言》頁六九。

81 白晉著馬緒祥譯《康熙帝傳》頁二二二。

82 《聖祖仁皇帝庭訓格言》頁四八，並參32引書頁一四八。

故能穩定並開啟有清一代百餘年富強的國運。但理學過分強調尊卑觀念所累積而形成的惰性與僵化性，卻也桎梏或扼煞全民族部分生命活力的發展。朱舜水於明朝亡國後，痛定思痛，稱理學為「亡國之學」，或與此有關。

康熙皇帝躬行實踐孝事其祖母孝莊皇太后，期以德化天下，效法其大孝。但皇太子胤礽雖在其所慎選的理學名臣悉心的教導下，確仍不仁不孝，甚至想奪權「潛謀大事」。康熙皇帝「晝夜戒慎不寧」、「未卜今日被鴆，明日遇害。」乃忍痛於四十七年九月、昭告天地宗廟，將胤礽廢斥㊸。皇太子被廢後，諸皇子間更陰謀結黨，政爭激烈，更無一絲孝悌骨肉親情。康熙皇帝與皇太子及諸皇子間，誼兼君臣父子，於五倫中已佔其二，尚且難避免彼此之間的激烈衝突。皇太子胤礽於權與利的誘惑下，雖無弒君父之念，但奪權之意甚明㊹。於此可見，倫理道德仍有其極限性。康熙皇帝雖經此廢太子事件的打擊，但仍未動搖其對人性善良的信念，影響其仁民愛物的政治措施。於五十一年十月，詔免天下地丁錢糧三千二百六萬四千六百兩有奇，以加惠於民。㊺此或為其被尊為「聖祖仁皇帝」之主要原因之一。

㊸《聖祖仁皇帝實錄》卷二三四頁三，康熙四七年九月丁丑。
㊹《文獻叢編》第三輯，胤禩胤禟案。
㊺《聖祖仁皇帝實錄》卷三五一頁一三，康熙五一年十月癸丑，並參㊳引書。

第四章　集權與激變

(一) 前言

康熙皇帝八歲繼位，由索尼、鰲拜等四輔政大臣佐理政務，至十四歲而躬親大政。但其掌握朝中實權則在康熙八年剷除權臣鰲拜之後。康熙皇帝在親政集權的過程中，曾引發二次政治上的激變。一為藉朝中的政爭而去掉不願歸政的輔臣蘇克薩哈，其次則為康熙皇帝以拜唐阿等博擊之戲，剷除權臣鰲拜及其黨羽，確實掌握朝中行政用人大權，而為大清帝國名實相符的第四代皇帝。

而吳三桂等三藩勢力的存在與清代中央集權的體制相衝突。故康熙皇帝親政集權後的另一措施，則為撤除三藩等所享有的特權，而造成三藩等先後的叛變，為清初政治上最巨大的變亂。在數次政治上激變中，康熙皇帝均處於主導地位，其與激變間的相互關係應詳加分析探討，而康熙皇帝的祖母孝莊皇太后在幕後的主導力量，更是不可忽視。

(二)玄燁即位與輔政分權

順治十八年正月初七日，福臨以感染天花病毒逝世於養心殿，時年廿四歲❶。遺詔以十四罪自責，並以其第三子年僅八歲的玄燁為皇太子，「即皇帝位，特命內大臣索尼、蘇克薩哈、遏必隆、鰲拜為輔臣」，「保翊沖主，佐理政務」❷。惟輔政大臣四人，雖非「宗室」，但皆為上三旗的「勛舊重臣」，算是打破宗室親王輔政的慣例，他們都曾因反對多爾袞而深得孝莊皇太后及順治皇帝的賞識與信賴❸。他們能為輔政大臣，即與此有關。四輔政大臣以索尼居首，他是滿洲正黃旗人，赫舍里氏，「早承家學，兼通滿漢蒙古文，在文館辦事」❹。天命四年，與其父碩色及父弟希福自哈達挈家來歸，初授一等侍衛，以戰功受太祖、太宗器重，太宗逝世後，睿親王多爾袞詣三官廟，召索尼議冊立，索尼曰：「先帝有皇子在，必立其一，他非所知也。」世祖即位，索尼與譚泰、圖賴等六人，「盟於三官廟，誓輔幼主，六人如一體。」及多爾袞擅政，譚泰等皆背盟附之，六人盟誓解體。但索尼不改初衷，矢志效忠於幼年皇帝，與多爾袞時有衝突。順治五年，值清明，遣索尼祭昭陵。既行，貝子屯齊訐索尼與圖賴等謀立肅親王，論死，未滅，奪官，籍其家，即安置昭陵。八年，「世祖親政，特召還，復世職，累進一等伯世襲，擢內大臣，兼議政大臣總管內務府❺。」僅次於索尼，位居輔政大臣第二位的蘇克薩哈，納喇氏，滿洲正白旗人。崇德六年，從鄭親王濟爾哈朗圍錦州，明總兵洪承疇赴援，太宗親率大軍蹙之，蘇克薩哈戰有功。順治二年，授牛彔章京世職。四年，晉三等甲喇章京。七年，襲三等阿思哈尼哈番，尋授議政大臣，進一等阿思哈尼哈番。蘇克薩哈原隸睿親王多爾袞屬下，多爾袞逝世後，蘇克薩哈與王府護衛詹岱等訐王謀移駐永平諸逆狀，及殯斂服色違制，多爾袞因是遭追黜，蘇克薩哈遂擢巴牙喇纛章京。順治十二年，蘇克薩哈大敗劉文秀部眾，六戰皆捷，因功，於十三年晉二等精奇尼哈番，尋擢領侍衛內大臣，加太子太保。❻

遏必隆，鈕祜祿氏，滿洲鑲黃旗人。額亦都第十六子，母和碩公主。天聰六年，襲一等昂邦章京，授侍衛，管牛彔事。崇德六年，從太宗攻明松山、錦州，論功得優賞。七年，從饒餘貝勒阿巴泰等入長城，進擾山東有功，授牛彔章京世職。順治二年，從順承郡王勒克德渾剿李自成兄子錦於武昌，進二等甲喇章京。五年，兄子侍衛科普索訐其與正白旗諸王有

---

❶ 王戎笙等編著〈清代全史〉二卷第三章，頁一八七，四：福臨之死與順治遺詔。

❷ 〈世祖章皇帝實錄〉卷一四四頁五，順治十八年正月丁巳初七日。

❸ 孟昭信著〈康熙大帝全傳〉二，頁一一一，四輔臣佐理政務

❹ 〈八旗通志〉初集，卷一四七，頁七。

❺ 〈清史稿校註〉卷二五六，頁八三五三，索尼傳。

❻ 〈清史列傳〉卷六，頁四，蘇克薩哈傳。

隙，設兵護門，奪世職及佐領。世祖親政，遏必隆訟冤，詔復職。科普索旋獲罪，以所襲圖爾格二等公爵，令遏必隆併襲為一等公。尋授議政大臣，擢領侍衛內大臣，累加少傅兼太子太保。❼

鰲拜，瓜爾佳氏，滿洲鑲黃旗人。初以巴牙喇壯達從征，屢有功。天聰八年，授牛彔章京世職，任甲喇額真。崇德二年，攻克皮島，立戰功，進三等梅勒章京，賜號巴圖魯。六年，從鄭親王濟爾哈朗圍錦州，鰲拜輒先陷陣，五戰皆捷，大敗明軍，功最，進一等，擢巴牙喇纛章京。八年，從貝勒阿巴泰敗明守關將，進薄燕京，略地山東，多斬獲。凱旋，敗明總兵范志完、總兵吳三桂軍。敘功，進三等昂邦章京，賚賜甚厚。順治元年，隨大軍定燕京。世祖考諸臣功績，以鰲拜忠勤戮力，次年，擢一等昂邦章京。隨英親王阿濟格征湖廣，破流賊李自成。進征四川，斬張獻忠於陣。五年，多爾袞以貝子屯齊訐告謀立肅親王，私結盟誓，論死，詔宥之，罰鍰自贖。七年，復坐事，降一等阿思哈尼哈番。世祖親政，授議政大臣，累進二等公，予世襲，擢領侍衛內大臣，累加少傅兼太子太傅。❽

輔政大臣等四人，因非宗室，接世祖遺詔後，索尼等跪告諸王貝勒等曰：「今主上遺詔，命我四人輔佐沖主。從來國家政務，惟宗室協理，索尼等皆異姓臣子，何能綜理？今宜與諸王、貝勒等共任之。」諸王貝勒等曰：「大行皇帝深知汝四大臣之心，故委以國家重務，詔旨甚明，誰敢干預？四大臣其勿讓。」索尼等奏知皇太后，仍誓告於皇天上帝大行皇帝靈位前，然後受事。其誓辭曰：「茲者先皇帝不以索尼、蘇克薩哈、遏必隆、鰲拜等為庸劣，遺詔寄託，保翊沖主。索尼等誓協忠誠，共生死，輔佐政務，不私親戚，不計怨讎，不聽旁人及兄弟子侄教唆之言，不求無義之富貴，不私往來諸王貝勒等府，受其餽遺。不結黨羽，不受賄賂，惟以忠心，仰報先皇帝大恩。若復各為身謀，有違斯誓，上天殛罰，奪算凶誅。」❾

次日，宣讀遺詔，遣官頒行天下。玄燁乃於正月初九日，即皇帝位，遣官祭告天地、宗廟、社稷，然後具孝服，詣大行皇帝几筵前，祗告，行三跪九叩禮，受命畢，具禮服，詣皇太后宮行禮畢。御太和殿，陞寶座，接受諸王、貝勒、大臣、文武官員人等朝賀，並詔告以明年為康熙元年，與天下更始。是時，玄燁還差三個月才滿八周歲，已完成即皇帝位的一切程序與禮儀，是大清帝國的第四代皇帝。

十四日，諸王貝勒文武大臣等齊集於大光明殿，敬告皇天上帝曰：「沖主踐阼，臣等若不竭忠效力，萌起逆心，妄作非為，互相結黨，及亂政之人，知而不舉，私自隱匿，挾讎誣

❼〈清史列傳〉卷六，頁一七，遏必隆傳

❽〈滿州名臣傳〉卷五，頁廿七，鰲拜傳。

❾〈聖祖仁皇帝實錄〉卷一，頁四，順治十八年正月丁巳。

陷，徇庇親族者，皇天明鑒，奪算加誅。」[10]

玄燁得為皇帝，除完成受命於天地，宗廟及社稷等象徵神權意義的儀式外，先接受輔政大臣四人等宣誓效忠，繼又接受諸王貝勒文武大臣等宣誓「竭忠效力」，確定了君臣名份，雖因「沖主踐阼」，群臣等也就不敢「萌起逆心」，「妄作非為」，「結黨」「亂政」，否則「奪算凶誅」，也是咎由自取，甘心情願。在順治皇帝逝世後短短七天內，政權迅速轉移，就形成了一個新的統治集團的領導核心。其特點是「以太后為中心，遺詔為根據，懲於前次攝政之太專，以異姓舊臣當大任，而親王貝勒監之。」[11]在朝鮮使臣的報告中也證實了「四輔政大臣擔當國事，裁決庶務，關白太后。」但太后並沒有垂簾聽政。[12]事實上，孝莊皇太后雖為統治集團的中心，始終居於幕後，代表其統治集團最高的政治權力則是年幼的康熙皇帝與輔政四大臣。因此，輔政四大臣雖居於「佐理政務」的地位，但實際上卻為權力的核心，其職權是相當大的，尤其是在康熙皇帝即位的初期，朝中一切行政大權幾乎全掌握在輔政大臣手中。當輔政大臣擅權與竊權時，更是如此。

(三)親政與輔臣政爭

在四大臣輔政期間，雖規定「凡欲奏事，共同啟奏。」[13]但首輔大臣卻總攬章奏大權，是輔政大臣所欲爭取的權位。居輔政大臣首位的索尼，是四朝元老，從一等侍衛累陞至內大臣，議政大臣，總管內務府，一等伯世襲。其忠心深受孝莊皇太皇的信任與賞識，但論戰功反不及崇德二年即擁有賜號巴圖魯的鰲拜。此人居功自傲，驕橫跋扈，又是開國勛臣費英東之侄，更是盛氣凌人，「意氣淩轢，人多憚之。」故「四大臣當國，鰲拜獨專恣。」⑭他與蘇克薩哈雖有姻親關係，卻最為不和，遇事爭吵不休，「積以成仇」。⑮而遏必隆雖「知其惡，緘默不加阻，亦不劾奏」。⑯遂於康熙五年利用黃、白兩旗舊日圈地時的宿怨。在上三旗內部挑起爭端，打擊並孤立蘇克薩哈。由輔政大臣個人間的政爭，演變成旗與旗間的爭鬥。原蘇克薩哈屬於正白旗，鰲拜屬於鑲黃旗，鰲拜乃翻舊案將睿親王多爾袞主政時擅用職權，不合規定圈給正白旗的土地換給鑲黃旗，於是各旗又乘機圈佔民間土地，造成自順治後

---

⑩〈聖祖仁皇帝實錄〉卷一，頁十，順治十八年正月甲子。
⑪孟森著〈明清史講義〉頁四一〇。
⑫〈朝鮮顯宗實錄〉卷四，頁三一，二年七月戊申。
⑬〈聖祖仁皇帝實錄〉卷二三，頁一二，康熙六年七月巳未十七日。
⑭〈清史稿校註〉卷二五六，頁八三六一，遏必隆傳。
⑮〈滿洲名臣傳〉卷五，頁二一，蘇克薩哈傳。
⑯同⑭。

康熙朝最大的一次擾民的秕政。在這次政爭中，鰲拜是勝利了，上疏反對圈換土地的正白旗大臣大學士管戶部尚書蘇納海，敢於言民間疾苦的直隸山東河南總督朱昌祚，巡撫王登聯等三大臣，均為鰲拜矯旨「俱著即處絞」而犧牲了性命。鰲拜在此次政爭中能獲得勝利，即因鰲拜拉攏了正黃旗的索尼與鑲黃旗的遏必隆。因位居輔政大臣之首的索尼「亦素惡蘇克薩哈，遏必隆不能自異，因共附和之。」⑰於此可見輔政大臣的專擅足以侵犯皇權。直到四十年後，康熙皇帝提起此事，仍很痛心的說：「至於巴圖魯公鰲拜，遏必隆為圈地事殺尚書蘇納海，總督朱昌祚，巡撫王登聯，冤抑殊甚。此等事皆朕所不忍行者，朱昌祚等不但不當殺，並不當治罪也。」⑱

自鰲拜挑起圈地事件，專擅絞殺中央戶部尚書及地方總督巡撫等大臣後，也引起朝中大臣的不安，遂要求康熙皇帝親政直接掌握政權。刑部刑科給事中張維赤首先疏言：「伏念世祖章皇帝於順治八年親政，年登一十四歲，今皇上即位六年，齒正相符，乞擇吉親政。」⑲首輔輔政大臣索尼亦於康熙六年三月，「奏請皇上親政」。輔政臣等亦以主上年德與世祖親政之年相符，再三奏請，皇上乃率輔臣等往奏太皇太后，經俞允擇吉親政」⑳。遂於七月初七日舉行親政大典，是日，皇上躬親大政，身著龍袍，頭戴皇冠，「御太和殿，王以下文武官員，上表行慶賀禮，宣詔天下。」㉑

在康熙皇帝親政十二日前，居輔政首位的索尼已逝世，但當輔政大臣等請上親政時，孝莊皇太后曾「諭以帝尚幼沖，天下事何能獨理？緩一二年再奏。」故在康熙皇帝親政後的一二年間，輔政大臣仍有相當的權力與地位。輔臣等甚至在孝莊皇太后前表明：「主上躬親萬機，臣等仍行佐理。」㉒故康熙皇帝在躬親大政，宣詔天下的詔書中嘉許輔政大臣索尼、蘇克薩哈、遏必隆、鰲拜等「謹遵遺詔，輔理政務，殫心效力，七年於茲」外，並且允諾「天下至大，政務至繁，非朕躬所能獨理！宣力分猷，仍惟輔政臣、諸王、貝勒、內外文武大小各官是賴。」更要求「務各殫忠盡職，潔己愛民，任怨任勞，不得辭避。天下利弊，必以上聞，朝廷德意，期於下究，庶政舉民安，早臻平治。」㉓三日後諭吏部，又嘉獎輔政臣等「夙稟忠貞，堪受重任，恪遵顧命，殫竭忠忱，靖共厥職」。並令「議政王、貝勒大臣、九卿、科道會同酌議實質的酬庸加恩加官爵於蘇克薩哈、遏必隆、鰲拜等輔政臣。」㉔

---

⑰ 劉家駒著〈清朝初期的八旗圈地〉第二章，頁五四，入關後的八旗圈地。
⑱ 〈聖祖仁皇帝實錄〉卷二二四，頁二二，康熙四五年三月丙寅初八日。
⑲ 〈聖祖仁皇帝實錄〉卷一九，頁一六，康熙五年八月巳酉初三日。
⑳ 〈聖祖仁皇帝實錄〉卷二三，頁二，康熙六年七月乙巳初三日。
㉑ 〈聖祖仁皇帝實錄〉卷二三，頁三，康熙六年七月乙巳初七日。
㉒ 同上引書，康熙六年七月乙巳初三日。
㉓ 同㉑。
㉔ 〈聖祖仁皇帝實錄〉卷二三，頁五，康熙六年七月癸丑十一日。

居輔政大臣之首位的索尼已經逝世，於是又爆發了鰲拜、議政王等與位居輔政大臣次位的蘇克薩哈之間的緊張而激烈的政爭。甚至「班行章奏，鰲拜皆首列」。「日與弟穆里瑪、侄塞本特、訥莫及班布爾善、阿思哈、噶褚哈、瑪爾賽、泰必圖、濟世、吳格塞等黨比營私，凡事即家議定，然後施行。」㉕在康熙皇帝親政前月餘，侍讀熊賜履應詔陳時政明言四點，今略錄如下，以見其所指陳：一曰政事紛更而法制未定。「我國家章程法度，其間有積重難返者，不聞略加整頓。而急切喜事之人，又從而意為更變。但知趨目前尺寸之利以便其私，而不知無窮之弊，已潛倚暗伏於其中。朝舉夕罷，以致盈庭聚訟，甲令遊移，此時事之最急者也。」二曰職業隳廢而士氣日靡。「近見各衙門大小臣工，大率緘默依阿，絕少實心任事之人。甚至托老成慎重之名以濟尸位素餐之計。樹議者謂之疏狂，任事者目為躁競，廉靜者斥為矯情，端方者笑為迂腐。間有修身體道，讀書窮理之士，則群指為道學而非笑之，百計詆排，必禁錮其終身而後已。」三曰學校廢弛而文教日衰。「今者庠序之教，缺焉不講，師道不立，經訓不明。士子惟揣摩舉業，以為弋科名之具，絕不知讀書講學，以求聖賢理道之歸。其高明者，又或泛濫百家，沈淪二氏，惑世誣民，莫斯為甚。」四曰風俗僭侈而禮制日廢。「臣觀今日風俗奢侈淩越，不可殫述。一裘而費中人之產，一宴而糜終歲之需。輿隸披貴介之衣，倡優擬命婦之飾。此饑之本，寒之源，而盜賊獄訟所由起也。」熊賜履在政事紛更中所言及所謂「內臣者，外臣之表也，京師者，四方之倡也。本原之地，亦在乎朝廷而已。」㉖蓋皆隱指鰲拜。鰲拜惡其侵己，曰：「是劾我也」，請皇上治以妄言罪。且請中禁言官，不得上書。幸康熙明察，謂之曰：「彼自陳國事，何豫汝耶？」次年，賜履復上言：「朝政積習未除，國計隱憂。年來災異頻仍，饑災疊見……」疏入，鰲拜傳旨，問積習隱憂實事。以所陳無據，妄奏沽名，議降二級，康熙原之。當時鰲拜枋用，生殺惟其意，時在康熙前忿事，或呵叱部臣，張威福劫眾，大臣稍異同其間，立致死。惟賜履以一詞臣，論事侃侃，無所避諱，鰲拜故銜之，終其身不獲遷。妄作威福，諸如此類者，不鮮也。」㉗

在康熙五年，鑲黃旗與正白旗圈換田地的政爭中，鰲拜能矯詔擅殺戶部尚書及總督巡撫等三大臣，故「日益驕恣」，與蘇克薩哈間更是「憾滋甚」，所以蘇克薩哈「居常怏怏」。㉘而首輔大臣索尼之死，更使蘇克薩哈「夙夜悚懼」。就在康熙皇帝明詔酬庸輔臣勤勞加恩輔臣的第二天，「太子太保，內大臣蘇克薩哈疏言臣才庸識淺，蒙先皇帝眷遇，拔授內大臣，夙夜悚懼，恐負大恩。值先皇帝上賓之時，惟願身殉以盡愚悃。不意恭奉遺詔，臣列名輔臣之中，臣分不獲死，以蒙昧餘生，勉竭心力，冀圖報稱。不幸一二年來，身嬰重疾，不

㉕〈清史稿校註〉卷二五六，頁八三六四，鰲拜傳。

㉖〈聖祖仁皇帝實錄〉卷二二，頁一一—一七，康熙六年六月甲戌初一日。

㉗蕭一山著〈清代通史〉（一），頁四三二，六四：輔政大臣之專橫。

㉘〈清史稿校註〉卷二五六，頁八三五八，蘇克薩哈傳。

能始終效力皇上之前，此臣不可逭之罪也。茲遇皇上躬親大政，伏祈睿鑒，令臣往守先皇帝陵寢。如線餘息，得以生全，則臣仰報皇上豢育之微忱，亦可以稍盡矣！」㉙

在皇上躬親大政之時，酬庸加恩輔臣之後，蘇克薩哈奏請前往「守陵」實在令年幼的康熙皇帝不解，何以「守陵」，「如線餘息，得以生全？」「不識有何逼迫之處？在此何以不得生？守陵何以得生？朕所不解！」乃令「著議政王貝勒大臣會議具奏。」事實上，蘇克薩哈奏請守陵，也易使人產生聯想，其身「係輔政大臣，並無危急之處。在此何以不能存伊命？令往陵寢，伊命得生？方歸政於皇上，伊即欲往守陵寢，豈非不願歸政之意！」㉚

在議政王貝勒大臣等接獲康熙皇帝的「著會議具奏」旨意的第二天，就先議將蘇克薩哈及伊子孫並本旗下兄弟，俱拏問」。此正合鰲拜之意，故輔臣稱旨，於是議政大臣和碩康親王傑書等乃會議得蘇克薩哈所犯廿四大罪。「應將蘇克薩哈官職，俱行革去，即凌遲處死。蘇克薩哈之子內大臣查克旦，不行勸阻，革職，即凌遲處死。一等侍衛穗黑，塞黑里，郎中那賽，候補塞克精額，蘇克薩哈之姪圖爾泰，俱革職。蘇克薩哈之子達器，德器，孫倖克扎，蘇克薩哈親弟蘇嗎喇之子海蘭，無論已達歲數，未到歲數，皆斬立決，伊等家產籍沒，妻孥一併交內務府。蘇克薩哈如有姪孫，並家產，一併籍沒為奴。白爾黑圖係前鋒統領，自別旗尋歸，認為兄弟，知蘇克薩哈匪為，不行勸阻，反附其惡，串為心腹。額邇德，烏爾巴係護軍參領一等侍衛，乃蘇克薩哈之叔之弟，亦知蘇克薩哈匪為，不行勸阻，反附其惡，串為心腹。據此白爾黑圖，額邇德，烏爾巴俱革職，皆斬立決。二等侍衛占布柱等三十七人，俱革職為兵丁。王府長史尼龕，因毆打郎中代度，曾經處分革職。蘇克薩哈係伊一姓，復行起用。據此尼龕亦革職為兵丁。」㉛

綜觀蘇克薩哈所犯廿四大罪，雖為輔臣鰲拜及其黨羽所羅織構陷，但部分亦屬實情。亦即蘇克薩哈親身參與輔政諸臣間的政爭，「將四臣共奉之旨，亦為伊身獨寵，巧供自奉」。「四臣盟誓，凡欲奏事，公共啟奏，而蘇克薩哈背誓言，自行啟奏。」「將毆打郎中代度已經革職之尼龕，竟行復用。又將別旗那拉氏，以同姓聯收」，而「不篤行為政，任意亂行。」在廿四大罪中，以當時的情勢而言，以其「不願歸政之意」，及「不願皇上親政」而「伊仍執政務」等二罪為最重。此二大罪也被列名為蘇克薩哈所犯第一及最後一款廿四大罪，蘇克薩哈為何對鰲拜所構陷的如此重罪，竟無一辯解之辭？豈非默認？雖然如此，但康熙皇帝以為鰲拜等議政王大臣對蘇克薩哈的懲罰過重，而且認為「蘇克薩哈等係有罪，罪止本身，不至誅滅子孫後嗣。此皆鰲拜等與蘇克薩哈不和，「數與爭是非，積以成讎」，「必

㉙ 〈聖祖仁皇帝實錄〉卷二三，頁七，康熙六年七月乙卯十三日。

㉚ 同上引書，卷二三，頁八，康熙六年七月已未十七日。

㉛ 同上引書，卷二三，頁八—一六，康熙六年七月已未十七日。

欲置之極刑」，挾仇滅其子孫後嗣，堅執不允所請。鰲拜攘臂上前，「強奏累日，竟坐蘇克薩哈處絞，其子查克旦等俱如議。」[32]

此廿四大罪雖為議政王和碩康親王傑書等所審擬，從表面上來看，此時的議政王大臣等全為鰲拜所操縱，所控制，而以鰲拜的意見為意見，以鰲拜的是非為是非了。但事實上並非如此，因其後遵旨勘問鰲拜罪狀的也是議政王和碩康親王傑書等人，故知審擬輔臣蘇克薩哈的罪狀，其重要部分亦出自康熙皇帝的私意，只是康熙皇帝覺得對輔臣蘇克薩哈的議處過重，乃有輔臣鰲拜在殿上強爭累日之舉。鰲拜這種「藐視沖主」，「無人臣之禮」，侵犯皇權舉動，也導致其後康熙皇帝剷除權臣鰲拜的決心。

更值得注意的是蘇克薩哈與鰲拜等輔臣間的政爭如此激烈，乃康熙皇帝親政後的政治領導核心尚未形成所引起，也是康熙皇帝邁向親政集權之路所遭遇到的第一次政治上的激變。在此次政治激變中，玄燁在滿洲部族的統治中是主子，在大清帝國的統治中是皇帝的雙重崇高的身份與地位，不但未受影響，且與日增強，而且在朝中群臣間形成皇上親政必然的共識，此對康熙皇帝親政集權之順利與成功實有莫大的助益。

(四) 集權與激變

輔臣間的政爭及蘇克薩哈之被議處，等於為康熙皇帝親政集權剷除了一大阻力。但輔臣鰲拜之專擅及其實力之強大更甚於蘇克薩哈，是康熙皇帝邁向親政集權之路的最大障礙。但因其實力過於強大，尚需藉重之處，故於議政大臣會議蘇克薩哈廿四大罪後的第四日，乃「會議加恩輔臣，遏必隆於所有一等公外，授為一等公。鰲拜於所有二等公，授為一等公。」㉝其後又加恩輔臣，「輔政大臣一等公遏必隆，原所有一等公，命其子法喀襲替。輔政大臣一等公鰲拜，原所有二等公，命其子那摩佛襲替。」㉞甚至「加鰲拜，遏必隆太師。」其子等俱加「太子少師」之榮銜㉟而「輔臣公鰲拜子那摩佛」早在康熙二年三月即「為領侍衛內大臣」。㊱

事實上，康熙皇帝的加恩酬庸輔政大臣，不但不能使鰲拜感恩圖報忠誠事主，反「通同

㉜ 同上註。

㉝ 〈聖祖仁皇帝實錄〉卷二三，頁一九，康熙六年七月廿一日。

㉞ 同上引書，卷二四，頁二四，康熙六年七月戊寅初六日。

㉟ 同上引書，卷二五，頁十，康熙七年正月戊午一九日。

㊱ 同上引書，卷八，頁二一，康熙二年三月甲午二六日。

結黨」培植其個人勢力，「以欺」康熙皇帝。前工部尚書員缺，鰲拜以「濟世」，「妄稱才能推補」。「又稱戶部尚書缺，太宗文皇帝時，設有二員，今亦應補授二員，將馬邇賽徇情補用」。「而且恣意妄為，文武各官，盡出伊門下，內外用伊奸黨。」「明知馬邇賽、先泰、噶達渾三族，係太宗文皇帝、世祖章皇帝時，不用為侍衛之人，復擅行起用。」㊲「且將部院衙門各官，於啟奏後，常帶往商議」「與伊等相好者薦拔之，不相好者陷害之。」形成以鰲拜為中心的個人勢力，如「阿南達」，「每進奏時，稱贊鰲拜為聖人。」而且鰲拜在皇上「前辦事」，無人臣之禮，除「攘臂上前強奏累日」，處絞蘇克薩哈外。甚至在「御前呵叱部院大臣，攔截章奏。」㊳「不求當理，稍有拂意之處，即將部臣叱喝」。又引見時，鰲拜在皇上前，「理宜聲氣和平，乃施威震眾，高聲喝問。」㊴

鰲拜的結黨營私，「種種惡跡」，不只「上違君父重託，下則殘害生民，」更嚴重的侵犯了皇權。「且以帝幼，肆行無忌」，其藐視皇上也是康熙皇帝不能忍受的。但以鰲拜三朝元老，八年輔政大臣的地位，朝中已隱然形成以鰲拜為中心的勢力，甚至有犯上不軌之心。「嘗託病不朝，要皇上親往問疾。」有一次，「上幸其第，御前侍衛和公託見其貌變色，乃急趨至榻前，揭席刃見，上笑曰，刀不離身，乃滿洲故俗，不足異也，因即返駕。」康熙皇帝仍「聲色不動」㊵，又特慮鰲拜巴圖魯「多力難制」，乃「日選小內監強有力者，令之習布庫（相門賭力）以為戲。鰲拜或入奏事，不之避也。鰲拜更以帝弱且好弄，心益坦然。」

㊶。康熙皇帝並將已去世的首輔大臣索尼的第三子索額圖召回禁廷，效力左右，其人威望足以懾服上三旗的宮廷侍衛。㊷

康熙皇帝又特將鰲拜的死黨以各種名義調離中央，以削其勢。「將鰲拜胞弟內大臣巴哈，差往審理察哈爾阿布奈之事。」㊸將鰲拜親侄侍衛蘇爾馬差往科爾沁㊹。將鰲拜姻黨綽克托差往蘇尼特，編定札薩克事務㊺。將工部尚書都統濟世，兵部侍郎邁音達，內秘書院學士吳格塞等差往福建巡海㊻。一切準備妥當，康熙皇帝乃伺鰲拜入見日，召見御前侍衛拜唐阿等曰：「汝等皆朕股肱耆舊，然則畏朕歟？抑畏鰲拜也？」眾人齊聲回答：「獨畏皇上。」於

㊲〈聖祖仁皇帝實錄〉卷二九，頁七，康熙八年五月庚申廿八日。

㊳同上引書，卷二九，頁四，康熙八年五月十六日。

㊴同上註。

㊵昭槤著〈嘯亭雜錄〉卷一，頁三，聖祖拏鰲拜。

㊶姚元之著〈竹葉亭雜記〉卷一，頁一。

㊷〈聖祖仁皇帝實錄〉卷三一，頁六，康熙八年八月甲申廿四日並參❹。

㊸同上引書，卷三〇，頁二，康熙八年六月丙寅五日。

㊹同上引書，卷三〇，頁五，康熙八年六月十一日。

㊺同上引書，卷三〇，頁六，康熙八年六月亥十四日。

㊻同上引書，卷三一，頁九，康熙八年九月庚子十日。

是康熙皇帝當眾宣佈鰲拜罪，乃於八月十六日召鰲拜進宮，「立命擒之。」㊼康熙皇帝能如此「聲色不動，而剷除權臣，確是「信難能也」。同時被捕的還有另一輔政大臣遏必隆和一等侍衛阿南達等，並一併交議政王等議罪。自此以後，康熙皇帝才算是親政集權名實相符的大清帝國的皇帝了。

十二日後，議政王和碩康親王傑書等究審鰲拜卅大罪，其主要罪狀就是「欺君擅權」，「引用內外奸黨」，「文武各官盡出門下」，「擅權殺害大臣」，「偏護本旗」，「阻塞言路」，「逆惡種種，所犯重大，應將鰲拜革職立斬。其親子兄弟亦應斬，妻幷孫為奴，家產籍沒。其族人有官職及在護軍者，均應革退，各鞭一百，披甲當差。」㊽

與鰲拜同時議罪的尚有輔政大臣遏必隆，共議得十二大罪。其主要罪狀是「不行勸阻」「或奏明鰲拜惡跡」，「貪攬事權」，「藐視皇上」，「情罪重大，應將遏必隆革職立絞，未分家之子削為民」。其「藐視皇上」，「凡事首惡，情罪重大，應將塞本得革職，即行凌遲處死。其親生未分家之子並妻為奴。吏部尚書阿思哈，戶部尚書馬邇賽，兵部尚書噶褚哈，吏部侍郎泰璧圖，鰲拜弟都統穆裏瑪等助惡結黨，背負國恩，情罪重大，均應革職立斬。馬邇賽已故，應拋屍。鰲拜之子那摩佛，姪納莫，佛倫，鰲拜之黨希福、阿林、劉之源、劉光、插器、阿南達、布達禮、濟世、邁音達、吳格塞、額爾德黑、郭爾渾等均應立斬。鰲拜兄趙布太，婿賴虎等應立絞。以上各犯，有親生未分家之子並妻為奴，家產籍沒。」㊾「其碩代等諂事鰲拜，均應革職，鞭責，披甲當差，家產籍沒。有襲職者，亦另選族人承襲。和碩敬謹親王蘭布，娶鰲拜孫女為妻，倚勢得封，問以鰲拜惡跡，狡稱不知，應革去親王，為鎮國公。其鰲拜等族坡爾噴等素不和睦，未經來往，均應釋放。達素等係鰲拜擅授之官，應革去，鞭一百當差。」[50]

和碩康親王傑書等所議鰲拜等罪奏報皇上後，康熙皇帝「復召鰲拜面加鞫問，情罪俱實，本當依議處分，但念鰲拜累朝效力年久，且皇考（順治）曾經倚任，朕不忍加誅，姑從寬免死，革職籍沒，仍行拘禁。」[51]但據法國傳教士白晉的記載說「鰲拜請求覲見，讓皇帝看他為救皇帝的祖父太宗而留下的傷疤，累累的傷痕和對上兩代皇帝的功績，終於使他保住了性命。死刑改為終身監禁，最後死在獄中。」[52]康熙皇帝乃於八年五月廿八日諭吏部兵部說明鰲拜「結黨專權，紊亂國政，紛更成憲，罔上行私」等情罪俱實的罪狀及其從寬免死緣

[47] 參[40]引書。
[48] 〈聖祖仁皇帝實錄〉卷二九，頁十，康熙八年五月庚申廿八日。
[49] 同上引書，卷二九，頁一一，康熙八年五月庚申廿八日。
[50] 同上引書，卷二九，頁一五，康熙八年五月庚申廿八日。
[51] 同上引書，卷二九，頁一八，康熙八年五月庚申廿八日
[52] 白晉著馬緒祥譯〈康熙帝傳〉頁一九八。

由。至「遏必隆無結黨之事，免其重罪，削去太師及後加公爵，其原有一等公爵仍准留與伊子。其班布爾善、穆里瑪、阿思阿、噶褚哈、泰璧圖、塞本得、訥莫，或係部院大臣，或係左右侍衛，乃皆倚附權勢，結黨行私，表裏為奸，擅作威福，罪在不赦，皆已正法。其餘皆係微末之人，一時苟圖徼倖，朕不忍盡加誅戮，寬宥免死，從輕治罪。至於內外文武官員，或有畏其權勢而倚附者，或有心圖倖進而倚附者，本當察處，姑從寬免。自後務須洗心滌慮，痛改前非，遵守法度，恪共職業，以副朕整飭綱紀，愛養百姓至意。爾二部即傳諭內外遵行。」[53]

從八月十六日逮捕權臣鰲拜至廿八日諭吏兵二部，在短短十二天內，將三朝元老，輔政八年的權臣其其黨羽，統統逮捕，除對少數首惡分子處以死刑外，對絕大多數倚附鰲拜集團的黨羽分子則均予寬宥，避免廣泛誅連，造成政治上的不安。其處理之周密、迅速，幾乎沒遇到任何阻力與反抗。康熙皇帝此時雖只十六歲，但他具有雙重身份，他既是旗人永遠順從的主子，又是漢人至尊無上的皇帝。旗人主奴關係之信守，漢人君臣關係的綱常名教，均使其地位崇高無與倫比。而其崇高至尊的地位與權力得之於天地，宗廟與社稷。而輔臣與諸王貝勒文武大臣的地位與權力則來自主子與皇帝，他們也曾誓告皇天上帝、不結黨羽，不受賄賂，惟竭忠效力，保翊沖主。如今主子皇上要親政，要收回授與輔臣的權力，誰敢違背反抗？否則「奪算加誅」，也是罪有應得，甘心情願。這種有利的地位，或為康熙皇帝能於極短的時間內迅速順利的收回政權達到親政集權之主要原因之一。剷除權臣鰲拜及其黨羽，是康熙皇帝親政集權後所發生的第二次政治上的激變。在此激變中除削職拘禁二位輔政大臣外，正法的有最具實權的朝廷中樞六部中的吏部尚書、戶部尚書、兵部尚書與吏部侍郎，與最具實力上三旗中的正黃旗都統，與內大臣，侍衛及漢軍參領等人。其黨羽中甚至還有二位宗室親王，內外文武官員倚附其勢力的則更多。如此龐大的黨羽勢力，年幼的康熙皇帝能於短短十二天內全部剷除，達到躬親大政掌握實權的目的，實不能不歸功於其既有的崇高而優勢的權位。

幫助康熙皇帝親政掌握實權另一不可忽視的力量，則來自玄燁的祖母孝莊皇太后的支援。據〈聖祖仁皇帝實錄〉的記載，自康熙五年後，玄燁每月平均三四次至太皇太后所居慈寧宮請安。甚至在其親政而計除權臣鰲拜掌握國家實權後，康熙皇帝仍不時至太皇太后所居宮中請安，並請教國家大事，平均一月更有四、五次之多。孝莊皇太后可謂老謀深算，她曾以自己的智慧、膽識與謀略，為其幼子福臨爭得皇位的繼承，順治逝世後，她又以其智慧與經驗，耐心教導輔佐孫兒康熙皇帝[54]。是康熙皇帝計除權臣蘇克薩哈與鰲拜等勢力的一股強

---

53 〈聖祖仁皇帝實錄〉卷二九，頁一八，康熙八年五月庚申廿八日。

54 參第一章：〈康熙皇帝幼年所受教育及其影響〉。

大幕後力量，因康熙皇帝親政後所發生的兩次政治激變的前後，均曾至孝莊皇太后宮中請安，當然也請教了國家大事。在處理權臣鰲拜及死黨的詔諭中，也能法外施仁而安定人心，防止誅連而穩定朝中秩序，迅速達到親政集權而掌握實權的目的。也展現了康熙皇帝極高的政治智慧與謀略，而幕後的力量確是老謀深算的孝莊皇太后本人。

康熙皇帝在剷除權臣鰲拜，廢除輔政大臣「佐理政務」後，躬親大政時首先收回的就是硃批章奏之權。此後所有章奏的硃批諭旨，皆出自康熙皇帝之手，從無代書之人。甚至在康熙皇帝右手患病時，以左手執筆批旨，「斷不假手於人。」[55]自康熙皇帝躬親大政後，也開始「御門聽政接見臣下，處理日常政務，嗣後日以為常，風雨無阻。」[56]即盛暑嚴寒，亦未嘗暫輟。此或為康熙皇帝自輔政大臣等輔政及佐理政務期間所得來的教訓，皇權斷不能假手於人。

將鰲拜等勢力剷除後，康熙皇帝也收回用人行政之大權。除掉由鰲拜死黨所控制吏部，兵部及戶部尚書等掌握行政實權的行政首長，改由康熙皇帝直接簡選任命。當然這些朝廷中的行政首長也與康熙皇帝間有相同的共識與默契。在康熙皇帝所主持的撤藩廷議中，戶部尚書米思翰，兵部尚書明珠，刑部尚書莫洛及吏部尚書王熙等都與康熙皇帝的識見相同而力主撤藩，因為他們都是康熙皇帝在剷除鰲拜勢力後所直接簡選任命的部院大臣。[57]

（五）特權與中央集權

或許是康熙皇帝在親政集權的過程中太過順利，太過得心應手。在其親政集權後所發生的兩次政治激變中，他始終高高在上，順利收回統治權而未受任何影響，其權勢反更為鞏固，其地位則更為崇高。尤其是以「撲擊之戲」輕而易舉的剷除權臣鰲拜及其黨羽的勢力，達到其親政集權的目的。故康熙皇帝親政集權後的另一措施，則為通過個人集權達到朝廷中央集權的目的，遂於四年後因削藩而發生吳三桂等的叛亂而付出了極大的代價，對國計民生造成極大的傷害。事實上，很多傷害是可以減少或避免的。

順治年間，清廷為了充分利用漢人降將的力量，以統治中國，特封了四個王。他們是平西王吳三桂、平南王尚可喜、靖南王耿仲明及定南王孔有德。順治六年，耿仲明道死於江西，其子耿繼茂襲爵。順治九年，孔有德自裁於桂林，無子爵除。及南方略定，而諸王各率所部留鎮一方，享受各種不同程度朝廷所准許的特權。於是三桂王雲南，可喜，繼茂王廣

---

55 劉家駒著〈奏摺裏的玄機〉〈故宮文物月刊〉二卷三期，民國七三年六月。

56 〈聖祖仁皇帝實錄〉卷二三，頁五，康熙六年七月己酉七日。

57 〈清史稿校註〉卷六，本紀六，聖祖一，米思翰等為戶部尚書，分別為康熙八、九、十年間事，亦即剷除鰲拜及其黨羽後所任命的部院大臣。並參〈清史稿校註〉卷一八五，部院大臣年表。

東。尋從繼茂王福建，繼茂卒，子精忠嗣，是為三藩並建之始。[58]

清初建立三藩的目的，當靖南王移駐廣西時，清廷曾敕之「務輯寧疆圉，以寬朝廷南顧之憂」。[59]但三藩分鎮之後，手握重兵，位尊權重，逐漸形成與中央對立的割據局面，為康熙朝實行中央集權最大阻力。順治皇帝在逝世時以廿四罪自責，其「因循悠忽，苟且目前，且漸習漢俗，於淳樸舊制，日有更張，以致國本未臻，民生未遂。」「而委任漢官，即部院印信，間亦令漢官掌管，以致滿臣無心任事，精力懈弛。」[60]其所指陳雖較廣泛，但亦與漢人封王有關，因其勢力及其所享有特權已超過滿洲宗室親王，乃違背祖宗成法的措施。

三藩中以平西王吳三桂的勢力最大，所立的汗馬功勞也最多。吳三桂在康熙皇帝即位之初，索尼、鰲拜等四輔政大臣佐理政務期間，為清廷建立最大的功勞，就是進軍緬甸擒獲明朝最後一位的永曆皇帝。吳三桂與定西將軍愛星阿曾將進軍緬甸擒獲永曆朱由榔的經過奏報朝廷。康熙皇帝於元年二月廿六日接獲報捷書，立即批示：「具見王調度有方，將士同心戮力，克奏膚功。朕心深為嘉悅，在事有功官兵，著從優議敘。」[61]

進兵緬甸擒獲永曆皇帝的政治意義大於軍事上的勝利，但「念永曆既獲，疆圉底定。從此大兵得以休息，糧餉不致糜費。」「誠天下之大慶也。」故康熙皇帝曾二次詔諭禮部「擇吉舉行祭告天地祖宗的典禮」，並「宣詔告中外，咸使聞知。」[62]「王以下文武各官，也上表朝賀。」[63]吳三桂也因此功「進封為親王」。康熙皇帝依照索尼等四輔臣擬定的旨意，諭禮部曰：「平西王吳三桂鎮守秦、蜀、綏輯滇黔，撫順剿逆，茂著勛勞。偽永曆朱由榔，以明室遺孽，煽集黨羽，妄稱尊號，竊據一隅。歷年以來，屢煩王師征剿，疆圉弗寧。今王奉命統領滿漢大兵，出邊進討。於順治十八年十二月內，進抵緬甸，擒偽永曆及其眷屬。又降偽鞏昌王白文選，並偽官全軍。此皆王殫忠奮力，運籌謀略，調度有方，遂使國威遠播，逆孽蕩平。功莫大焉，宜加殊禮，以示眷酬。著進封為親王，應行事宜，爾都察例具奏。」[64]吳三桂是得此爵位的第一個漢人。

康熙皇帝也於元月六月卅日，正式頒發給吳三桂晉封親王的金冊，金寶。金冊中更詳載吳三桂自順治元年「開關迎入」並於是年十月十三日，封平西王以來，歷年的戰功。鼓勵吳三桂「益勵忠勤，屏藩王室。」[65]，甚至將貴州也交給吳三桂全權管理。「因貴州接壤雲

---

[58] 蕭一山著〈清代通史〉（一），頁四四九。
[59] 〈世祖章皇帝實錄〉卷一三七，頁七，順治十七年六月庚子。
[60] 同上引書，卷一四四，頁二，順治十八年正月丁巳初七日。
[61] 〈聖祖仁皇帝實錄〉卷六，頁九，康熙元年二月庚午。
[62] 同上引書，卷六，頁十及一一，康熙元年二月庚午及三月甲戌。
[63] 同上引書，卷六，頁一四，康熙元年三月乙酉。
[64] 同上引書，卷六，頁二一，康熙元年五月癸未。
[65] 〈明清史料〉丁編，第八本，頁七〇一，平西王冊稿。

南，皆係巖疆要地，且苗蠻雜居，與雲南無二。」故「其一切文武官員，兵民各項事務，俱照雲南例，著平西王親王管理。」[66]「雲貴二省總督巡撫，敕書撰入聽王節制四字。」[67]「兩省官職，聽其選擇題授。」「人臣之分已極，委任之專無比。」[68]在三藩中佔地最廣，兵力最強，勢力最雄厚，已隱然形成割據之勢。事實上，吳三桂的地位與實力及其所享有的特權已超過滿洲宗室親王。

在吳三桂留鎮雲南不久，即「請以投誠丁兵分十營，每一千二百名為一營，以投誠官統之。營名，一曰忠勇，一曰義勇，各分中前後左右五營，請錄用投誠將軍總兵十員，以馬寶、李如璧、黃起龍、劉之復、塔新策、王會、劉稱、馬惟興、吳子聖、揚威等充之。遊擊十員，以曹福德、蔡得春、劉國泰、王然、羅思忠、韓天福、王朝興、張善、張從仁、鄧望功等充之。守備十員，以賈文學、顧進陞、余應俸、高明、何祥圖、鄭啟明、孫志高、江瓊、田可久、馬之貞等充之。」[69]

其後又請設立「雲南援剿四鎮」，順治皇帝於十七年十月廿三日批准，正式發佈人事任命，「以四川右路總兵官右都督馬寧，為雲南援剿前鎮總兵官。四川左路總兵署都督僉事沈應時，為雲南援剿左鎮總兵官。湖廣益陽總兵署都督同知王輔臣，為雲南援剿右鎮總兵官。都督同知楊武，為雲南援剿後鎮總兵官。」[70]

由於雲南剛剛平定，極需加強軍事部署，故於發佈雲南援剿前後左右四鎮將領的人事任命時，順治皇帝又發佈雲南各地區的軍事將領，「以原任經略右標提督總兵官左都督張勇，為鎮守雲南臨元廣西等處總兵官。原任湖廣左路總兵右都督張國柱，為鎮守雲南永順等處總兵官。原任湖廣中路總兵官署都督僉事閻鎮，為鎮守雲南大鶴麗水等處總兵官。雲南團練火器總兵官王永祚，為鎮守雲南蒙景楚姚等處總兵官。抒誠侯狄三品，為鎮守雲南廣羅等處總兵官。祁陽總兵官都督僉事劉文選，為雲南曲尋武霑等處總兵官。」⑪

吳三桂所屬的軍隊，除了上述「忠勇」與「義勇」及「援剿四鎮」的兵力外，尚有直屬於平西王府管轄和指揮的軍隊，按佐領制的組織，「計五丁出一甲，甲二百設一佐領，共五十三佐領。」⑫按五十三佐領計算，其甲兵為一萬零六百人。其藩下人口，按五丁出一甲計算，應為五萬三千餘人，加上老弱婦孺，吳三桂藩下所屬的人口，應為廿六萬五千餘人。至

---

⑯ 〈聖祖仁皇帝實錄〉卷七，頁二四，康熙元年十二月辛酉。

⑰ 同上引書，卷八，頁一二，康熙二年二月丁巳。

⑱ 同上引書，卷四六，頁一三，康熙十三年二月辛酉。

⑲ 劉健著〈庭聞錄〉卷三，頁二五，並參〈世祖章皇帝實錄〉卷一三八，頁三，順治十七年七月戊午。

⑳ 〈世祖章皇帝實錄〉卷一四一，頁一一，順治十七年十月乙巳。

⑪ 同上註。

⑫ 魏源著〈聖武記〉卷二，頁二。

順治十七年十二月，朝廷又增設平西王屬下副都統六員，[73]「以吳應麒、吳國貴、夏國相、胡國柱等為都統。以馬寶、王屏藩、王緒等十人為總兵。」[74]

當然，平西王藩下都統，副都統及所屬總兵等武官，都是他的親信，是其軍中的重要將領。其中還有他的親屬，如吳應期是他的侄兒，夏國相是他的女婿。有些早在遼西時就已是他的心腹將領，如楊珅、吳國貴等人就是。吳三桂與這些將領間有著長久而密不可分榮辱與共的特殊關係。靠著他們，吳三桂才能統率一支強大而勇敢善戰的軍隊，牢牢的控制雲貴兩省的一切權力。

當順治十六年，雲南初定，命平西王吳三桂移鎮雲南時，世祖曾諭吏兵二部：「雲南遠徼重地，久遭寇亂，民罹水火，朕心不忍，故特遣大軍，用行弔伐。今新經平定，必文武各官同心料理，始能休養殘黎，輯寧疆圉。至統轄文武軍民，尤不可以乏人。前已有旨命平西王吳三桂移鎮雲南，今思該藩忠勤素著，練達有為，足勝此任。當茲地方初定之時，凡該省文武官賢否？甄別舉劾，民間利病，因革興除，及兵馬錢糧一切事務，俱暫著該藩總管奏請施行。內外各該衙門，不得掣肘。庶責任既專，事權歸一，文武同心，共圖策勵。事無遺誤，地方早享昇平，稱朕勘亂柔遠至意。」[75]故吳三桂除簡選任命武職官員外，又選拔文職人員，出任雲南從省到地方的各級官職，如順治十七年十二月，「陞湖廣上湖南道副使胡允，為雲南布政使司參政，分守金滄道。刑部郎中李渲，為雲南布政使司參議，分守洱海道。四川重慶府知府何毓秀，為雲南按察使司副使管參政事，分守臨元道。湖廣辰州府知府蘇弘謨，為雲南按察使副使，分巡清軍驛傳道。安陸府知府馬逢臬，為雲南按察使司副使，分巡臨安兵備道。永州府同知吉允迪，為雲南按察使司僉事，分巡水利道。四川保寧府同知紀堯典，為雲南按察使司僉事，分巡金騰兵備道。調補四川川西道副使田萃禎，為雲南按察使司副使，分巡洱海道。陝西關內道副使藺一元，為雲南按察使副使，分巡曲靖兵備道。」(76)這些文職官員，兼地方監察與軍事，他們是從湖南、四川、北京、山東、江蘇、陝西等省調來的，是經吳三桂提名，由朝廷正式任命。也就是吳三桂可以將自己中意的人從外省調來，充實自己的實力。又將自己的親信派往其他各省，以擴大發展其勢力。

甚至把持壟斷地方科舉，如康熙五年，雲南鄉試，平西王藩下中式者一六三名。吳三桂自誇「藩下子弟彬彬多文學之方，主司迎合其意，有口尚乳臭，未入棘院，填榜敘名而登賢書者。」(77)其用人之權，真到了「若盡天下之官，不分內外，不論遠近，皆可擇而取之。」(78)

---

(73)〈世祖章皇帝實錄〉卷一四三，頁七，順治十七年十二月癸巳。

(74)同(72)。

(75)〈世祖章皇帝實錄〉卷一二九，頁九，順治十六年十月己酉。

(76)〈世祖章皇帝實錄〉卷一四三，頁七，順治十七年十二月癸巳。

(77)劉健著〈庭聞錄〉卷五，頁三三。

(78)〈世祖章皇帝實錄〉卷一四二，頁一九，順治十七年十一壬申。

「其所除授號西選，西選之官偏天下。」他又「散財結士，人人得其死力。專制滇中十餘年，日練士馬，利器械。水陸衝要，遍置私人。各省提鎮，多其心腹。子為額附，朝政纖悉，日夕飛報。」[79]

吳三桂除自己選用雲貴文武職官員外，又以金錢將他們「蓄為私人」死黨，「好輕財，士人有一長，即收錄無棄。」[80]凡「有才望素著者，及儀表偉顯者，百計羅致，令投身藩下，蓄為私人。」最顯著的例子則為（庭聞錄）的著作劉健的父親劉昆，於康熙十一年「以東鹿知縣擢雲南府同知，十一月蒞任。新任官，知縣以上，例謁王府。」其父受事三日後，循例入謁，待便坐，細問家世履歷，已而默然，目矚先公（劉健父），不轉瞬顧，謂胡國柱曰：科甲中有此人，大奇，命具飲饌，坐踰廿刻，乃出。明日，國柱代王報謁，隨遣客道意。當客來時，袖出馮某投身契一紙云：立賣身婚書楚雄府知府馮某，本籍浙江臨海縣人，今同母某買賣到平西王藩下，當時得受身價一萬七千兩。後署媒人胡國柱。」「凡賣身者，皆師事國柱。」難怪劉健的父親說：「滇中有三好，吳三桂好為人主，士大夫好為人奴，胡國柱好為人師。」「自督撫以及守令，時有餽遺。袁巡撫懋功內召，程儀十萬兩，揮金如土，為防口也。」[81]

當然吳三桂以金錢買「士」「養士」的主要目的是為能在雲貴地區建立形成一個以自己為核心的堅強領導，鞏固其在雲貴的特殊地位。他善於利用朝廷授與的特權而擴大發展其勢力，對人更是「恭敬，虛懷延納。」因此雲貴「將士樂為之用，民心亦翕然歸附，強藩雄鎮，咸受其籠絡。」82

吳三桂除了以金錢收買將士成為死黨，以鞏固其內部的領導統治外，另一自固之策，則為「不可使滇中一日無事，」這也是洪承疇傳授給他的一個自固策略。83事實上，清廷因他擒獲永曆，功封親王，總管雲貴兩省的軍政大權，就是要藉重他的力量，輯寧疆圉。本來雲貴地處西南邊疆，民族份子最為複雜，「南方蠻種，惟滇黔最多」「巖疆要地，苗蠻雜居」種族糾紛最多，地方最不寧靜。為了便於統治，明朝曾於此地設立土司與流官加以統治，清朝更是沿襲這種制度。平西王吳三桂曾於康熙元年八月疏報朝廷言：「雲南土司，傾心向化，大則抒忠獻土，小則效職急公。勤勞既著，勸勵宜先。查滇志可據，忠悃有憑者，文職五十六員，武職十六員，請敕部給與號紙，下部議。」84於是「定西將軍內大臣公愛星阿，

---

79 同72。
80 劉健著〈庭聞錄〉卷六，頁六一。雜錄備遺。
81 同上引書，卷四，頁三五，開藩專制。
82 無名氏著〈四王合傳〉頁四，吳三桂傳。
83 劉健著〈庭聞錄〉卷三，頁二二，收滇入緬。
84 〈聖祖仁皇帝實錄〉卷七，頁七，康熙元年九月丙戌。

平定雲南凱旋。」[85]但貴州水西土司在康熙元年即有不寧蹟象，因「貴州土司，獨水西最大，位雲南、貴州、四川三省衝要之地」。原來貴州「水西土酋安坤於順治十五年降清，向清廷稱臣。康熙元年，有常金印者，自云開平王後，自粵至，與坤謀不軌。又有劉永寧、倪生龍、丁調鼎、李化龍等至阿堵牛，復言海上已立新君，國號平順，晉王李定國尚在，諭令起兵。坤聚眾數萬，以叔如鼎為總統，通貴州土司羅大順等約共取雲南。坤師張默之妻父皮熊，亦使蜀人陳進才等各路經散劄付。」[86]於是吳三桂親督雲貴兵兩路進剿，並將進兵的經過，「恭疏報捷」於朝廷云：「水西逆苗安坤等梗化，臣親提師至畢節，由大方，烏西直搗臥這。遣總兵沈應時，副都統高得捷，都統吳國貴，參領李良棟，總兵劉之復等，由臥這、果勇、朧胯、大方等處，分路進剿。自二月至五月，斬獲無算。又貴州提督李本深，總兵王友進等攻賊於搭寨箐。又自雪棚，攻破阿哈箐。又總兵李如碧，塔新策等攻進米歹河，直抵折落河。又滇黔三路總兵王會，趙良棟等會同廣西各將，合兵攻剿龍廣，補崗等處。又李本深擊賊於六廣河。又都統吳國貴，總兵王輔臣等大敗賊兵於矣列，追至天生橋，安坤、安如鼎僅以身免。是役也，仰賴天威，苗人膽落，先後數月間，戰陣擒獲，並器械馬匹，節據都統章京鎮將開報在案。臣謹恭疏報捷以聞。得旨嘉奬，下部議敘。」[87]

「總兵官李世耀等於三年十一月，自烏蒙進征水西，安坤悉眾來拒，我兵大破之於波羅箐，追至法地圭，擒安坤，蠻方大定。」[88]「本年（四年）正月，各鎮將剿擒安坤黨羽安如鼎，及煽惑安逆之偽黔陽王皮熊。」[89]

清廷對平西王吳三桂疏報進征水西的戰功，均曾令「下部優敘」。故吳三桂進一步疏請「應行裁汰」，「滇省額兵」，以取得朝廷信任。滇省「各營鎮共裁去兵七千二百名。內將一千八百名存為廣羅，蒙景二鎮，雲州，馬龍二營添設之用，實裁去兵五千四百名。除總兵以下官另行改補外，實裁去官，副將一員，參將一員，遊擊一員，千總二員，把總四員。其忠勇等五營，悉行裁去。」[90]。又「水西初定」，結束軍事行動，恢復農業生產，「殘黎東作無資，請發軍前銀三萬兩有奇，買牛種散給。並發軍前米一萬五千石，賑濟貧民，督令乘時耕種。」[91]並請於水西改土司設流官以加強朝廷的統治，「水西地有十一則溪，應設三府，將朧胯，的都，朵你，阿架四則溪設為一府，建府治於比喇。將法戈，火著，木胯，架

---

85 同上引書，卷七，頁一七，康熙元年十月己未。
86 劉健著〈庭聞錄〉卷四，頁二七。開藩專制。
87 〈聖祖仁皇帝實錄〉卷一二，頁一六，康熙三年閏六月丁卯。
88 同上引書，卷一四，頁一二，康熙四年二月己巳。
89 同上註。
90 〈聖祖仁皇帝實錄〉卷一五，頁一二，康熙四年五月乙巳。
91 同上引書，卷一五，頁一四，康熙四年五月庚戌。

勒四則溪，設為一府，建府治於大方。將以著，則窩，雄所三則溪，設為一府，建府治於水西城。原設分巡畢節道，應改為整飭三府分巡貴寧道，兼管永寧，赤畢等衛，駐節比喇。三府應各設知府一員，通判一員，經歷一員，司獄一員，儒學教授一員。內比喇再設推官一員，承理三府刑名大案。」[92]

清廷對平西王吳三桂疏請裁兵，及於水西恢復農業生產，設立流官加強統治等措施，馬上批准實行。但當吳三桂遠征水西未返之時，康熙四年三月，雲南省城迤東土酋王耀祖等，「竊據新興，僭號大慶，謀犯省城。分遣賊黨王義、齊正陷易門，攻昆陽、河西。寧州土酋祿昌賢陷寧州，攻江川，通海，宜良、窺瀓江府。嶍峨縣土酋祿益陷嶍峨，偽開國公趙印選攻彌勒，龍韜等攻石屏，謀犯廣西。王朔、李世藩等攻安府城，滇南震動。總督卞三元、巡撫袁懋功，提督張國柱等調兵分路勦捕，所至克捷。臣聞警回滇，四月初七日，擒王耀祖於新興，破其巢大營城，進援易門，復其城，盡俘其黨王義等，分遣左都督何進忠等，敗賊於宜良縣之竹子山，復寧州，祿昌賢已先遁，總兵官王輔臣等援彌勒，破賊木城九座，於彌勒城下，擒趙印選。副都統高拱，復嶍峨，救出知縣孫衍慶等。總兵官趙得勝等解石屏圍，龍韜敗去。總兵官嚴鎮援臨安，土司李阿側遣兵助戰，大敗王朔，李世藩，臨安圍解。其餘州縣城池，俱獲保全。」[93]「逆首祿昌賢據大西山、隴箐、馬耳山一帶地方，左都督何進忠等分兵進勦，賊黨大潰。於四月二十日，直搗普畔山，生擒祿昌賢之黨楊道生等。」[94]。而

「本年四月，土酋那烈等率賊數千，三攻元江府。知府潘土秀，遊擊武榮元等督兵守禦，保全邊城。又五月內，總兵馬維興等進剿邱北，大挫兇鋒。」95

平西王吳三桂除逐次疏報雲南各地土酋作亂及剿平經過外，至「滇南大定」後，乃於康熙五年正月疏言：「雲南省諸土酋祿昌賢等作亂，臣同總督卞三元，提督張國柱等分兵進剿，平賊寨數十處。遠近蠻猓，聞風慴伏，滇南大定。」96並請「以土司安坤故地比喇為平遠府，大方為大定府，水西為黔西府。改比喇鎮為平遠鎮，調雲南曲尋武霑總兵官劉文選，為平遠總兵官。」97，又請「雲貴總督，宜駐貴陽」98。並疏報「都統吳應期、總兵官馬寧等進剿烏撒女酋隴氏，陣斬助逆之郎岱、土酋隴安藩及水西土目阿豆等。」99

---

92 同上引書，卷一五，頁一五，康熙四年五月壬子。

93 同上引書，卷一五，頁一九，康熙四年六月己巳，而劉健著〈庭聞錄〉卷四，頁三〇，所載較實錄為詳。

94 〈聖祖仁帝實錄〉卷一六，頁八，康熙四年七月壬子。

95 同上引書，卷一六，頁九，康熙四年八月甲寅。

96 同上引書，卷一八，頁二，康熙五年正月庚寅。

97 同上引書，卷一八，頁七，康熙五年二月壬子。

98 同上引書，卷一八，頁八，康熙五年二月甲寅

99 同上引書，卷一九，頁一五，康熙五年七月丁未。

經過幾次的征剿與鎮壓，雲貴局勢漸趨平靜，平西王吳三桂也於康熙五年疏請於叛亂地方改設流官以加強統治，「建置開化一府，永定一州。所有開化府，請設知府、同知、經歷、教授各一員。永定州請設知州、州判、學正各一員。」[100]「改烏撒土府為威寧府，隸貴州統轄。」[101]「設貴州威寧鎮，以定廣總兵官塔新策為威寧總兵官，其標下三營各設遊擊守備。」[102]當然雲貴二省改設流官後的文職武職員缺，「悉聽該藩（吳三桂）題補，如無可補之人，該藩題明，臣部（兵部）再行推陞。」[103]此亦或為吳三桂於土酋叛亂地方改設流官的重要原因之一，明為加強朝廷的統治，實則擴大發展自己勢力範圍。「夫用人，國家之大權，惟朝廷得主之。」而吳三桂之用人有違中央集權的體制，與朝廷兵部吏部銓授之權相衝突。雖然吳三桂奉有「吏兵二部不得掣肘之旨」的特權，但此特權之授與，乃「權宜」「暫著該藩總管」之權，俟「該省大定」，「仍照舊令各官（吏兵二部）管理。」[104]尤其是雲貴地區自康熙四、五年改設流官加強統治後，已「遠近慴伏」，地方「大定」，而吳三桂的實力及其所享有的特權確已隱然形成最大的割據勢力而與中央集權的體制相衝突，誠如四川道御史楊素蘊奏劾吳三桂所言：「不亦輕名器而褻國體乎？」[105]

（六）急切撤藩與激變

順治十六年三月，清廷根據洪承疇的見議命平西王吳三桂駐鎮雲南。[106]至十月又命「俱暫著該藩總管」雲南「兵馬錢糧一切事務」，「內外各該衙門，不得掣肘。」[107]。但吳三桂卻希望平西王爵位能世代相傳，像明朝沐氏一樣世守雲南與明朝相始終[108]。事實上，雲南因「苗蠻雜處，反覆難制，必得重兵彈壓。」並非平西王藩封之地，只是「暫著該藩總管」而已[109]。十七年五月，吳三桂以「雲南地方荒殘，米價騰貴，家口無資，疏請故明國公沐天波

---

[100] 〈聖祖仁帝實錄〉卷一九，頁一八，康熙五年八月庚午。
[101] 同上引書，卷二〇，頁三，康熙五年九月辛卯。
[102] 同上引書，卷二一，頁一〇，康熙六年二月庚午。
[103] 同上引書，卷二〇，頁八，康熙五年十月辛未。
[104] 參[75]。
[105] 參[78]。
[106] 〈世祖章皇帝實錄〉卷一二四，頁一四，順治十六年三月甲寅。
[107] 同上引書，卷一二九，頁九，順治十六年十月己酉。
[108] 劉健著〈庭聞錄〉卷四，頁三八，開藩專制。
[109] 孫旭著〈平吳錄〉頁四，並參[106]。

莊田，給壯丁二千人，每人地六日，部議每丁給地五日。」⑩其後吳三桂率軍人緬，因功封為親王，其「備極崇麗」的平西親王府即「雲南五華山」「永曆故宮」、「增修二十載」而成⑪，其親屬部將也都與吳三桂一樣營建家室，以為永久之計。但吳三桂也深知歷史上的慘劇，如「功高震主」，「高鳥盡，良弓藏，狡兔死，走狗烹。」的歷史事實與教訓，因此，他雖位極人臣，也「懷藏弓烹狗」之慮，「深市權固位」之念⑫。極力保存實力，掌握軍隊以圖自固。早在順治十七年，四川道禦史楊素蘊曾劾平西王吳三桂題補方面官，不論內外遠近，一例坐缺定銜，有礙國體⑬。在康熙皇帝親政一年後，又有甘肅慶陽府知府傅宏烈參劾吳三桂「有異志」「陰謀不軌」，朝廷以其證據不足，「反形未露」，而吳三桂勢力尚盛之時，認定傅宏烈「越職言事，劾奏親王」，「離間王大臣」，犯有誣告罪，將他逮捕，判處死刑。康熙九年，聖祖特命「減等戍廣西梧州」⑭。

朝廷處分劾奏吳三桂的大臣，旨在安撫吳三桂，但對其勢力的形成，也採取防範措施。吳三桂計擒永曆，功封親王，但始終未有「封土」，朝廷所賦與吳三桂在雲貴的一切特權，只是「便宜行事」的「暫管」，此亦或有防止其形成「坐大」「割據」之勢。而且在「詔加吳三桂爵平西親王」的次年，清廷即由內大臣透過「三桂子額駙應熊曰：他日永曆在緬，邊方多故，故予若父將印，重事權也。今天下大定矣，據之不還，何為者？三桂不得已，具疏奏繳大將軍印，心中怏怏不懌。」⑮因清朝「開國之初，凡興大師，輒授王公大臣為大將，以任征伐，」乃「始不輕授」之職。[116]故要吳三桂奏繳大將軍印，亦防範其軍權名實過大之意。

除此之外，輔臣鰲拜曾奏調散吳三桂黨羽，「朝廷擢廷臣浙江總督，張勇寧夏提督，王輔臣固原提督，馬寧山東提督，李本深貴州提督，吳得功湖廣提督，嚴自明廣東提督，劉進忠潮州總兵，王進功福建提督。」[117]康熙四年，朝廷重新調整「忠勇營」，「義勇營」將領的任命，並改換駐地，「以雲南廣羅總兵官趙良棟，為貴州比喇總兵官。雲南忠勇右營總兵官劉之復，為貴州大方總兵官。雲南忠勇前營總兵官李如碧，為貴州水西總兵官。雲南義勇營總兵官王會，為廣羅總兵官。忠勇後營總兵官塔新策，為貴州定廣總兵官。貴州思南總兵

---

110 〈世祖章皇帝實錄〉卷一三五，頁六，順治十七年五月己巳。

111 〈觚賸〉卷八，頁二。

112 劉健著〈庭聞錄〉卷四，頁三五，開藩專制。

113 〈世祖章皇帝實錄〉卷一二四，頁一八，順治十七年十一月壬申。

114 〈國朝者獻類徵初編〉卷三四四，頁二九。

115 劉健著〈庭聞錄〉卷四，頁二七，開藩專制。

116 〈舊典備徵〉卷一，頁一五，大將軍。

117 孫旭著〈平吳錄〉頁四。

官王平，為安籠總兵官。」[118]，「以定廣總兵官塔新策，為威寧鎮總兵官。其標下三營各設遊擊，守備。」[119]。又令「貴州平遠總兵官趙良棟，為山西大同總兵官。」[120]

康熙五年二月，朝廷再次削弱吳三桂「忠勇營」的實力，「增設雲南開化鎮總兵官，裁忠勇中營總兵官缺，所屬官兵，歸併開化鎮統轄。以原任忠勇左營總兵官高啟隆，為開化總兵官。調忠勇中營總兵官馬寶，為曲尋武霑總兵官。」[121]

在傅宏烈等奏劾吳三桂有異志，朝廷採取措施削弱吳三桂勢力之後，吳三桂也自請裁軍。康熙四年五月，在平定水西，烏蒙之後，疏請裁汰滇省領兵，「實裁去五千四百名。」[122]希望藉此以獲得朝廷的信任。事實上，吳三桂「踞滇，按地加糧，按糧徵兵。」尤其是「徵土兵，濫加土秩，偽總兵副將，偽參遊都守遍及諸蠻。」[123]故吳三桂的裁軍是表面，是作給朝廷看的，並不影響其實力與戰力。而朝廷對吳三桂的疑慮也不因其裁軍而稍減，就在六、七年間，「凡三桂題補各官，多不如請。方國琛、胡國柱曰：朝廷疑王矣！王當為自全之計。桂曰：姑探之，乃上疏言今天下大定，文官仍聽吏部銓選，臣不敢題請，奉旨依議。又疏言今天下寧謐，武官應聽兵部考選，臣不敢題請，亦奉旨依議。光琛等曰：王猶不悟朝廷意耶！桂不語。」[124]吳三桂乃於六年五月，疏言「兩目昏瞀，精力日減，辭總管雲貴兩省事。」[125]康熙皇帝馬上將其奏疏交吏部議奏，並諭曰：「王久鎮巖疆，總理兩省，勳勞茂著，倚毗方殷。覽奏，知兩目昏瞀，精力日銷，皆因事繁過瘁，深軫朕懷。雲貴兩省事務，應作何管理，該部議奏。」[126]十二日後吏部議覆：「應將該藩所管各項事務，照各省例，責令該督撫管理。」[127]是年九月，「雲貴總督卞三元，提督張國柱，李本深合詞請平西王吳三桂仍總管滇黔事務。得旨：該藩以精力日為銷減奏請，故照所請允行。今地方已平，若令王復理事務，恐其過勞，以致精力大損。如邊疆地方，遇有軍機，王自應料理」。[128]

康熙皇帝除在硃批中特作解釋並豫留後路外，態度卻相當堅定，沒有一絲一毫令吳三桂「仍總管滇黔事務」的意思。事實上，吳三桂此時才五十五歲，還沒有到兩目昏瞀的地步，他的疏辭總管雲貴事務實出於以退為進或試探朝廷的意思。康熙皇帝也認為如此決定可能引

---

118 〈聖祖仁皇帝實錄〉卷一五，頁一五，康熙四年五月壬子。
119 同上引書，卷二一，頁一〇，康熙六年二月庚午。
120 同上引書，卷二八，頁一二，康熙八年二月乙未。
121 同上引書，卷一八，頁七，康熙五年正月癸丑。
122 參[90]。
123 〈八旗通志初集〉卷一九七，頁一一七六〇及一一七六二，蔡毓榮傳。
124 孫旭著〈平吳錄〉頁五。
125 〈清史稿校註〉卷四八一，頁一〇七七四，吳三桂傳。
126 〈聖祖仁皇帝實錄〉卷二二，頁一〇，康熙六年五月辛酉十八日。
127 同上引書，卷二二，頁一一，康熙六年五月癸酉卅日。
128 同上引書，卷二四，頁八，康熙六年九月己巳。

起吳三桂的疑慮，乃作安撫措施，提陞吳三桂子和碩額駙「吳應熊為少傅兼太子太傅」[129]。其後又「遣和碩額駙吳應熊往雲南，省視伊父吳三桂。」[130]，「仍還京師。」[131]

康熙十一年，吳三桂六十歲，舉行祝壽大典，其子吳應熊與其妻公主及其六歲的兒子世璠一同回雲南祝壽，吳三桂很高興，對方光琛等人曰：「可見朝廷不疑我，汝輩其慎之。」[132]於此亦可窺見吳三桂世守雲貴之用心，但康熙皇帝卻不是如此想法，他所考慮的不止是吳三桂一人而是整個三藩的勢力問題。尤其在康熙皇帝順利親政集權以後，他看到三藩勢力的形成與中央集權體制的衝突，更看到「三藩」不能與宋初開國功臣相比，而是屬于唐末藩鎮之流，勢在必除。[133]認為「三藩勢焰日熾，不可不撤。」[134]甚至「以三藩及河務，漕運為三大事，夙夜廑念，曾書而懸之宮中柱上。」[135]希望能於適當時機予以解決。

在輔政大臣分權統治的六年間，三藩漸成割據之勢。他們握有兵權，擁兵自重。尚可喜，耿精忠「各有旗兵十五佐領，綠營兵各六、七千人，丁口各二萬人。」[136]按一佐領甲士二百人計算，十五佐領應為三千人，加上綠旗兵，耿、尚二藩各有軍隊萬餘人。這是朝廷規定平南、靖南二王藩下鎮標綠旗官兵的人數，而其旗下所蓄養的家丁奴隸，則不在額兵數之內。吳三桂的兵力更超過耿、尚二藩，他明地裁軍，暗地卻繼續徵兵，甚至徵土兵，他的軍隊有增無減，如果加上外省吳三桂心腹將領所率領所控制的軍隊，其人數則更多，勢力就更大了。三藩掌握江南數省的兵權，各領精兵猛將，自成指揮系統，而與朝廷中央漸形軍事割據之勢。

尚、耿二藩與吳三桂一樣，都享有政治與經濟的種種特權。他們也藉此擴展其勢力，尚可喜專制廣東，除私徵苛捐雜稅，又以通海之便，謀取巨利，故「藩府之富幾甲天下。」[137]耿藩所在的福建，盛產魚鹽。耿藩更是「橫徵鹽課」，「苛派夫驛」，「勒索銀米」，掠取大量財富[138]。吳三桂在雲貴，除勒索各土酋獻金銀助餉外，又開採金、銀、銅、鐵、鉛礦，並開局鼓鑄錢幣。又徵鹽井之稅，並與西藏、四川貿易而聚斂大量財富，是三藩中實力最為雄厚的藩王[139]。

---

129 同上引書，卷二五，頁一〇，康熙七年正月戊午。
130 同上引書，卷三四，頁八，康熙九年九月丙戌。
131 〈清史稿校註〉卷四八一，頁一〇七七五，吳三桂傳。
132 孫旭著〈平吳錄〉頁五。
133 〈平定三逆方略〉，〈四庫全書〉三五四本，提要，頁三。
134 〈聖祖仁皇帝實錄〉卷九九，頁九，康熙廿年十二月癸巳。
135 同上引書，卷一五四，頁一〇，康熙卅一年二月辛巳。
136 魏源著〈聖武記〉卷二，頁二。
137 〈觚賸〉卷八，頁四。
138 〈聖祖仁皇帝實錄〉卷九四，頁一三，康熙廿年二月甲午。
139 李治亭著〈吳三桂大傳〉頁三四六，廣殖貨財。

吳、尚、耿三藩一方面搜刮民財，聚斂財富，一面又向朝廷索取糧餉及經費。僅以順治十七年為例，「雲南省俸餉歲九百餘萬」，「加以閩粵二藩運餉，歲需二千餘萬。」[140]據世祖章皇帝實錄的記載，順治十七年除徵米、麥、豆等外，徵銀二千五百六十六萬四千二百廿三兩有奇[141]。因此說「天下財賦，半耗於三藩，」實非虛語。「近省輓輸不給，一切仰諸江南，絀則連章入告，既贏不復請稽核。」[142]形成清廷財政上一大負擔而與中央戶部的職權相衝突。

三藩的存在與清廷中央集權的體制相衝突，康熙皇帝深慮「三藩俱握兵柄，恐日久滋蔓，馴致不測，」[143]而不敢貿然採取行動，但撤藩確實勢在必行，康熙皇帝深慮的只是撤藩的時機。在撤藩一、二年前，康熙皇帝非常關注雲貴的動向，多方籠絡吳三桂的部屬。在康熙十一年七月，為了「敘征緬甸，獲偽永曆朱由榔，及進雲南貴州征水西功，授都統何進忠一等精奇尼哈番。護軍統領夏國相，副都統吳應正俱一等阿思哈尼哈番。都統吳國貴，副都統高得捷、高拱宸，參領傅奇棟俱二等阿思哈尼哈番。副都統楊坤已故，授其子楊延先一等阿思哈尼哈番。護軍統領巴克勇，年老休致，副都統李可植，傅文元已故，授伊等之子巴養元，李廷璧，傅天柱俱二等阿思哈尼哈番。餘護軍參領楊奉元等一百廿七員，各給世職有差。」[144]

擒永曆征雲貴乃十餘年前的舊事，遲至十一年七月才敘功授以世職，於此即可窺見康熙皇帝加恩籠絡吳三桂屬下將領的深意。在此月餘前，康熙皇帝以平西王藩下參領張足法，破格擢陞為雲南後剿右鎮總兵官。並在京師召見，當張足法陛辭回任時，上諭曰：「茲特簡授爾邊疆總戎之職，爾其練習兵卒，修整器械，俾兵民相安，副朕一體愛養至意。」[145]其籠絡加恩之意更為明顯。又以「原任雲南義勇營總兵官馬惟興，為福建興化總兵官。」並特遣一等侍衛吳丹賞賜其「金盔甲全副，表裏各二疋」，而傳諭曰：「茲授爾福建濱海重地，特加恩賚，異於別鎮，爾須加意鎮守，以盡厥職。」[146]在此以前，康熙皇帝還提陞「參領王永清為貴州黔西總兵官，」「陞雲南左鎮中軍副將王景為雲南援剿右鎮總兵官。」[147]。康熙皇帝在剷除權臣鰲拜親政集權後的二、三年間，對雲貴地區的人事安排與部署難免有示恩籠絡及分化吳三桂勢力的意味。只是時間太短，效果沒有彰顯而已。

---

[140] 魏源著〈聖武記〉卷二，頁二。
[141] 〈世祖章皇帝實錄〉卷一四三，頁一八，順治十七年十二月庚戌。
[142] 魏源著〈聖武記〉卷二，頁二。
[143] 〈聖祖仁皇帝實錄〉卷九九，頁八，康熙廿年十二月癸巳。
[144] 同上引書，卷三九，頁一二，康熙十一年七月巳酉。
[145] 同上引書，卷三九，頁六及一二，康熙十一年五月甲戌及七月戊申。
[146] 同上引書，卷三九，頁八及一五，康熙十一年六月乙未及丁卯。
[147] 同上引書，卷三四，頁一二及一四，康熙九年十月丁酉及十月丁巳。

同時，對雲貴地方的行政首長也有調動。康熙七年，以「直隸巡撫甘文焜為雲貴總督。」並加「兵部尚書銜」，以重事權。[148]又以中央官吏簡派雲貴地方首長，十年正月「以吏部右侍郎曹申吉為貴州巡撫。」[149]，同年四月，「雲南巡撫李天浴，疏請終養，允之。」五月，「以原任江寧巡撫朱國治為雲南巡撫。」[150]十一年五月，「陞陝西隴右道李興元為雲南按察使。」[151]

至雲貴地方的軍事首長，康熙皇帝亦加以調整與調動，十年二月，「以原任廣東右路水師總兵官杜輝為雲南永北總兵官。」[152]十一年十一月，「以原任廣東饒平總兵官吳啟豐為貴州安籠總兵官。」[153]十二月，「陞雲南前鎮總兵官馬寧為湖廣提督。」[154]十二年正月，「以三等阿思哈尼哈番平西王藩下長史衛樸，為雲南援剿後鎮總兵官。」[155]

以上雲貴地方軍政首長的陞遷調補，均由中央吏兵二部銓選，由康熙皇帝直接任命，是為康熙皇帝親政集權的具體事實，也表示朝廷收回雲貴行政及用人權的決心。但由於陞遷調補的層面仍不夠寬廣深入，且時間太過短暫，故對平西王藩下的核心勢力，並沒有受到太大的影響。

至十二年二月，康熙皇帝遣一等侍衛吳丹，二等侍衛塞扈立往雲南，攜帶「御用貂帽，團龍貂裘，青蟒狐腋袍各一襲，束帶一圍，」「賜平西王吳三桂。」同時也派「一等侍衛古德，二等侍衛米哈納，」攜帶「御用貂帽，團龍天馬裘，藍蟒狐腋袍各一襲，束帶一圍，往廣東賜平南王尚可喜。」[156]。就在康熙皇帝慰問賞賜吳、尚三藩一個多月後，平南王尚可喜突然提出「臣年七千，精力已衰，願歸老遼東，有舊賜地畝房舍，乞仍賜給。」康熙皇帝見尚可喜「情詞懇切」，「恭謹，能知大體」的「疏言」，「朕心深為嘉悅。今廣東已經底定，王下官兵家口，作何遷移安插，議政王大臣等，會同戶兵二部，確議具奏。」[157]

在平南王尚可喜疏請「歸老遼東」的三個多月後，平西王吳三桂也以「臣下官兵家口，於康熙元年遷移，至康熙三年遷完，雖家口到滇九載，而臣身在巖疆，已十六年。」「世受天恩」。「今聞平南王尚可喜有陳情之疏」而「請撤安插」。六天後，靖南王耿精忠也以

---

148 〈聖祖仁皇帝實錄〉卷二七，頁二一及卷二八，頁五，康熙七年十二月己卯及八年正月戊午。
149 同上引書，卷三五，頁六，康熙十年正月庚辰。
150 同上引書，卷三五，頁二四及卷三六頁四，康熙十年四月己酉及五月辛未。
151 同上引書，卷三九，頁二，康熙十一年五月甲寅。
152 同上引書，卷三五，頁一二，康熙十年二月庚戌。
153 同上引書，卷四〇，頁一四，康熙十一年十一月丁亥十一日。
154 同上引書，卷四〇，頁一七，康熙十一年十二月乙巳。
155 同上引書，卷四一，頁六，康熙十二年正月丁酉廿六日。
156 同上引書，卷四一，頁七，康熙十二年二月癸卯三日。
157 同上引書，卷四一，頁一七，康熙十二年三月壬午十二日。

「近見平南王尚可喜乞歸一疏，已奉俞旨」，而「仰懇皇仁，撤回安插」。康熙皇帝對尚、吳、耿等三藩先後疏「請撤安插」的批示幾乎全一樣，「恭謹可嘉」，廣東、雲南、福建「已經底定」，「王下官兵家口，作何搬移安插，著議政王大臣等會同戶、兵二部，確議具奏。」[158]至十一月廿一日，吳三桂「發兵反，殺巡撫朱國治，執按察使以下之不屈者，移檄遠近，自稱天下都招討兵馬大元帥，以明年為周元年，蓄髮易衣冠，旗幟皆白。」「福建耿精忠聞之，亦同時反，數月而六省皆陷。」[159]

由康熙皇帝對三藩請撤安插的疏奏，一視同仁的批示，並在硃批中毫無掩飾充分流露其「深為嘉悅」之情來看，顯示其撤藩太過急切，造成「一倡變亂，遂至塗炭八年」，「兵民交困」的大激變與大變亂。[160]

(七)結語

康熙皇帝年幼即位，上有祖母，下有佐理政務的輔政大臣，他是大清帝國名義上的統治者，但卻沒有實權。而隨著年齡之增長，至十四歲時而躬親大政。在其親政集權約二年間，由於輔政大臣間之擅權與政爭，遂引發政治上權力衝突的二次激變。康熙皇帝也在此二次政治激變中順利的剷除了權臣，而達到其維護並鞏固皇權的目的。但三藩勢力的存在與中央集權的體制相衝突，故康熙皇帝親政集權後的另一政治措施，則為撤除三藩等所享有的特權。

撤藩是政治上的大事，康熙皇帝為了慎重起見特令議政王大臣會同戶、兵二部及九卿科道諸臣討論，並親自主持會議。在討論時並無一致的共識，正反意見都有，主張撤藩的有米思翰、莫洛、明珠及王熙等人，他們都是康熙皇帝在剷除權臣鰲拜及其黨羽親政集權後，二、三年間所任命之掌握中央實權的部院大臣，與康熙皇帝間較有默契，有相同的共識。[161]認為三藩的存在侵犯戶、兵二部的職權，與中央集權的體制相衝突，是中央集權的最大障礙而力主撤藩。但中和殿大學士兼吏部尚書的圖海等人，則採取持重維持現狀較為實際的立場。認為「吳三桂鎮守雲南以來，地方平定，總無亂萌。今若將王遷移，不得不遣兵鎮守。兵丁往返，與王之遷移，沿途地方民驛苦累，且戍守之兵，係暫居住，騷擾地方，亦未可定。應仍令吳三桂鎮守雲南。」[162]

正反意見由康熙皇帝裁決，聖祖獨斷，三日後即正式作出三藩全撤的決定，「諭戶

---

158 同上引書，卷四二，頁一九及二一，康熙十二年七月庚午三日及七月丙子九日。

159 魏源著〈聖武記〉卷二，頁三及頁四。

160 參143。

161 參57。

162 〈聖祖仁皇帝實錄〉卷四三，頁二，康熙十二年八月癸卯六日。

部」，「籌畫周祥」「善後之策」⑯。值得注意的是在康熙皇帝主持議政王大臣等會議的當日，曾「詣太皇太后宮問安」。於此更可窺見孝莊皇太后對康熙朝重大政治問題的影響。

由於撤藩引起吳三桂、及耿、尚二藩先後的反叛。為了平定叛亂，又造成長達八年的內戰，使數省受到戰爭的蹂躪破壞，人民生命財產的損失更是難以估計。康熙皇帝為撤藩而達中央集權所付出的代價實在太大。本來在撤藩的重大政治問題上朝中大臣並無一致的共識，而且請撤安插原為尚可喜突然提出，屬客觀上無法掌握的時機，亦即撤藩的時機尚未成熟，康熙皇帝在無法完全掌握的時機下貿然決定三藩全撤，實在太過急切倉猝。

康熙皇帝在撤藩前對吳三桂屬下所作人事部署與安排等示恩獎賞與分化之政治措施，也由於時間太短，無法建立互信而沒有產生顯著的效果。故康熙皇帝思慮撤藩問題，及選擇撤藩的時機，實在不夠周詳，使撤藩的政治問題被迫用軍事武力來解決。勞民傷財，實為不智。「緩二、三年再議」，三藩等政治問題或較易解決。或是康熙皇帝在親政集權過程中太順利，而其所受儒家經典的教育又使年青的康熙皇帝偏重理想，故使其用單純的方法解決複雜的撤藩政治問題，而造成吳三桂等人叛亂的巨大激變。此或為年青的康熙皇帝思慮不夠週延所導致。當然，康熙皇帝在此巨大激變中成長，待平定三藩後，其權勢更加鞏固，其地位則也更為尊崇，此亦或為其個人最大的獲益與「不虞之譽」。

---

⑯ 同上引書，卷四三，頁三，康熙十二年八月丙午九日。

第五章　中央集權與吳三桂等的起兵激變

(一)前言

撤藩引起吳三桂等人的起兵與激變。本來撤藩是一政治問題，應以政治措施來解決，但最後卻被迫使用軍事武力，這是雙方評估錯誤的結果。當撤藩特使至雲南時，吳三桂等即陽報起程日期，陰謀起兵爭取戰爭的主動。

康熙皇帝在獲悉吳三桂等起兵反叛時，沒有措手不及的慌亂，除部署兵力採取防禦與圍堵的戰略外，在政治上的措施即停撤平南、靖南二藩，並招撫雲貴地方軍民人等，以吳三桂為罪魁禍首，下詔削其王爵，又申明軍紀，安輯地方軍民。

吳三桂等並沒有完全掌握戰略上的主動，屯兵松滋三月不進，坐失良機，使其逐漸陷入被動的劣勢而失敗。

清廷之獲致勝利，則為其政治措施的得當，與漢人武力的運用。中央集權皇權專制政體的確立，與年輕康熙皇帝的成長，則為清廷最大的收穫與成就。本文即據清朝的官方文書史料，分析吳三桂等於清廷撤藩後起兵反抗之經過，及康熙皇帝平定叛亂等情形。

（二）評估錯誤的戰爭

康熙皇帝的撤藩行動本為平南王尚可喜「願歸老遼東」所引起❶。據（聖祖仁皇帝實錄）及清代官方文書的記載：康熙十二年三月十二日，平南王尚可喜以「方今四海昇平，臣年七十，精力就衰」，而疏請撤兵。❷三個月後，平西王吳三桂疏言：「今聞平南王尚可喜有陳請之疏，已蒙恩鑒，准撤全藩。」而「冒干天聽，請撤安插」❸。六天後，靖南王耿精忠也於是年七月初九日，「仰懇皇仁，撤回安插」❹。事實上，吳三桂、耿精忠等的疏請撤藩並非心甘情願，而是被尚可喜疏請撤藩的情勢所逼與試探之意，故在吳三桂及耿精忠請撤安插的疏中，分別言「念臣世受天恩，捐糜難報，惟期盡瘁藩籬，安敢遽請息肩。」❺「臣襲爵二載，心戀帝闕，祇以海氛叵測，未敢遽議罷兵」❻。尤其是吳三桂「本挾雲南，要旨慰留，冀得世守藩封如沐氏故事，永踞滇中」❼。事實上，「三桂包藏禍心，日伺釁以動。」早在「世祖賓天，三桂入臨，慮清廷見留，乃提兵遠道絡繹啟行。三桂未至，前驅在燕者，人馬塞途，居民走匿。朝廷恐其為變，令於京城搭廠設祭，三桂哭臨成禮而去。」而且吳三桂根據其實力與形勢的考量，以為「滇中形勢，南扼黔粵，西控秦隴，財用富饒，兵甲堅利。」「號令肅然，屯守攻戰之宜，無不畢具」❽。自認為即令他上疏請撤安插，朝廷必不敢調他，當其上疏請撤安插時，其謀士劉玄初曰：「上久思調王，特難啟口，王疏朝上而夕調矣！彼二王（尚、耿）辭者自辭，王永鎮雲南，胡為效之耶？不可。平西怒曰：予疏即上，上必不敢調予，具疏所以釋其疑也」❾。

當然吳三桂上疏請撤安插也受其子吳應熊的影響，當尚可喜，「上書請解職東歸，吳世子應熊，使人啟平西曰：朝廷久疑王，今二王皆有辭職疏，而王獨無，朝廷之疑愈深，速拜

❶《聖祖仁皇帝實錄》，卷四一（臺北：臺灣華文書局印行），頁一七，康熙十二年三月壬午十二日，並參㉒。

❷《平定三逆方略》，卷一，《四庫全書》（臺北：臺灣商務印書館），頁四。

❸《聖祖仁皇帝實錄》，卷四二，頁一九，康熙十二年七月庚午。

❹同上引書，卷四二，頁二一，康熙十二年七月丙子。

❺同❸。

❻同❹。

❼劉健：《庭聞錄》，卷四（臺北：新興書局編印），頁二。

❽《明季碑史初編》，卷二六（商務印書館編印），頁四四六。

❾《清朝野史大觀》，卷五（臺北：中華書局印），頁三二。

疏發使來，猶可及也」❿。而吳三桂上疏請撤安插除釋疑外，更有試探之意。其子「吳應熊尚主在京師，希探上意，馳書於桂，令亦如尚、耿之請，從中畫謀彌縫，可獨留」⓫。其入緬擒永曆亦是為了「請效黔國公世守滇中，為子孫計必入緬擒王以獻乃可。」「自以為西南一隅，真子孫萬世之業，而不軌之蹟漸彰矣！」⓬及至康熙皇帝准其所請，「三桂意沮，上言旗下家口數萬人，夫馬行李不貲，故難其說，以阻其行」⓭。事實上，「雲南地方有土司苗蠻雜處，不得稍疏防禦。」而自「吳三桂鎮守雲南以來，地方平定，總無亂萌。今若將王遷移，不得不遣兵鎮守，兵丁往返，與王之遷移，沿途地方民驛苦累：且戍守之兵，係暫居住，騷擾地方，亦未可定」⓮。故撤藩對朝廷而言所費不貲，實在不划算。這就是吳三桂深信即令他上疏「請撤安插」，康熙皇帝也「必不敢調」他的主要原因之一。

至於康熙皇帝則站在中央集權體制的立場，認為三藩地方分權勢力的存在與中央集權的體制相衝突。尤其是在康熙皇帝剷除了權臣及其黨羽勢力而順利親政鞏固皇權專制後，他更要通過個人集權專制而達到朝廷中央集權的目的。他看到三藩的實力及其所享有的特權已隱然形成割據勢力而與中央集權的體制相衝突⓯。他認為三藩不能與宋初開國功臣相比，而是屬於唐末藩鎮之流⓰。而且認為「三藩勢焰日熾，不可不撤」⓱。甚至「以三藩及河務、漕運為三大事，夙夜廑念，曾書而懸之宮中柱上」⓲。希望能於適當時機予以解決。尤其是三藩俱握兵柄，恐日久滋蔓，馴致不測，故決意撤回」⓳。而吳三桂若「陰謀不軌」，將更威脅滿洲部族的政權。所以當「議政王大臣等會議平西王吳三桂」、「請撤安插」之事時，中和殿大學士兼吏部尚書圖海「持不可撤藩」之議時，康熙皇帝卻「黜圖海議」⑳。此或為康熙皇帝力主撤藩的主要原因之一。

而撤藩引起吳三桂等三藩起兵反叛倒是康熙皇帝始料所未及。至「上曰：三桂等蓄謀久，不早除之，將養癰成患。今日撤亦反，不撤亦反，不若先發」㉑。此乃康熙皇帝事後及

---

⑩ 同上引書，卷五，頁三一。

⑪ 《平滇始末》，《辛巳叢編》，第一冊（藝文印書館印）頁一。

⑫ 《吳逆始末記》，《辛巳叢編》，第一冊（藝文印書館印），頁三。

⑬ 同⑪。

⑭ 《聖祖仁皇帝實錄》，卷四三，頁二，康熙十二年八月癸卯。

⑮ 參第四章：集權與激變。

⑯ 《平定三逆方略》，《四庫全書提要》，頁三。

⑰ 《聖祖仁皇帝實錄》，卷九九，頁九，康熙二十年十二癸巳。

⑱ 同上引書卷一五四，頁一〇，康熙三十一年二月辛巳。

⑲ 同上引書卷九九，頁八，康熙二十年十二月壬午。

⑳ 《清史稿校註》，卷二八三（臺北：國史館印行，民國七十五年），頁八三八六，圖海傳。並參⑭、⑮。

㉑ 同上引書，卷二七六，頁八六一三，明珠傳。

激勵士氣的話。事實上，當議政王大臣會議平西王吳三桂「請撤安插」時，「惟有莫洛、米思翰、明珠、蘇拜、塞克德等言遷移，其餘並未言遷移吳三桂，必致反叛也。議事之人，至今尚在，試問當日曾有言吳三桂必反者否？及吳逆倡叛，四方擾亂，多有退而非毀，謂因遷移所致」[22]。

吳三桂反了，但康熙皇帝及其群臣卻未預知吳三桂會「必反」，此為撤藩時評估的錯誤。戰爭有時常因雙方有預備而避免，而戰爭的導火線常因偶發事件及評估錯誤而發生。康熙皇帝採取非常而激烈的手段「三藩全撤」，但卻以最傳統的心態看待吳三桂等人的反應而無一預防之策，認為「朝廷固懷之以德，晉封親王，子尚公主。」而且「三桂子、精忠諸弟，皆宿衛京師，諒無能為變」[23]。雖然吳三桂妻張氏以一子四孫俱為質京師，倘動將無遺種，不可[24]。但也不能阻止吳三桂起兵「反叛」清廷。甚至「安遠靖寇大將軍」多羅貝勒尚善奉命「移書三桂」，也以最傳統的道德責備吳三桂「不忠不孝，不義不慈」[25]。而吳三桂等人「在明亡明，事清叛清，兩朝叛賊，天地不容」[26]。他們那在意於傳統的綱常名教與君臣之義！他們所思慮的是個人的權益與實際利害。「撤藩」有損其「權」「利」，故起而反叛。康熙皇帝自幼年起所受的則是儒家經典及宋明「理學」思想的教育，以綱常名教，君臣倫常為主體，並以此「德化天下」[27]。故撤藩時康熙皇帝並未預知吳三桂等會「必反」。康熙皇帝及其群臣與吳三桂等人在「觀念」上差異，此或為康熙皇帝於撤藩時評估錯誤的另一主要原因之一。

事實上，吳三桂的「反」也代表著一股以吳三桂「權」、「利」為核心的族黨勢力。其「姪吳應貴、吳應麒，婿胡國柱、夏國相、郭壯圖、衛樸以去滇則俱就閑，無兵權，圖必反。謂王威望兵勢甲海內，戎衣一舉，天下震動。因索世子世孫於北，劃地講和，此漢高分羹之計也。若就遷於遼，他日吹毛索瘢，祇就戮耳！豈若舉兵而父子俱全哉？三桂惑之婿姪」㉘。而吳三桂等起兵僅三個多月，已領有滇、黔、楚，蜀四省。不久福建、江西、浙江、廣東、陝西等省或地區相繼叛清，越過了河南、河北，直達京師，更遠至長城以北，也有叛變的烽火。此次叛亂，發展之快，來勢之兇，波及之廣，規模之大，均屬空前未有，已遠遠超過吳三桂個人與清廷「權」、「利」之爭的範圍。這也說明清人入關後三十餘年的統

㉒ 同⑰。
㉓ 魏源《聖武記》，卷二（臺北：中華書局印）頁二。
㉔《平滇始末》，頁一。
㉕《清史列傳》，卷八〇（臺北：中華書局印），頁六。
㉖《庭聞錄》，卷五，頁四一。
㉗ 參第一章：幼年所受的教育及其影響，及第三章：「理學」思想。
㉘《平滇始末》，頁一。

治不得人心，沒有獲得全部漢人的認同。他們響應或參與吳三桂等人的「反清復明」，除其核心或族黨勢力的「反清」與個人「權」、「利」有關外，有的「反清」則是被脅迫或盲從，有的則是不滿意清人的統治或對滿清政權失去信心而「反清」。至於「復明」則是「反清」的藉口或以資號召而已！雖然他們「反清」的動機相當複雜，但有一共同點就是他們絕大多數是漢人。他們是明朝降清的武將，李自成、張獻忠、鄭成功的餘部及南明殘餘部屬。士兵也是漢人，並吸收當地漢人參加。他們跟吳三桂等人有聯繫，但很多人與吳三桂等無絲毫淵源。據清朝官方的統計，「逆臣有二十六人，其中二十人是明朝降清的武將，其餘六人並未作過明朝的官，有兩人還是清朝的進士」[29]。而參與「叛亂」者中有清朝的總督、巡撫、提督、總兵等地方大員[30]。更據統計各省布政使以下文職「從賊官」就有五百二十三員。[31]他們「降清」，「反清」，「亡明」又「復明」固無足論，但確是一股反抗滿人統治的龐大潛力。康熙皇帝及其群臣沒有善為疏導或化解消融這股「反清」勢力，而輕言撤藩激起其參與「叛亂」？竟造成其長達八年的戰爭，使人民生命財產遭受巨大的損失。此乃康熙皇帝於撤藩時評估錯誤所致。當然，康熙皇帝年輕，重理想，不妥協的性格，也大大超乎吳三桂等評估之外，使這場戰爭一開始就是不到勝敗分明決不終止的戰爭。而且就某種意義而言，也代表著中央集權與地方「分權」之爭。清朝「功在國家」的宗室親王等都沒有「封土」，「三藩」等的存在是清朝中央集權體制外的特例，撤藩乃大勢所趨。吳三桂等果能思慮及此，豈肯不顧一切放棄既有的富貴而輕易起兵「反叛」？故這場戰爭也是吳三桂等評估錯誤所導致。

(三) 陰謀起兵，爭取主動

當議政王大臣等於康熙十二年八月初六日，會議吳三桂「請撤安插」之事時，康熙皇帝乾坤獨斷准吳三桂所請[32]。三天後諭兵部曰：「茲因地方底定，平西王吳三桂，平南王尚可喜，靖南王耿精忠，各具疏請撤安插，已允所請，令其搬移前來。地方應行事務，及兵馬機宜，必籌劃周詳，乃為善後之策，應各遣大臣一員，前往會同該藩及總督巡撫提督商榷，作何佈置官兵防守地方，並照管該藩等起行，應差官員職名，開列具奏。」[33]再其後六天，決定「差禮部左侍郎管右侍郎事折爾肯，翰林院學士兼禮部侍郎傅達禮往雲南，戶部尚書梁清

㉙ 李治亭《吳三桂大傳》（長春：吉林文史出版社，一九九〇年），頁四七七。
㉚ 孟昭信《康熙大帝全傳》（長春：吉林文史出版社，一九八八年），頁九二。
㉛ 《康熙起居注》（北京：中華書局印，一九八〇年），康熙二十一年三月乙亥。
㉜ 《聖祖仁皇帝實錄》，卷四三，頁三，康熙十二年八月癸卯初六日。
㉝ 同上引書卷四三，頁三，康熙十二年八月丙午。

標往廣東，吏部右侍郎陳一炳往福建，經理各藩撤兵起行事宜。」㉞隨即諭令吏部、兵部及戶部雲南「既撤」後「控制」「專管料理」及「豫為料理」「安插」「該藩及各官兵家口」「所需房屋田地等項」事宜，「以副朕體恤遷移至意。」㉟康熙皇帝為隆重其事，特將「佩刀各一口、良馬各二匹」賜給「往雲南料理遷移事務」的折爾肯及傅達禮，並手詔諭平西王吳三桂「趣裝北來，慰朕眷注。庶幾旦夕覲止，君臣偕樂，永保無疆之休。至一應安插事宜，已敕所司飭庀周詳，王到日，即有寧宇，無以為念。」又曉以大義慰勉吳三桂㊱。

欽差折爾肯、傅達禮等於八月二十四日後啟行，九月至滇㊲，十月，「同巡撫朱國治見桂，查家口數目，報八十餘萬」㊳。康熙皇帝「曲徇其意，令有司如數撥給，並命「立報起程日期」㊴。吳三桂乃「陽報起程日期」，「期以十一月二十四日行」，「陰與左都統吳應麟、右都統吳國貴、副都統高得捷，婿夏國相、胡國柱謀亂，部署腹心，扼關隘，入者聽，出者有禁。」並於十一月二十一日昧爽，吳三桂召集「四鎮十營總兵馬寶，高起隆，劉之復，張足法，王會，王屏藩及胡國柱、吳應麒、郭壯圖等聽調遣。」「邀雲南巡撫朱國治，脅之叛，弗從，榜殺之。」以所部兵反。「自稱天下都招討兵馬大元帥，蓄髮易衣冠。折爾肯、傅達禮被留。按察使李興元、知府高顯辰、同知劉崑抗賊不屈，具楚毒置之瘴地，顯辰仰藥死。提督張國柱、永北總兵杜輝、慶北總兵柯鐸、布政使崔之瑛、提學道國昌等並從賊受偽職」㊵。

當然，吳三桂激變起事之成功，「殺撫臣」，「囚執二使」，也得力於「起事前」激勵將士，造成同仇敵愾「利害與同」的「共同體」而指向清廷。《四王合傳》根據野史詳記其事：「三桂欲反，恐其下不從，乃設大宴會諸將，酒三行，起而嘆曰：老夫與諸將同事垂三十年，今四海昇平，無所用，吾輩行且遠矣！未知聖意所在，且盡今日歡，未識異日復相見否？諸將聞言皆泣下！時有十三太保者，皆部下都統佐領官，三桂寄其心膂，令將強兵護藩府，至是皆喻意約期待變。越兩日，使者促益急，三桂下教場，會諸將曰：行期迫矣！朝廷之嚴譴不可逃也。若使臣之驅策老夫不意至此！諸君行矣！無徒受使臣辱也！諸將怒曰：行即行矣！何相逼為？三桂復慰之曰：朝命也，誠不可緩！但諸將得處此土，以有其家，以享富貴之賜，願諸君思之！諸將皆稽首曰：微殿下之福。曰：非也！諸將曰：然則君上之恩？

㉞ 同上引書卷四三，頁五，康熙十二年八月壬子。

㉟ 同上引書卷四三，頁五，康熙十二年八月乙卯。

㊱ 同上引書卷四三，頁八，康熙十二年八月辛酉。

㊲ 《清史列傳》，卷八〇，頁五，逆臣傳，吳三桂。據《庭聞錄》，卷五，頁四一。欽差折爾肯九月七日至滇。

㊳ 孫旭《平吳錄》，《辛巳叢編》，第一冊（藝文印書館），頁六。

㊴ 《平滇始末》，頁一。

㊵ 參㊲。

曰：是！已然非盡然也？昔我受先朝厚恩，待罪東陲，值闖賊構亂，衛神京計不能兩全，乃乞師本朝，以復君父大仇，繼平滇蜀，得棲息於此！今日之富貴，皆先朝餘蔭耳！故君之陵寢在焉！可無別乎？諸將皆拜聽命，於是卜日謁陵！先期復集諸將謂之曰：別故君，當以故君之衣冠見，指其首曰：我先朝曾有此冠乎？指其身曰：我先朝曾有此衣乎？老臣且易服以祭，諸君其預圖之。諸將皆曰諾！乃下令三軍，擇某日啟行，趣使臣先發。至日，各具漢官威儀，集陵下，三桂易方巾素服，酹酒，三呼再拜，慟哭伏地不能起，三軍皆哭，聲震如雷，人懷異志。蓋至是，而三桂之反謀成矣！乃約定明日於郊外大閱，後期按以軍法。希望從軍事上再動員，以英武絕人之戰技以詘眾心。次日晨，鳴鼓角，整隊伍，軍容肅然。三桂披甲上馬，揚鞭疾馳，發三矢皆中的。長槍大劍，畫戟雕戈，羅列左右，每馳馬一回，即於馬上接一器運之，風馳雨驟，英武絕人。及三桂就道，命前隊先行，自擁大軍殿後，日行三十里。行數日，即稱疾不起。撫臣驅之急，使者日三四輩，至榻前，辭益峻，色益嚴。三桂堅臥不起，諸將數來問疾，勸進藥餌，不聽，故以言激之曰：我病在心，豈藥石所能癒乎？想昔者披堅執銳，身經百戰，開拓疆宇，有大勳於王室。章皇帝不以老臣為不肖，錫以藩封，載在盟府。今撫臣一外吏，相凌乃爾！一旦入國門，付廷尉，我豈有生路耶？諸將聞言，果忿忿而出。軍士裹甲露刃，矢在弦，馬塞道，風動塵生，日色慘淡，居民皆駭走，襲殺撫臣，持其首見三桂，三桂頓足失聲，以頭搶地曰：爾輩殺我，爾輩殺我！我三百口死不旋踵，即爾輩亦且族矣！諸將大呼曰：惟有反耳！反耳！三桂大喜，霍然而起，即部署諸將，因執二使，以撫臣首祭旗纛」㊶。

吳三桂「易冠服」，「謁祭永曆陵寢」，抬出明朝旗幟以反抗滿人統治，除有「明亡未久，人心思奮，宜立明後，奉以東征，老臣宿將，無不願為前驅矣！」的效用外㊷更可提升其地位，避免「叛逆」罪名而與清廷站在同等立場「爭天下」。吳三桂以功封平西王，與康熙皇帝有君臣「名分」。反清即是「造反」，「叛逆」為「綱常名教」的中國傳統所不容。在意識形態上唯一可以避免或觸犯這項「名教」罪名的，就是抬出「復明」的旗幟，與清廷站在同等的地位以抗清。事實上，清朝奪得明朝江山，也是「乘我（明朝）蒙難，棄好崇仇，規此幅員。」也有「為德不卒」，「義始而利終」的瑕疵，史可法即以此意識形態以抗清㊸。南明三王相繼立國，在與清廷力戰後而相繼敗亡，更以此「忠」「義」相號召，甚至李定國在困死邊塞時，仍能有「寧死荒徼，無降也」的「忠」、「義」之氣㊹。這些歷史事實均為吳三桂等親身歷經或目睹，「亡明」後又「復明」，固矛盾重重無法自圓其說，但也

㊶ 無名氏《四王合傳》（臺北：新興書局編印），頁四。
㊷ 《庭聞錄》，卷四，頁二八。
㊸ 蕭一山《清代通史》（臺北：商務印書館），上卷，頁三〇一。
㊹ 李文治《晚明流寇》（臺北：食貨出版社），頁三。

說明「復明」仍有利用或號召的價值。吳三桂等「復明」的「民族意識」為號召以抗清，除消除了「叛逆」的罪名外，也加強了內部同仇敵愾的力量，很快清除了「親清派」的反抗力量。使他能迅速的組織其軍隊，重新建制，部署兵力，以適應即將展開的軍事戰爭。其後耿精忠、鄭錦以實際行動在軍事與政治上呼應吳三桂，也助漲其聲勢。鄭錦在討伐清廷的檄文中，也強調「狡虜徒以詐力得天下」，以「復明」的民族意識相號召，更使吳三桂師出有名，加強其號召力。吳三桂在反抗清廷的軍事行動中實掌握了先發制人主動優勢，爭取有利時間，突破「滇、蜀」所在阻隘，不能前進「中原」的戰略劣勢。為了師出有名，號召遠近，特製作一篇以「復明」為號召的討伐清廷的檄文㊺。雖然吳三桂這篇討伐清廷檄文在內容上充滿了自相矛盾，巧飾偽裝之辭，隨處可見，且避重就輕，掩天下人耳目以欺天下人。對「永曆已竄蠻夷中，必擒而殺之」之事，㊻更是隻字不提。「民族意識在滿人入關三十年來雖已式微，但不可否認仍具有相當的號召力量。吳三桂就是以這篇「逆書」移檄遠近，「遂致逆書於平南、靖南二藩及黔、蜀、楚、秦官吏舊相識者，要約黨附，發兵反。」㊼

(四) 防禦圍堵，平叛安民

康熙皇帝在吳三桂等起兵反叛的一個月後，即十二年十二月二十一日，才獲知確實信息，立即召議政王大臣等會議，並在戰略部署上作出重大決定，以「荊州乃咽喉要地，關係最要。著前統領碩岱，帶每佐領前鋒一名，兼程前往，保守荊州，以固軍民之心，並進據常德，以遏賊勢。前往官兵，若沿途住歇秣馬，必至遲誤。著派戶部賢能司官，於每日宿處，齊備草豆應付。其陸續遣發大兵征剿之處，著議政大臣等速議具奏。」於是「議政大臣等議派八旗滿洲，蒙古每佐領前鋒各一名，護軍各七名，驍騎各十名，漢軍每佐領驍騎各五名，官員酌量兵數派出，從之。」

次日，更獲四川湖廣總督蔡毓榮詳細的疏報，知「賊兵遂逼鎮遠，漸入楚境。」康熙皇帝隨即作出決定糾正自己三藩同撤的錯誤政治措施，「停撤平南、靖南二藩，召梁清標、陳一炳還。」以孤立吳三桂，防其勢力進一步擴大，並在軍事戰略上採取阻遏與圍堵的部署。廣西與四川分別接壤貴州與雲南，在防禦或圍堵的戰略上占重要而有利的地位，「授孫延齡為撫蠻將軍，以線國安為都統，令統兵固守」廣西。「命西安將軍瓦爾喀」「率副都統一員，悉領騎士，選撥將領，星馳赴蜀。凡自滇入川險隘之地，俱行堅守。」「至西安等處，

㊺《華夷變態》，卷二（東京：東洋文庫編），頁五三到五四。鄭錦討伐清廷檄文載於三桂伐清檄文後。

㊻同㊷。

㊼《清史列傳》，卷八〇，頁五，逆臣傳。

朕當刻期遣發禁旅，前往駐防。」又「諭兵部：雲南提督桑峨調為湖廣提督，總統協鎮兵馬。鄂善暫留湖廣，與蔡毓榮商酌機宜，力圖剿禦，以固地方。」

康熙皇帝在得知吳三桂等反叛後的短短兩天時間內，迅速作出決定，召集議政王大臣等部署兵力，調兵遣將防禦圍堵並預為大兵進剿的準備。其反應之敏捷與從容，似已成竹在胸，沒有一點措手不及的慌亂。就在此緊急的時刻，京城捕獲「奸民楊起隆詐稱朱三太子，糾黨謀叛，約於京城內外放火舉事」的「賊黨數百人」，「楊起隆逃去，所獲賊黨俱下三法司勘問。」此事或許使康熙皇帝意識到吳三桂等反叛事件並不單純，處理不善，其反叛勢力則有擴大的可能，故於短短數日內，又在政治及軍事上作出重要決定，以預防反叛勢力蔓延與擴大。先諭吏部兵部，「其原係伊藩下文武官員人等，在直隸各省出仕及閑居者，恐因吳三桂反叛，心懷疑畏，致罹法網，有負朕撫育好生之意。伊等原係朕之官民，叛逆之事，與伊等並無干涉，雖有父子兄弟見在雲南，亦概不株連治罪。自今以後，各宜安心守職，無懷疑慮，爾部通行曉諭。」「至吳三桂子吳應熊見在京城」，「與外省官員不同，不便從寬」，「著暫行拘禁，事平，分別請旨定奪。」康熙皇帝在詣太皇太后宮請安後，下詔削吳三桂王爵，除特別強調吳三桂投誠，背恩叛逆的罪狀外，更是「塗炭生靈，理法難容，神人共憤」的罪魁禍首，但決不株連無辜。即令誤入歧途，只要能悔罪歸誠，也不復究治。誅賊有功，則論功行賞，並以此意諭知雲貴地方文武官員軍民人等。

在軍事上，康熙皇帝先「增給各出征兵丁銀二十兩」，以鼓舞士氣，繼則命將出征，加強統帥指揮與兵力，「命多羅順承郡王勒爾錦為寧南靖寇大將軍，總統諸將同往。」並於具有戰略地位的兗州與太原二地部署增援兵力，「發兵駐防，秣馬以待。」江南、江西、湖廣及陝西、四川所在有警，便即時調遣，並加強四川與荊州的兵力。最後申明軍紀，說明「遣發大兵，原為掃靖叛逆，以安百姓。凡兵丁廝役，於所在地方恐有恃強，掠民財物，折人廬舍，壞人器具，污人婦女，擾害生民及損壞運河閘板樁木。統兵主帥各宜體朕為民除叛用兵之意，申明紀律，嚴加鈐束。儻有違禁妄行，從重治罪。」[48]並向湖廣地區官兵人民等展現其「蕩平」「逆寇」的信心與決心，說明「遣發大兵，原以衛民，何必妄生驚恐！著該地方官廣行宣諭，俾各安生理，勿致流離，以副朕定亂安民之意。」而於武昌、安慶與常德等地則是派兵「豫為防守」。尤其是於「荊州」與「西安」等重要戰略之地，更是一再分別加強兵力[49]。

或許是因「陝西提督王輔臣」、「舉首反賊吳三桂所送逆札」之事的影響。或是受「原任廣東提督楊遇明，家於常德，遂為（其子偽總兵楊寶應）內應。」及「澧州城守官兵以城叛

---

[48]《聖祖仁皇帝實錄》，卷四四，頁一二到二〇，康熙十二年十二月丙辰二十一日，至癸亥二十八日。

[49]同上引書，卷四五，頁七到一四，康熙十三年正月庚辰十五日，至己丑二十四日。

應賊」，與「長沙副將黃將、參將陳武衡以城叛降賊」等事件的刺激。康熙皇帝又一次詔示「吳三桂反覆亂常，不忠不孝，不義不仁」的罪狀，並展現「各路大兵進剿，不日殲滅」「逆賊」的必勝心與決心。諭戶部兵部「遍諭百姓，各安生業，勿聽訛傳，以副朕保全元元之意。」事實上，此為康熙皇帝駁斥回應吳三桂討伐清廷檄文所謂「偽箚」、「逆札」而發，義正嚴辭，使「反覆亂常」的吳三桂無地自容[50]。

因吳三桂等在起兵之初，除在軍事上以「陰謀」爭取主動而造成軍事上節節勝利外，在政治上也主動而積極的廣為宣傳，號召與「煽惑」同時進行，造成先入為主的優勢。「湖南綠旗官兵，降賊者眾。」湖南在短短三個月內為吳三桂等所占領，是軍事上的勝利，也是政治上宣傳號召與「煽惑地方」的成功。吳三桂起兵後，即以「討清檄文」的「偽箚」「偽書」，「潛行煽惑」，首先響應的是貴州提督李本琛，「貴州巡撫曹申吉降賊」。黔西鎮總兵官王永清也「甘心從賊」，襄陽總兵楊來嘉在谷城起兵響應吳三桂，繼之，鄖陽副將也於康熙十三年三月十九日以所部兵叛[51]。

但當「逆賊吳三桂負恩反叛，殘虐滇黔，毒流蜀楚，散佈偽箚，煽惑人心」之際，兵部尚書王熙上疏「請誅逆子」吳應熊等人，謂此為「消除內變之根源，掃蕩逆賊之隱禍，洵今日第一要者也！」[52]二十餘日後，「奉使雲南禮部侍郎折爾肯、翰林院學士傅達禮還至武昌，攜有吳三桂奏章。」清朝官方文書不載此「奏章」內容，止云其「詞語乖戾，妄行乞請。」揆諸吳三桂起兵反叛之由，其內容應為「因索世子世孫於北，畫地講和」之請。康熙皇帝又一次以「堅定」「不妥協」的語氣與行動回絕「逆賊」的「乞請」。乃諭兵部、刑部除強調吳三桂「反覆」「背恩」「叛逆」之罪狀，更是「荼毒生靈，極惡窮凶，神人共憤。」「故將吳應熊及其子吳世霖處絞，其餘幼子俱免死入官。應坐人犯，分別正法。」㊸當吳三桂聽到「應熊伏誅」的消息時，正在飲酒，剎時「停杯」淚從眼中來說：「今日乃真騎虎矣！」㊹。

正當滇、黔、楚、蜀軍情緊急之時，「杭州將軍圖喇疏報：耿精忠據福建反，總督范承謨罵賊不屈，賊幽之。巡撫劉秉政降賊。」康熙皇帝處理耿精忠的反叛與處理吳三桂等之叛逆迥然不同，認為耿精忠的反叛是受「逆賊的誘惑」，「必係一時無知，墜入狡計，與吳三桂不同。」但「耿逆交通吳逆，結連鄭寇，沿海一帶，皆可揚帆直入內地。」故於軍事上先

㊿ 同上引書卷四六，頁三到一三，康熙十三年二月庚子初六日，至辛酉二十七日。

51 同上引書卷四六，頁二一，及卷四七，頁二，康熙十三年三月壬辰及四月丁酉，並參㊽。

52 李桓等編《國朝耆獻類徵初編》，卷四（臺北：文友書局印行），頁六，王熙傳。並參《庭聞錄》，卷五，頁四五。

53 《聖祖仁皇帝實錄》，卷四七，頁一及頁五，康熙十三年四月丙申及丁未。

54 《庭聞錄》，卷五，頁四五。

調兵遣將防禦固守，相機而行。「浙江及江寧京口諸處，俱已遣發大兵。崇明一邑，雖云孤懸海外，亦有重兵駐防。」[55]隨即諭江寧將軍、杭州將軍與總督、提督等率領滿漢官兵，相機進剿[56]。在政治上則公佈耿精忠「潛謀不軌」、「背恩」「反叛」的罪狀，削其王爵，並將被「脅迫」者與耿逆分開，寬宥其所屬之人，「不株連」，「有功」則「論功敘錄」以分化其勢力並防範其反叛勢力之擴大與蔓延[57]。其後康熙皇帝在處理廣西孫延齡反叛時所採取的策略與方法即與此大略相同[58]。

最令人心震動、惶惑的事則為康熙十三年十二月初四日，「提督王輔臣兵叛於寧羌州，劫經略營。」使「逆賊」等勢力達於極盛。如王輔臣控制西北，逼近北京，對京師的安全構成巨大威脅，也使「逆賊」等「反叛」勢力造成東西南北相互聲援夾擊的優勢，對清廷而言實相當不利。故康熙皇帝於得知王輔臣反叛的消息後，「殊為駭異」，準備「親至荊州，相機調遣。」後雖在群臣勸阻下「暫停親征」，但在軍事上則「速發大兵，前赴西安，保固秦省。」並令將率兵躡其後「相機剿定」。

在政治上則與歷次對於反叛勢力所採取的措施迥然不同，先諭陝西總督哈占「俱善存撫，勿遽加害」王輔臣等「妻孥」，繼則令哈占「招撫」王輔臣等，在康熙皇帝「招撫」王輔臣等的敕諭中為王輔臣「弒上」、「反叛」脫罪，將經略莫洛之死歸之於「莫洛於爾，心懷私隙，頗有猜嫌。」「皆由莫洛控馭失宜，軍心不服所致。」甚至將一切責任歸於自己，

「咎在朕躬」，「知人未明」，「俾爾變遭意外，忠藎莫伸。」[59]對其地軍民人等，也完全主「招撫」，凡有割辮去纓者，一概赦免不究。官俱照舊供職，兵丁各歸原伍，百姓各安生理」[60]。

王輔臣等「反叛」、「震動」「惶惑」人心的大事，在康熙皇帝沈著，「居中運籌」，「指授內外臣工」政治上主「招撫」，軍事上主「剿禦」之雙管齊下，於十五年五月，「撫遠大將軍圖海大破賊於平涼城北。輔臣窮蹙乞降，上宥其罪。」[61]京師後顧之憂解除，康熙皇帝下一主要軍事行動，就是平定「賊渠」吳三桂等「反叛」勢力了。

---

55 《聖祖仁皇帝實錄》，卷四六，頁一九，卷四七，頁九、一八：卷四八，頁一，康熙十三年三月庚辰，四月庚戌、己未，及六月甲午。

56 《平定三逆方略》，卷五，頁七。

57 《聖祖仁皇帝實錄》，卷四七，頁一五，康熙十三年四月辛酉。

58 同上引書，卷四七，頁七、二〇、二一，康熙十三年四月丁未，五月辛未、丁丑。

59 同上引書卷五一，頁七、八、九、一二、一九及卷五二，頁三、七，康熙十三年十二月庚子、乙巳、戊申、壬子，及康熙十四年正月壬戌、癸酉。

60 《平定三逆方略》，卷一三，頁五，康熙十四年二月壬寅。

61 《清史列傳》，卷八〇，頁一七，逆臣傳，王輔臣。

（五）兩軍相峙，主動變被動

自欽差折爾肯等攜「撤藩」詔至雲南，到康熙皇帝獲悉吳三桂等反叛的消息時。其間有整整三個多月的充裕時間使吳三桂安排人事，部署兵力。62兵貴神速，吳三桂等也能在這段時日趁清廷無備的情況下，出雲貴，進至湖北境內的松滋，與荊州駐防的少數滿洲八旗等軍隔江相望。此時清軍未集，江北人心不安，正是吳三桂掌握軍事上主動優勢渡江，揮軍北上「直擣黃龍」的有利時機。但吳三桂等屯兵松滋三個多月，坐失良機，使其在軍事戰略上主動的優勢，漸漸淪為被動的劣勢，註定其將來失敗的命運。吳三桂的謀士劉玄初當三桂「駐松滋，三月不進」時，曾上啟勸吳三桂曰：「愚計此時直擣黃龍而痛飲矣！乃阻兵不進，河上逍遙，坐失機宜，以待四方之兵集，愚不知其為何說也？意者謂王特送諸大臣入朝為王請乎？諸大臣辱國之臣，救死不暇，烏能為王請也？若曰待世子歸乎？愚以為朝廷寧失四海，決不令世子反國也！夫弱者與強者鬥，弱者利於乘捷，而強者利於角力。富者與貧者訟，貧者樂於速結，而富者樂於持久。今雲南一隅之地，不足當東南一郡，而吳越之財貨，山陝之武勇，皆雲翔蝟集於荊襄之間。乃案兵不舉，思與久持，是何異弱者與強者角力，而貧者與富者競財也？噫！惟望天早生聖人以靖中華耳」63。

除了劉玄初的「渡河、渡江，全師北向」的戰略外，尚有「下九江，扼長淮，以絕南北運道。」及「據關中巴蜀，塞殽函以自固」等戰略。❻❹「三桂皆拒弗從」❻❺。但就整體戰略形勢而言，吳三桂等「反叛」利在速戰急攻，利用清廷無備，兵力未集之時，趁勝渡江，揮軍北上，直逼京師。借助清廷「震動」、「惶惑」及各地起兵抗清的有利形勢，而逼下京師，或有成功之望。「守」卻是致命的錯誤，因以東南一隅有限的人力與物力，決難與清廷整體抗衡！支持其持久的戰爭。而「攻」，揮軍北上直擣黃龍，也有相對的危險。在前有堅城，後有清廷各路勤王之師，如不能立克北京，則有進退失據全軍覆滅的危險。吳三桂是沙場老將，焉有不知以上戰略利弊得失之理？據說，吳三桂很迷信，關於渡江北伐的大事，曾求諸占卜。他進駐衡陽後，聽說衡州岳神廟裏有一只白色小龜，其大小如一枚銅錢。居此廟已有年頭了。當地人以為鬼神之使，奉為神靈，藏在廟中，按時敬祀，用以占卜人間吉凶禍福之事，三桂想將自己前程問卜此龜。他擇一吉日，前往廟中祀神。他把全國山川地圖鋪放在神座前，將小白龜置於地圖上，心內默默祝禱，看此龜究竟走向何方。只見此小白龜在地圖上蹣跚而行，始終不出長沙、常德、岳州之間，然後回轉至雲南而止。占卜了三次，都一

---

❻❷ 參❸❼、❹❽。

❻❸《清朝野史大觀》，卷五，頁三二，劉玄初。

❻❹《四王合傳》，頁五，吳三桂傳。

❻❺《明季稗史初編》，卷二六，頁四四九。

是樣結果，三桂暗暗吃驚，信以為真，不敢輕出湖南，亦不敢渡江北上[66]。事實上，吳三桂屯兵不進，也可能是為了營造和平氣氛等待清廷回覆其「因索世子世孫於北，畫地講和」之奏請。康熙皇帝先則削其王爵，繼則處死吳應熊父子，與他勢不兩立，堅決的回絕吳三桂的「妄行乞請。」[67]康熙皇帝這種不妥協、重理想的性格實超出吳三桂預估之外，也造成吳三桂起兵「反叛」後的戰略思想的錯誤，由主動的「反叛」進攻，變成「畫江講和」被動的「防守」，導致其個人無法避免的最後失敗。

或許是受「畫江講和」戰略思想的影響，吳三桂等於岳州的佈防也以防「守」為主。岳州是長江中下流的一個重要戰略據點。位長江南岸，隔江與荊州相望，三面環水，一面通陸地。洞庭湖水與長江相通，從長江可進入洞庭湖。岳州又位洞庭湖岸，為湖南門戶，是進入湖南的必經之地，也是南北東西水陸交通的樞紐。自吳三桂占領岳州後，即命其侄吳應麒率重兵駐守，利用岳州三面環水，一面通陸地的自然天險，在陸地「堅立營壘，掘壕塹，設鹿角挨牌。我軍騎兵，不能衝突。」[68]又「桂兵素所恃者，雲南戰象四、五十頭，逢戰排為前隊，我(清)軍戰馬，見輒戰慄。」均使善於騎射的滿洲部族騎兵無法施展其威力。在水上吳三桂則用「海上投誠」，「善於水戰」的福建人杜輝為總兵，「造飛船六隻，長十丈，闊二十尺，兩頭尖銳，安柁中分三層，上、中兩層左右各安砲位三十六，左右各置漿二十四，其行甚駛。」[69]又用「海上投誠」的林興珠為岳州洞庭湖水師總兵，守洞庭湖，「造海上鳥船，出入洪波大浪如平地，大小銃砲布列左右首尾，所當糜爛。扼守布袋口，吾（清）兵寸板不得入。」[70]吳三桂等既於岳州水陸部署如此強大的防禦戰力，復以清廷領兵諸王將領等耽延遲誤、畏懦不前，所造成的前後舛錯，忽略軍機，「坐失險要」[71]。故清軍一時之間實無力對岳州展開猛烈進攻而形成兩軍相峙的戰局。

在荊、岳對峙的數年間，清廷除積極的「倍製鳥船沙船」作為攻取岳州的準備外，[72]康熙皇帝另一有利征剿的措施則為「命治理曆法南懷仁製火砲」。「於是南懷仁多造木砲等火器，陸續解送軍前，以資征剿之用」[73]。火砲等攻擊利器陸續解送軍前，使康熙皇帝「防

---

[66] 《庭聞錄》，卷五，頁五一，並參[29]。

[67] 參[28]、[48]、[49]、[53]、[54]。

[68] 《平定三逆方略》，卷八，頁一五，康熙十三年八月己未，及《聖祖仁皇帝實錄》，卷五七，頁一〇，康熙十四年八月丁亥。

[69] 《平吳錄》，頁九、一〇。

[70] 《平滇始末》，頁七。

[71] 《聖祖仁皇帝實錄》，卷五五，頁一八，康熙十四年閏五月壬辰。

[72] 《聖祖仁皇帝實錄》，卷六七，頁一〇：卷六八，頁七：卷六九，頁一〇；卷七二，頁八、一六，康熙十五年六月壬子，七月丁酉，九月戊戌，及康熙十六年三月甲申、庚子。

[73] 《平定三逆方略》，卷八，頁二，康熙十三年八月壬寅。

禦、圍堵」守勢戰略，漸變為主動攻勢的「征剿」。而清軍發揮火砲威力獲致戰爭勝利的即為岳州之戰。「貝勒察尼、將軍尼雅翰等分部滿漢官兵，水陸齊發，進攻岳州。」「以砲擊賊，沉其船十餘艘。下部議敘」⓸。

(六) 剿撫兼施，疆宇蕩平

軍事上荊、岳對峙的局勢既已造成，政治上「既往不咎」的「招撫」效果卻漸漸顯現。在兩軍相峙的過程中，首先率其「偽文武官員出城」接受「招撫」的是三藩之一的耿精忠，當「奉命大將軍和碩康親王傑書帥師抵延平，偽將軍耿繼美以城降。耿精忠聞之大懼，隨遣精奇尼哈番劉蘊祥等赴延平，獻偽總統將軍印，續遣子耿顯祚來迎康親王師，抵福州府。上令侍讀學士尹泰齎免死敕諭前往。耿精忠於(康熙十五年)十月初四日，率偽文武官員出城迎降，獻所屬官兵冊籍。尋耿精忠請隨大兵立功贖罪，康親王以聞，上命耿精忠仍留靖南王爵，率伊所率官兵，隨大兵征剿海逆，圖功贖罪。其藩下官員及兩鎮標下武弁，仍留原任。兵丁照額設外，其餘願效力者，分隸提鎮各標，願歸農者，原籍安插。」⓹其次則為廣西孫延齡因清廷招撫而有歸順之意，被吳三桂懷疑，派人「擒戮」，「籍其家產，以所屬兵，付線國安統轄。得旨：馬雄屢請援師，因不即至，勢迫從賊。線國安為孫延齡逼叛，伊等皆受國厚恩，大將軍簡親王喇布等公同確議，遣人招撫。」[76]至「反叛」後的王輔臣早已「悔罪投誠」。

至三藩之一的尚可喜，因康熙皇帝於吳三桂等反叛後，令停撤平南、靖南二藩，所以廣東的尚可喜始終忠於清廷，堅守臣節，尚可喜也因功進爵親王。但由於襲爵問題，造成其子之信與之孝間兄弟的不和，也造成其後尚之信的「反叛」[77]。「尚之信陰與賊通，受吳三桂招討大將軍偽號」，於十五年二月二十一日，「守其父尚可喜第，倡兵作亂。鎮南將軍舒恕等引兵歸，副都統莽依圖自肇慶突圍出。總督金光祖、巡撫佟養鉅、陳洪明俱降賊。」至是年十二月初九日，「尚之信遣人齎密疏至揚威大將軍和碩簡親王喇布軍前乞降」，康熙皇帝「特降旨」，將其以往之罪，並其屬下官兵，「概行赦免。倘能相機剿賊，立功自效，仍加恩優敘。」[78]從尚之信之「反叛」到「歸正」朝廷，其間不到一年的時間，於此亦可窺見康熙皇帝招撫政策的成功。

---

[74] 《聖祖仁皇帝實錄》，卷四八，頁三七，康熙十三年七月丁亥。

[75] 同上引書卷六三，頁一六，康熙十五年十二月庚午，並參[55]、[56]、[57]。

[76] 同上引書，卷六四，頁一七，康熙十五年十二月己未及《清史列傳》，卷八〇，逆臣傳，孫延齡。

[77] 李治亭《吳三桂大傳》，頁五〇五，平南守節。

[78] 《聖祖仁皇帝實錄》，卷六〇，頁一四；卷六四，頁一五，康熙十五年二月庚申，十二月丁巳。

康熙皇帝政治上主招撫政策，甚至於十七年八月，吳三桂形容憔悴病死衡州後，更為積極而加強。在獲知吳三桂死訊的第二日，康熙皇帝「諭諸王、貝勒大將軍、督撫、提鎮」等重申廣示招徠之意，謂「元兇既服天誅，脅從宜施寬典。凡在賊中文武官員兵民人等，皆朕赤子，素受國家恩養，必非甘心從逆。或志存忠義，不能自拔。或勢被迫驅，陷身逆黨，朕甚愍焉！其各體好生之心，翻然悔悟，爭先來歸，朕心優加恩賚，論功敘錄。爾等即宣佈德意，廣示招徠。」其後又「遣吳三桂原屬人員前往招撫，山東按察使何毓秀等十員內擇數人，量加職銜，給以敕書，送大將軍安親王、簡親王、順承郡王、貝勒察尼、公圖海、將軍穆占、莽依圖軍前，或徑令彼等，親往招撫。或聽其遣人，先通音問，然後身往招徠。其公議發遣，倘有濟於事，仍量大小，從優議敘。」事實上，招撫的效果早已顯現。吳三桂死前，「逆賊韓大任、陳堯元、李樊珠等率偽官九百五十四員，兵一萬三千三百一十九名投誠。」[79]其後偽岳州水師總兵杜輝也因「投誠事洩」為吳應麒疑而殺之[80]。另一洞庭湖水師總兵「偽將軍林興珠，也赴大將軍安親王軍前投誠。」

岳州本來就是憑藉三面環水的天險及其優勢的水師防守，才使清軍難於攻取。杜輝之被殺。林興珠之投誠接受清廷的招撫，均使吳三桂等「固若金湯」的岳州防務，出現極大的缺口。尤其是林興珠投誠後兩次向安親王所獻攻取岳州的策略，正是岳州防務上的弱點與要害[81]。吳應麒等就是在「湖水漸涸，陸地漸出」後，在清軍「水陸圍困」，「糧絕」、「勢璧」下棄城遁走。岳州這個重要戰略據點既已恢復，逆賊等也「不能久立」長沙，棄城潛遁。其他湘陰、湘潭、松滋、枝江及澧州、常德與衡州，也在短短一個多月的時間內次第恢復[82]。清軍下一軍事行動就是征剿逆賊等所盤據的最後根據地雲貴地區了。

雲貴是吳三桂等人盤據及經營二十餘年的根本重地，其勢力雖頻臨崩潰，但仍有相當實力不容忽視，而且雲貴地區地形複雜多山，溝谷縱橫，使善於騎射的滿洲及蒙古部族騎兵無法發揮其長技。故康熙皇帝對征剿雲貴非常重視，在政治上除繼續招撫「逆賊」等部眾外，對其核心人物王屏藩、胡國柱、馬寶、郭壯圖、夏國相及吳應麒等人則個別以諭旨招撫，強調「背恩反叛之罪在三桂」，其他都是「附和」之人，只要「悔罪歸誠」，朝廷照樣赦免，與人一樣「論功敘錄」，「至爾等標下將士，如同心歸順，亦概從寬宥，酌量加恩。」在軍事上則調兵遣將重新部署兵力，將安親王岳樂、順承郡王勒爾錦、康親王傑書、貝勒察尼等

---

[79] 同上同書卷七一，頁二五；卷七六，頁一六；卷七八，頁六，康熙十七年二月乙丑，八月丙申，十一月辛亥。

[80] 《平吳錄》，頁一〇。並參《聖祖仁皇帝實錄》，卷七九，頁二二，康熙十八年二月癸未。

[81] 《聖祖仁皇帝實錄》，卷七三，頁一四；卷七七，頁四，康熙十七年五月庚子，九月己酉。

[82] 同上引書，卷七八，頁一〇；卷七九，頁七、一一，康熙十七年十一月庚申，及十八年正月己未及戊辰。

調回北京，這些領兵不力的諸王貝勒及其有關將領等都受到嚴厲處分[83]。為了順利進兵雲貴，剿平叛逆，康熙皇帝決定重新任命大軍統帥，分三路由湖南、廣西及四川進兵，至二十年九月，三路大軍會師於昆明，徹底切斷昆明與外界的水運通道，城內糧絕，人相食[84]。至十月二十九日，清軍攻入昆明城，「偽官弁一千五百八十餘員，兵五千一百三十餘名，俱投誠。雲南平。」結束了長達八年的平叛戰爭[85]。

(七)結語

撤藩引起吳三桂等人的「激變」與反抗，而其政治號召則為「反清復明」，故參與及嚮應其「激變」號召的，大部分是明朝降清的武將與漢人，也表示滿洲部族入關以來三十餘年的統治不能獲得全部漢人的認同。年輕的康熙皇帝不自知其處境而急切撤藩，使這股不滿滿人統治的潛在勢力被吳三桂等人渲染利用，竟造成長達八年的戰爭，使人民的生命財產遭受巨大的犧牲與損失，實為不貲。但其時亦有人認為吳三桂「反反覆覆」，難於有成。徽州名儒謝四新送給吳三桂的詩亦可代表部分漢人心理。吳三桂起事後，曾「遣使潛至徽州，聘謝四新，四新辭不赴，答一詩曰：李陵心事久風塵，三十年來詎臥薪。復楚未能先覆楚，帝秦何必又亡秦？丹心早為紅顏改，青史難寬白髮人。永夜角聲應不寐，那堪思子又思親！」[86]

甚至連始終忠於明朝的顧炎武與王夫之等學者也拒絕承認吳三桂等人的「反清復明」！[87]

吳三桂等人的「反清復明」，實使其一時之間「暫時」避開「叛逆」的罪名，並提升其政治地位，而與清廷站在對等的地位以爭天下。但康熙皇帝卻在討伐吳三桂等「逆賊」所有詔諭中，針對吳三桂等的「反清復明」，特別指明其「背恩」、「反叛」的種種「叛逆」，強調儒家思想的綱常名教。曾「諭綠旗諸將等，以從古漢人叛亂，止用漢兵剿平，豈有滿兵助戰」之理！而漢人及漢軍旗將領等也在儒家思想薰陶與影響下，「故一時張勇、趙良棟、王進寶、孫思克奮于陝；蔡毓榮、徐治都、萬正色奮於楚；楊捷、施琅、姚啟聖、吳興祚奮於閩；李之芳之奮於浙；傅宏烈奮於粵。群策群力，敵愾同仇」，共同剿平「叛逆」[88]。就是被耿精忠所囚，罵賊不屈，最後英勇就義的漢軍旗人福建總督范承謨所表現的忠孝，正是遼陽范氏家族儒家思想教育下的傳統。范承謨在其詩文中曾說：「既委身事主，父母之身，

---

[83] 《平定三逆方略》，卷四七，頁一六；卷五五，頁一，康熙十八年十月壬午，及十九年十一月辛酉。

[84] 《清史稿校註》，十一冊，頁八四三九，趙良棟傳，並參《聖武記》，卷二，頁一三。

[85] 《聖祖仁皇帝實錄》，卷九八，頁一六，康熙二十年十一月癸亥。

[86] 《平吳錄》，頁七。

[87] 魏斐德《洪業——清朝開國史》（江蘇人民出版社，一九九二年），頁一〇〇七。

[88] 《聖武記》，卷二，頁一三。

即君之身。古云：君憂臣辱，君辱臣死。」及其詩中所流露的「冀全忠孝」之情，與其殉難時所表現的忠與孝[89]，正是康熙皇帝與大清帝國朝廷所表彰的。李漁甚至稱譽范承謨是清朝無與倫比的忠臣，足以媲美宋朝偉大愛國英雄文天祥[90]。

當然，戰略部署之周延，也是平叛戰爭最後勝利的重要原因之一。當康熙皇帝獲悉吳三桂等起兵「反叛」後，即採取防禦與圍堵的大戰略，在幾個重要戰略據點部署兵力，使其相互應援，防禦叛亂勢力範圍擴大，更為日後圍堵征剿「叛逆」預留餘力。「故中原腹地，皆屯重兵以備應援。楚急則調安慶兵赴楚，河南兵移安慶，又調兵屯河南以繼之。蜀警則調西安兵援蜀，而太原兵移西安，又調兵屯太原以繼之。閩警則調江寧、江西兵赴閩浙，調兗州兵赴江寧，又調兵屯兗州以繼之，使賊渠不得出湖南一步」[91]。

而政治上的招撫措施更為重要，除可分化或孤立「逆賊」勢力外，又可藉「逆賊」勢力瓦解其勢力，化解了許多平叛戰爭中的阻力。康熙皇帝曾「宣諭從逆官員兵士」。「有能自悔前罪，或獻城池，或率兵卒，或斬殺逆賊頭目獻其首級來投者，俱行免罪，給以原官仍論功議敘。若愚頑武弁，執迷不悟，助惡不悛，其部下之士，有心懷忠義，或擒斬逆渠，或約獻城池，或率領黨類來投，俱從優議敘，授官給賞，爾部通行曉諭。」[92]。

當吳三桂等起兵反叛後，主張撤藩的戶部尚書米思翰言：「軍需內外協濟，足支十年，可無他慮。」[93]復以「各邊雖亂，而江淮晏然，得以轉輸財賦，佐軍興之急。而賊惟以一隅敵天下，餉匱財竭，重斂勞怨，遂臻瓦解。」94鎮守岳州的賊將吳應麒也是在「糧絕」、「勢蹙」下「棄城遁走」。事實上，「岳州自吳應麒出守，方獻廷為積三年糧，防不虞，平時不許妄動。後荊岳彼此不相攻戰，商賈頗相往來。甚至各設關抽稅以佐軍需。伊時荊州米一兩一石、湖南止三錢、荊州鹽一錢一包、湖南至三錢。兩邊議定鹽五包易米一石。應麒喜，以為三錢之米，易一兩五錢之鹽，以為奇利，傾倉倒換。」95岳州的「糧絕」與此兩邊奇利貿易顯然有相當關係。

中央集權皇權專制的指揮系統更有助於平叛戰爭的順利進行，而驛遞制度之建立更使統帥指揮系統發揮最高效率。「岳州雖距京四千里，朕朝夕聞之。」甚至對遠在江西的軍事統帥「宗室懿親」喇布等「不乃心國家，惟坐守省會，日事騎射，不思經理軍務，恢復疆土，

---

89 范承謨《范忠貞公集》（康熙年間刊本），卷五，頁一九；及卷六，頁一一。

90 魏斐德：《洪業——清朝開國史》，頁一〇一四。

91 《聖武記》，卷二，頁一四。

92 《平定三逆方略》，卷五，頁一三，康熙十三年四月甲寅。

93 《清代滿漢名臣傳》，卷一三（黑龍江人民出版社，一九九一年），頁三五〇。

94 《聖武記》，卷二，頁一四。

95 《平滇始末》，頁七，並參81、82。

諉避偷安」之事，康熙皇帝也都知之其悉[96]。「每日軍報三、四百疏，手批口諭，發蹤指示，洞的中竅。遵命者罔不催敵，違機者罔不鈍衄，用能指麾臂使於數千里之外，健行默運於八載一日之餘。」[97]故「凡恢復城池，剿禦賊寇，盡出自皇上廟算，籌劃周詳。」[98]這種統一而有效率的統帥指揮系統是吳三桂等「叛逆」黨內無法比擬的。

清廷在八年平叛戰爭中最大的收穫與成就，除確定中央集權皇權專制的政體外，最重要的則為年輕的康熙皇帝的成長、成熟與沈穩。吳三桂等人敢於起兵「反叛」，就是欺康熙皇帝年輕無知，復以「一時開國宿將已盡」，而宗室領兵諸王皆非三桂敵。但康熙皇帝確能接受挑戰，剿平叛亂，真是「殷憂啟聖」。康熙二十年十二月「九卿等以大憝既除，寰宇底定，奏請上康熙皇帝「尊號」，即基於此[99]。

---

[96] 《平定三逆方略》，卷二五，頁二，康熙十五年七月甲申。

[97] 《聖武記》，卷二，頁一四。

[98] 《聖祖仁皇帝實錄》，卷九九，頁九，康熙二十年十二月癸巳。

[99] 同[97]、[98]。

第六章 招撫臺灣，開放海禁

(一) 前言

清朝繼承明朝農業文化的傳統以遷界與海禁政策防阻海上勢力的侵擾，議將沿海五省居民遷入內地，並禁船隻下海。對鄭芝龍等海上勢力則徘徊於撫剿之間，但鄭成功則始終抗清。成功子鄭經也以請如朝鮮例與清廷使臣數度談判，拒絕清廷薙髮的招撫。福建水師提督則力主渡海進剿臺灣，康熙皇帝則從整體考量，將施琅調回京師，授內大臣，繼續對臺灣招撫，並放寬其招撫臺灣的條件。

吳三桂等起兵激變後，清、鄭關係新增變數，但康熙皇帝對鄭經等勢力仍採取招撫政策。此一招撫鄭經屬下官兵的任務，確為福建總督姚啟聖所貫徹完成。惟姚啟聖的招撫條件仍不能為鄭經等主要將領所接受，於是撫的破局而主剿。而鄭經之死亦為康熙皇帝由撫轉剿的原因之一。

水師提督施琅至廈門任所，即請求授與專征之權，並建議再展師期，準備夏至乘南風進擊，而與總督姚啟聖發生爭執，康熙皇帝則極為慎重，最後授與施琅專征之權。而姚啟聖則繼續差人至臺灣招撫，但招撫談判所議不合，於是由施琅主剿專征，而造成澎湖大捷。

澎湖大捷後，康熙皇帝與施琅都主張招撫臺灣。而劉國軒大敗之餘，眾志瓦解，最後鄭克塽等走途無路只有遵制薙髮就撫。

本文即從傳統農業文化與海洋發展的角度切入，盡量避免意識形態的爭論，探討清朝招撫或平定臺灣的歷史事實真象，及其實行與開放海禁等政策的時代背景與意義。

(二) 剿撫兼施，以撫為主

清朝的制度大體承襲明朝，而其國家的政策也受中華傳統農業文化的影響。如明太祖朱元璋在其《皇明祖訓》中即特別告誡子孫要「遵循大陸政策」、「不向海洋發展。」因「中國是農業國，工商業不發達，不需要海外市場，版圖大，用不著殖民地；人口多，更不缺少勞動力。向海外諸國侵掠，「得其地不足以供給，得其民不足以使令」，從經濟的觀點看，是沒有什麼好處的；從利害的觀點看，「越發划不來」。❶滿洲部族在關外即重視與發展農業，有其農業文化的傳統。早在萬曆廿四年間，太祖建都於二道子河舊老城時，就已是「無野不耕，至於山上，亦多開墾」。❷故滿洲部族入關統治中國後，也遵循中華傳統農業文化的「大陸政策」。復以滿洲部族著重騎射，水師不足，凡遇海上勢力的侵擾，也與明朝一樣採取消極的遷海與海禁政策。順治年間，江寧巡撫朱國治，即以「賊眾熟識海險，我師弓馬馳騁」、「素習不同」、「攻取器用不同」，而主張「以守寓戰」對抗海上勢力的侵擾。福建總督李率泰更因「海氛未靖」，疏請「應遷同安之排頭，海澄方田沿海居民入十八堡及海澄內地，酌量安插。」而獲戶部議覆「從之」。❸海澄公黃梧也因「金、廈兩島彈丸之區，得延至今日而抗拒者，實由沿海人民走險，糧餉、油、鐵、桅船之物，靡不接濟。」而密陳滅賊五策，其重點即在遷界與海禁，議將「山東、江、浙、閩、粵沿海居民盡徙入內地，設立邊界，布置防守，則不攻自滅也。將沿海船隻悉行燒毀，寸板不許下水，凡溪河豎椿柵。貨物不許越界，時刻瞭望，違者死無赦。如此半載，海賊船隻無可修葺，自然朽爛，賊眾許多，糧草不繼，自然瓦解。此所謂不用戰而坐看其死也。」朝廷採納其議，「遣兵部尚書蘇納海來閩勘遷。」

---

❶ 吳晗著《朱元璋大傳》（遠流出版事業股份公司，臺北，民國八十年四月。）頁二一〇。

❷ 劉家駒著《清朝初期的八旗圈地》（文史哲出版社，臺北，民國五十三年初版。）頁一—三六，第一章，入關前的旗地發展過程。

❸ 《世祖章皇帝實錄》（華文書局發行，臺北。）卷一四〇，頁二、頁六，順治十七年九月戊午及癸亥。

誠如湖廣道御史李之芳疏言遷界與海禁是「棄疆土以避賊」、「遷民避賊」、「以民與敵」、「是賊未必能殲滅，未必能盡降；而國家先棄五省之地土，人民。」是「所謂」的八「不可」，「不為深謀遠慮」的措施。事實上，遷界與海禁「半載」，並未達到「不用戰而坐看其死」的預期目的。❹當然更不可能以此傳統農業社會的方法來解決臺灣鄭成功「強大」的海上「武力」。

清朝受明朝政策的影響，對鄭氏的海上勢力也徘徊於「撫」、「勦」之間。當鄭芝龍屢敗征勦的明軍後，終於在崇禎元年（一六二八）九月，接受明朝招撫，「接受中國官方的官爵」，「並奉命攻擊其他海盜」的勢力。❺其後清兵入關，鄭芝龍又接受洪承疇的招撫，投降清朝，鄭成功則「斷然拒命」。從隆武元年至永曆十四年，即清治三年至十七年的十五年間（一六四六—一六六〇），「是鄭成功經略閩、粵、江、浙沿海各省，聯合西南地區的明軍，為光復大陸而努力的時期。」「清廷屢次遣使議和，他父親鄭芝龍亦來書勸降，他的弟弟鄭渡亦涕泣跪懇，均不為所動。」「蓋自以為代表明朝，而與清為對等之國也。」「議和二字，在清廷則謂之招撫，其視鄭氏受撫曰歸順。」但他認為「清朝待投誠之人，猜忌多端，有始無終，天下誰不共曉？先以禮貌相待，後以魚肉相視，繼之「挾」一字。」他曾決絕的回覆來招撫的詔使說：「大抵清朝外以禮貌待吾父，內實以奇貨視吾父。今此番之敕書，與詔使之動舉，明明欲借父以挾子，一挾則無所不挾。而兒豈可挾之人哉？且吾父往見貝勒之時，已入彀中，其得全至今者亦大幸也。萬一吾父不幸，天也！命也！兒縞素復仇，以結忠孝之局耳。」❼其後清廷因招撫鄭成功不成，且發現鄭芝龍與成功「書信來往」，「將為不軌」，遂殺芝龍並其子弟十一人，鄭成功在臺灣聞「凶訃」，頓足哭踊，望北慟哭曰：「吾父果聽兒言，何有今日？」即「令文武官「掛孝」、「縞素復仇」抗清。

康熙元年（一六六二年）元五月，鄭成功病逝臺灣。時人心皇皇，諸將舉其弟鄭襲「護理」，「以安眾心」。世子鄭經「接訃音」，就「廈門嗣位」，稱「世藩」。「叔侄爭權」，「金廈、臺灣業成水火」，諸將不和相互猜疑。清福建總督李率泰，靖南王耿繼茂乘機遣效用總兵林忠等前往廈門，貽書招撫。鄭經與諸將等密商曰：「順之，有負先王宿志，逆之，則指日加兵。內外受困，豈不危哉？不如暫借招撫為由，苟延歲月。俟余整旅東平，再作區處。」乃採取「陽和陰違，俟靖內患，再作籌畫」的策略，陰令鄭泰、洪旭等與清朝談判，繳明朝敕印，「並造投誠各官兵、船隻、器械、人民戶口文冊」，以換取清朝信任。

---

❹ 江日昇著《臺灣外記》（《臺灣歷史文獻叢刊》，臺灣省文獻委員會印行。）卷六，頁二〇一－二〇三。

❺ 方豪著《臺灣早期史綱》（臺灣學生書局，臺北，民國八十三年）頁一七三－一七五。

❻ 郭廷以著《臺灣史事概論》（正中書局，臺北，民國四十三年。）頁三五－三六。

❼ 楊英著《從征實錄》（《臺灣歷史文獻叢刊》，臺灣省文獻委員會印行。）頁六七－頁一〇七，頁一〇九。

鄭經等則乘「招撫之暇」解決內部問題。❽次年五月，鄭襲「為經所殺」，臺灣內爭問題暫時平息。鄭經「請如琉球、朝鮮例，不登岸，不薙髮易衣冠。」❾與清廷所提「遵制剃髮」「招降」等條件不合，「招撫不成」。康熙二年十月，清軍攻下廈門、金門，鄭經等退守銅山，「耿繼茂、李率泰差官至銅山，宣朝廷德意、招撫」。「經仍執高麗事例；若欲削髮登岸，雖死不允。」

鄭經等雖然拒絕「招撫」，但清廷「招撫」或「招降」的政策確持續進行。康熙二年六月，經用計殺駐守金門之鄭泰，並抄其家，迫使泰弟鳴駿率泰子永勝伯緒昌及「文武大小共四百餘員、船三百餘號，眾萬人入泉州港投誠。」十月，「高崎守將陳昇投誠」，使清軍順利進佔廈門、金門，迫使鄭經等退守銅山。清廷的招撫政策對銅山的鄭軍亦產生巨大影響，時「人心不一」，「各鎮紛紛離叛，日報無寧晷。」❿據管理福建安輯投誠事戶部郎中賁岱奏報：「自康熙元年至三年止，合計設誠文武官三千九百八十五員，食糧兵四萬九百六十二名，歸農官弁兵民六萬四千二百三十名，眷屬人役六萬三千餘名口，大小船九百餘隻。」⓫

清廷為了顯現其招撫政策，對投誠官兵更是給與適當的安置與任用。授鄭鳴駿遵義侯，鄭緒昌慕恩伯，同來的大小文武各官亦授職有差，封周全斌承恩伯，黃廷慕恩伯。⓬「授鄭逆投誠偽左都督朱英為左都督，偽都督僉事翁貴、金興、黃榮、劉進，偽總兵陳綺、朱忠、張朝紘並都督僉事，偽副將吳宏、劉雄，偽參將朱顯龍，偽遊擊劉揚等如其原銜，並給全俸，賞賚有差。」

康熙三年七月，清軍攻佔銅山，欲乘勝攻取臺灣，授福建提督水師總兵官施琅為靖海將軍，「以承恩伯周全斌，太子少師左都督楊富為副，以左都督林順、何義等為佐，統領水師，前往征剿。」[13]施琅，「福建晉江人，初為明總兵鄭芝龍部下左衝鋒。順治三年，師定福建，琅從芝龍降。從征廣東，勘定順德、東莞、三水、新寧諸縣。芝龍歸京師，其子成功竄踞海島，招琅，不從。成功執琅，並縶其家屬。琅以計得脫，父大宣，弟顯，及子侄皆為成功所殺。十三年，從定遠大將軍世子濟度擊敗成功於福州，授同安副將。十八年，成功據臺灣，就琅同安總兵。康熙元年，遷水師提督。」琅習海上事及鄭氏內部情形，始終主張以武力圍剿鄭氏，攻取臺灣[14]。

---

8 匪石撰《鄭成功傳》（《臺灣歷史文獻叢刊》，臺灣省文獻委員會印行。）頁一〇四，並參江日昇著《臺灣外記》卷五，頁二〇四—二〇七，頁二一一—二二一。

9 魏源著《聖武記》（中華書局珍仿宋版印，臺北）卷八，頁九，康熙勘定《臺灣記》。並參上註。

10 江日昇著《臺灣外記》卷六，二二九—二三〇。

11 《聖祖仁皇帝實錄》卷一二，頁二二。

12 江日昇著《臺灣外記》卷六，頁二二六，二三一—二三三。

13 《聖祖仁皇帝實錄》卷一七，頁一〇，卷一二，頁二六。

14 《清史稿校註》卷二百六十七，列傳四七，頁八五一五。

據《臺灣外記》的記載施琅、周全斌等於康熙三年十一月，四年三月及五月三次率投誠官兵向澎湖臺灣進攻，因遇颱風襲擊被迫返回。但事實上，這次進兵受挫除風災外，「人謀亦未允臧」亦為其失敗的原因之一。因「投誠官兵，眷口多在彼處，新附人心，參差不一。」「鳩烏合眾」何能成事！[15]至康熙六年，「有河南人總兵孔元章在京候補，陳情願往臺灣招撫立功。」「五月，元章至福建。航船過臺，傳宣朝廷德意招撫。經厚待元章，以「臺灣遠在海外，非中國版圖。王在日，亦只差「薙髮」二字。若照朝鮮例，則可。」[16]從鄭經復其舅董班舍書更可看出「照朝鮮例」的實質意義，他曰：「今日東寧（指臺灣），版圖之外另辟乾坤」、「倘清朝以海濱為虞，蒼生為念，能以外國之禮見待，互市通好，息兵安民，則甥亦不憚聽從，不然未有定說，恐徒費往返耳！」同一天，鄭經復孔元章書亦聲稱不剃髮：「自昔貴朝之和議屢矣！從先王以至不佞，只緣爭此（剃髮）二字，況今東寧遠在海外，非屬版圖之中，東連日本，南蹴呂宋，人民輻輳，商賈流通。王侯之貴固吾所自有，萬世之基已立於不拔。此貴介所目睹者。不佞亦何慕於爵號，何貪於疆土，而為此削髮之舉哉？」

清廷嚴厲拒絕鄭經的要求，孔元章於八月廿六日至十月廿五日再次赴臺談判，雙方各執己見，仍未達成任何協議。[17]福建水師提督施琅對鄭經的回應深為不滿，他於是年十一月廿四日，「為邊患宜靖，逆賊難容」，上疏「陳蕩平機宜」，「乘便進取，以杜後患。」並就招兵籌餉，製器造船與訓練指揮及攻戰機宜等重大問題提出看法與主張，謂「賊一日未滅，臣一日未安」，「如臺灣一平，防兵亦可裁減」，「歲賦可增，民生得寧，邊疆永安；誠一時之勞，萬世之逸也。」康熙皇帝於翌年正月，殊批諭曰：「渡海進剿臺灣逆賊，關係重大，不便遙定，著提督施琅作速來京，面行奏明所見，以便定奪。」

施琅於進京陛見前，四月再上「盡陳所見疏」，「將臺灣剿撫可平機宜，為我皇上陳之。」但「臺灣剿撫之說，紛紛數歲未決也。」⑱實因清、鄭對峙以來，清廷的遷界與海禁政策嚴重影響東南沿海五省的經濟發展，沿海居民更是生活困苦。自鄭經東渡臺灣後，東南沿海諸省幾無大規模的戰爭，人民要求「展其疆界」，裁減沿海防軍，以甦民困。早在康熙五年正月，福建總督李率泰在其遺疏中說：「閩海餘氛，遠竄臺灣，奉旨撤兵，與民休息，洵為至計。」「惟是時將眾兵繁，若撤之太驟，不無驚惶，太遲又恐遺患。」「而數年以來，海禁甚嚴，遷移之民，盡失故業，宜略寬界限，俾獲耕漁，稍甦殘喘。」⑲而廣東巡撫王

⑮ 施琅著《靖海紀事》（《臺灣歷史文獻叢刊》臺灣省文獻委員會印行。）上卷，頁三，《邊患宜靖疏》。
⑯ 江日昇著《臺灣外記》卷六，頁二三九。
⑰ 孟昭信著《康熙大帝全傳》（吉林文史出版社出版，吉林，一九八八）頁一三七。
⑱ 施琅著《靖海紀事》上卷，頁一—頁八。
⑲ 《聖祖仁皇帝實錄》卷一八，頁六。

來任更於此時在其遺疏中也請求裁兵與展界，「是時四海無事，天子厭兵。閱王來任遺疏及李之芳諫「忽遷移」疏，上惻然！深知邊疆遷斥流亡之慘。」也許是這些原因，康熙皇帝乃將施琅「盡陳所見疏」「留中」，不再提進剿臺灣事。施琅「進京陛見，授琅內大臣，裁水師提督缺，悉焚諸戰船。設總兵一員鎮守海澄，以馬化騏任之。次第催撥各投誠官兵，分配外省開墾。」⑳並「嚴戍守界，不復以臺灣為意」㉑。

八年六月（一六六九），康熙皇帝親政通過「激變」剷除權臣鰲拜而集權後。㉒「命刑部尚書明珠，兵部侍郎蔡毓榮入閩，與靖藩耿繼茂，總督祖澤沛議撫，齊集泉州府」。旋派興化府知府慕天顏加卿銜同都督僉事季佺齎詔書及明珠信件，往臺灣招撫鄭經。天顏於七月初六日抵臺灣，經命協理刑官柯平，協理禮官葉亨延接，「雖禮待二使，而不肯接詔」，並表示：「苟能照朝鮮事例，不削髮，稱臣納貢，尊事大之意，則可矣！」「住旬日，各執意見，議未定」。鄭經乃命柯平葉亨隨慕天顏往泉州，繼續談判。㉓康熙皇帝獲悉鄭經的反應與態度後，於八月敕諭明珠等曰：「若鄭經留戀臺灣，不忍拋棄，亦可任從其便。至於比朝鮮，不剃髮，願進貢投誠之說，不便允從。朝鮮係從來所有之外國，鄭經乃中國之人，若因居住臺灣不行剃髮，則歸順悃誠以何為據？今命內弘文院學士多諾前往，爾等會同靖南王耿繼茂及總督巡撫提督等，傳諭鄭經來使，再差官同往彼地宣示，果遵制剃髮歸順，高爵厚祿朕不惜封賞，即臺灣之地亦從彼意，允其居住。」㉔

慕天顏、季佺等奉命再往臺灣，勸鄭經遵制剃髮，明珠等更在復鄭經的信中指出：「閣下為中國之人，不宜引朝鮮之例。」「夫稱臣納貢，既已遵國制，定君臣之義，譬猶父子。從無父子而異其衣冠，豈可君臣別其章服？此剃髮一事，所當一意仰從，無容猶豫者也！況守臺灣，今恭蒙皇上不吝曲從閣下之孝，而尊一王之典制，閣下何不隨臣子之分？忠孝兩全，在此一舉。」慕天顏也當面勸說鄭經曰：「今既欣然稱臣，又欲別其衣冠制度，此古來所未曾有。」但鄭經確堅持曰：「朝鮮豈非箕子後乎？士各有志，苟能如朝鮮例，則敢從議。若欲削髮，至死不易。」鄭經也在復明珠的信中更明白指出：「然衣冠吾所自有，爵祿亦吾所自有，而「重爵厚祿，永世襲封」之語，其可以動海外孤臣之心哉？」明珠等知經恃波濤之險，未可招撫，遂同蔡毓榮進京復命。㉕清廷與臺灣鄭經間的數次招撫談判，均因彼此所提條件不合，談判無法達成而破裂。

---

⑳ 江日昇著《臺灣外記》卷六，頁二四六—二五〇。

㉑ 邵廷采撰《東南紀事》（《臺灣歷史文獻叢刊》，臺灣省文獻委員會印行。）卷一二，頁一四七，鄭成功（下），按此書鄭經均作鄭錦，與《清實錄》同。

㉒ 參第四章：集權與激變，頁一一一—一五八。

㉓ 江日昇著《臺灣外記》卷六，頁二五一—二五五。

㉔ 《明清史料》（國立中央研究院歷史語言研究所出版，臺北）丁編，第三本，頁二七二。

㉕ 江日昇著《臺灣外記》卷六，頁二五五—二五七。

（三）撫的破局，由撫主剿

康熙十二年，撤藩引起吳三桂等人的起兵與激變後，㉖清、鄭之間關係更增新的變數。鄭經也「欲揚先人之名，雪家門之恨」，與吳三桂等相呼應，乘機率軍侵入自己所熟悉的閩南屬耿精忠等藩封之區，故清、鄭並無正面而直接的衝突。但鄭經也未遵吳三桂的指令，「速整貔貅，大引舟師，徑取金陵（南京），或抵天津，斷其糧道，絕其咽喉。」㉗更未採納耿精忠水陸配合的建議，「王將水，吾將陸，」攻取江、浙等省。㉘康熙皇帝則一本遠交近攻，分化離間的策略，除派兵鎮壓耿氏勢力外，對鄭經則採取一貫的招撫政策。當福建總督郎廷佐疏言「耿逆「勾連海寇（指鄭經）」，虛張聲勢」，「宜剿撫兼施，乘機底定，上諭郎廷佐入閩之日，海寇（指鄭經）宜用撫，耿精忠宜用剿，或用間，相機便宜以行」。當奉命大將軍和碩康親王傑書師師抵福建延平時，三藩之一的耿精忠首先接受清朝「招撫」，於康熙十五年十月，「率偽文武官員出城迎降，獻所屬官兵冊籍。尋耿精忠請隨大兵立功贖罪，康親王以聞，上命耿精忠仍留靖南王爵，率伊所率官兵，隨大兵征剿海逆（指鄭經），圖功贖罪。」㉙於是，鄭經等退守廈門沿海島嶼。

康熙十六年（一六七七）四月，「康親王以漳、泉既平，鄭經尚在廈門，船隻一時未得應付」，乃修書一封，「遣僉事道朱麟、莊慶祚往廈招撫。其書曰：「嘗聞大賢有言曰：

「順天者，存，逆天者，亡。」又曰：「識時務者為俊傑。」「我國家定鼎，風教所被，四海賓服。」適因吳、耿煽亂，貴將軍乘間竊據。獨不思尺土豈能與天下抗衡？而執迷絕島，非識天命之君子。特遣弁員，用布腹心。倘轉禍為福，歸順本朝，共享茅土之封，永奠山河之固，傳之子孫，豈不世世食報無疆哉？」經禮待朱、莊二使，答以「先王在日，屢承招撫，只差「剃髮」二字，若照高麗、朝鮮例，則可從議。」而在朱、莊二使帶回的鄭經復書中云：「倘天意厭亂，人心思漢，則此一戎一旅，亦可轉禍為福，何必裂冠毀冕，然後為識時務之俊傑哉？」親王以其言語狂謬，議竟不成。遂飭府縣取辦船料，以便進取。」

但取辦船料非一時可就，「奈白頭賊蔡寅詐稱朱三太子，煽東同安之十八堡、長泰、南靖等處，甚是猖獗，官兵屢為所劫。故以鄭經之狂悖，而寢其「造船」之議。康親王乃循例遣泉州知府張仲舉、興化知府卞永譽，各加卿銜，會同泉州鄉紳、監生等入廈見鄭經，重申己酉（康熙八年）招撫臺灣，「照朝鮮事例，稱臣納貢。」「令其讓回各島，許為題請，以息兵安民。」鄭經方面則由馮錫範等提「欲安民必先息兵，息兵必先裕餉。果能照先藩之四

㉖ 參第五章：中史集權與吳三桂等的起兵激變，頁一六一——一九〇。
㉗ 江日昇著《臺灣外記》卷六，頁二六六。
㉘ 邵廷采撰《東南紀事》卷一二，頁一四七。
㉙ 《聖祖仁皇帝實錄》卷四九，頁四，康熙十三年八月丁酉。及卷六三，頁一六，並參㉒引拙著。

府裕餉，則各守島嶼而民自安矣！張、卞不敢作主，辭回復命。」康親王又正式致書鄭經，允許「如朝鮮故事」代為題請，「歲時通奉貢獻」，「通商貿易」，以全其「守明正朔」之忠義。但也勸鄭經等不要「大言誇詞」，「要地請餉」，否則「事窮勢蹙」，「人心一散」，「雖欲全師而歸，恐不可得」。鄭經得書，大會文武商議，以「先王在日，惟有兩島，尚欲督師進攻江南。況今加之臺灣，進戰退守，權可自操」。吳「公鴻見其偏執狂謬，即辭回復命。」㉚康親王傑書也未將招撫鄭錦的詳細情形奏報康熙皇帝，只云其「錢糧匱乏，假託支吾，語言無定」，「海賊無降意矣！得旨：鄭錦雖無降意，其附逆人民，有革心向化者，大將軍康親王仍隨宜招撫。」㉛但此一招撫鄭經屬下官兵的任務，確為新任福建總督姚啟聖所貫徹完成。

姚啟聖，字熙止，浙江會稽人，後籍奉天鑲紅旗下。康熙二年，中舉，授香山知縣，以擅開海禁，罷任。三藩亂起，投康親王軍前效力，甚得器重，以功累升至福建布政使。康熙十七年春，鄭經遣其將劉國軒、吳淑等復犯泉漳，官軍屢敗。啟聖率軍援漳敗賊於壁鑪，後劉國軒等又乘勝圍泉州，進圍海澄，勢甚張。康熙皇帝以福建總督郎廷相提督段應舉等「事前不能預防，事後不能剿禦」，實「庸懦無才，職業不修所致」，「俱著解任」，調補「謀勇兼優」的江寧提督楊捷為福建全省水陸提督。其後據康親王推薦，擢福建布政使姚啟聖為福建總督，福建按察使吳興祚為福建巡撫，重新調整福建高級官員，加強其陣營。姚啟聖即

「善招撫，開修來館以納降，不惜金錢重賄，多行反間以攜其黨。賊無義輕叛服，啗以利即降。不終歲，將士降者二萬餘人。」公笑曰：「吾但以賊攻賊，賊亡無日矣！」㉜

事實上，姚啟聖接任總督之初，即受到嚴峻的考驗。賊將劉國軒等率軍於六月十日，攻破了圍困了八十三日的海澄。「署前鋒統領希佛陣亡，副都統穆赫林、提督段應舉俱自縊。」劉國軒乘勝攻下同安，「水陸齊進」「合攻泉州」。又遣其部將吳淑等連下南安、永春、德化、安溪等屬邑及長泰、漳平諸縣，清軍將領人心惶惶不安。惟有姚啟聖聞「軒提師往同安，復統水師攻泉州」時，乃喜曰：「賊計絀矣！」以漳之兵多而泉之兵少故也。舍近圖遠，棄瑕攻堅，豈能勝乎？迨至永春、德化、安溪、南安諸邑俱陷，啟聖愈喜曰：賊兵不過三萬，慮其聚而勢雄。今既得諸邑，必當分眾把守。眾分，則勢弱，勢弱，則破之易也。此兵法所謂「兵多貴分，兵少貴合」者。㉝其後情勢之演變與發展，正如姚啟聖所言，大家都佩服其遠見。在此基礎上，他上疏陳剿撫機宜，「天子是之，降璽書褒勞，盡以軍事，且

㉚ 江日昇著《臺灣外記》卷七，頁三二一—三三〇。

㉛ 《聖祖仁皇帝實錄》卷七一，頁五。

㉜ 李桓輯錄《國朝耆獻類徵初編》（文友書局印行，臺北）卷一五九，疆臣十一，姚啟聖，頁一五—四一。並參《聖祖仁皇帝實錄》卷七三，頁一八—二一。

㉝ 江日昇著《臺灣外記》卷八，頁三四一—三四四，並《聖祖仁皇帝實錄》卷七五，頁一—三。

謂閣部諸公曰：閩督今得人，賊且平矣！」[34]

為了落實招撫及團結閩人的政策，姚啟聖上任之初，「即廣張告示，以海逆蔓延，歷有年所，漳、泉何地何族，無與之為黨者？豈可以一人而株連無辜？亟行禁除，以後不許挾怨，指稱與海上鎮營族戚以及瓜葛陷害。又搜羅人材，凡技勇邁眾，并前從逆者，能棄邪歸正，悉委以參遊都守，任管內標統兵，或就地禦侮，或隨行征剿。推心置腹，不似郎廷相之懷疑閩人而不敢用焉！是以政令寬宏，百姓賴安。」以漳浦投誠人黃性震董理「修來館」，「招海上文武兵民。文官投誠，即以原銜題請，准照職推補。武官投誠，一面題請換劄，一面保題現任。兵民如果頭髮全長者，每人賞銀五十兩。如頭髮短者，每人賞銀廿兩。願入伍者，立撥在營，給予戰餉。願歸農者，立送回籍，飭府縣安插，不許豪強欺凌，宿怨報仇。」「以此，投誠者絡繹相繼。」「據福建總督姚啟聖疏報：自康熙十七年六月起至十一月止，先後招撫過投誠偽官一千二百卅七員，偽兵一萬一千六百卅九名。」[35]次年初，鄭軍五鎮大將廖琠、黃靖、賴祖、金福、廖興及副總兵何遜等各帶所部官兵來歸，共文武官三百七十四員，士兵一萬二千一百廿四名。

鄭軍方面雖有如此多的官兵投誠清軍，但劉國軒固守海澄「布置周密，一時不能即平」，康親王傑書採納中書蘇礦「欲申前議招撫，息兵安民」的見議，遣蘇礦胞侄蘇埕往廈門，與鄭經談判，埕致親王之命：「若貴藩以廬墓桑梓黎民塗炭為念，果能釋甲東歸，照依朝鮮事例，代為題請，永為世好，作屏藩重臣。」經曰：「當先王在日，亦只差「削髮」二字。今既親王能照朝鮮事例，不削髮，即當相從，息兵安民也。」錫範曰：「海澄實為廈門之戶，決不可棄。今既承親王之命，將海澄為往來公所。」垾曰：「欲照朝鮮事例，貴藩當退守臺灣。凡海島歸之朝廷，以澎湖為界，通商貿易。海澄乃版圖之內，豈可以為公所？此不但親王不敢題請，即垾亦不敢代為轉啟也。」錫範曰：「息兵安民，地方相守，豈有棄現成土地之理乎？當照先王所請，年納東西兩洋餉六萬兩。」垾曰：「既如此，又非垾所得自專。必當再請於親王，看王如何施行。」鄭經乃遣賓客司傅為霖為使隨蘇垾「由泉州入省」面謁康親王。「親王以地方重務，責任全在總督，未可輕為定議。令為霖順途抵漳見啟聖。」聖曰：「寸土屬王，誰敢將版圖封疆輕議作公所？」且以「此前」「之所謂」「無此廟算」而予以拒絕。

此次談判破裂後，「啟聖以平海非老宿諳練水務者不可，今黃芳世已死，水師提督缺現空懸，苟非其人而任之，難以奏膚功。因查歷任志切平海者，惟有施琅，現在京為內大臣。當此任，非琅不可。遂具疏題請，保琅為福建水師提督平海。」朝廷決策卻調「未經水戰，

---

34 全祖望撰《姚啟聖神道第二碑銘》（《國朝耆獻類徵初編》）卷一五九，頁三二。

35 《明清史料》丁編，第三本，頁二九〇，及江日昇著《臺灣外記》卷八，頁三三八，頁三五二。

海島不熟」的鎮江將軍王之鼎為福建水師提督[36]。

康熙十八年四月，陸湖廣岳州水師總兵官萬正色為福建水師提督，「統轄全閩水師營務。」在總督姚啟聖剿撫兼施的政策下，提督萬正色見時機成熟，不等待荷蘭舟師，遣將渡海，攻克海壇，繼攻取金、廈，鄭經與劉國軒等一同逃回臺灣。[37]「偽侯朱天貴率領二萬餘兵，並船三百餘隻」以銅山降清。[38]清軍此次能順利攻取海壇、金、廈諸島，與「湖廣有西洋砲廿具，委官遞送福建」軍前「用資剿禦」有關。康熙皇帝亦曾「諭議政王大臣等攻擊海賊營壘，宜用火砲，內造西洋砲甚利，且輕便易運。」但鄭錦等逃回臺灣後，清廷的剿撫情勢即有所轉變。「福建總督姚啟聖疏言：海逆鄭錦以臺灣為巢穴，志必不降，斷不可遣人招撫。其偽武平侯劉國軒，乃賊中渠帥，頗能用兵，請赦其前罪，授以公爵。偽將軍吳淑，本無反志，由部將迫脅，請亦赦其前罪，授以侯爵。至偽總兵陳昌、林陞、江欽、吳潛，均請畀以總兵官，實授管事。此數人若解體投誠，則鄭錦勢孤，海寇根株，立可芟滅。」康熙皇帝雖以「豈有未經投順，先爵以公侯之理？」但「劉國軒等果輸誠立效，率眾來歸，當赦其前罪，仍行論功。該督可遣人以此意往諭之」。

至福建沿海的防禦，康熙皇帝「諭兵部，閩省近海要區，總督提督標下，可各設立五營，兵五千人。巡撫標下設二營，兵一千五百人。至通省防守兵，依舊額留五萬一千七百五十人，餘一萬九千九十五人，俱行裁汰。提督駐鎮海澄，其銅山、廈門諸處，分設總兵官副將鎮守。見在水師，留二萬人，其餘五千人，亦行裁汰。」其後又「諭兵部，臺灣、澎湖暫停進兵，令總督巡撫等招撫賊寇。如有進取機宜，仍令明晰具奏。」㊴

康熙皇帝其所以諭令「臺灣、澎湖暫停進兵」，實因「海洋險遠，風濤莫測，長驅制勝，難計萬全」。甚至福建水師提督萬正色及都統喇哈達均認為「臺灣斷不可取」，攻取臺灣要冒很大的風險。雖然此時清軍正在圍攻雲南省城，「三藩」之亂指日可平，康熙皇帝仍然審慎不貿然出兵，也可使「沿海兵民」獲得「休息」。直至廿年六月，獲悉「鄭錦既伏冥誅，賊中必乖離擾亂，宜乘機規定澎湖臺灣。總督姚啟聖、巡撫吳興祚，提督諾邁、萬正色等，其與將軍喇哈達、侍郎吳努春，同心合志，將綠旗舟師分領前進，務期剿撫並用，底定海疆，毋誤事機。」

但任用何人來完成「底定海疆」重任？姚啟聖曾於康熙十八年春，清鄭談判破裂後，即

㊱ 姚啟聖撰《憂畏軒奏疏》卷一，康熙十八年三月。孟昭信所引用。及《臺灣外記》卷八，頁三五七—三五九。

㊲ 《聖祖仁皇帝實錄》卷八〇，頁一七，並江日昇著《臺灣外記》卷八，頁三六七—三七三。

㊳ 《康熙起居注》（北京，中華書局印，一九八〇）一冊，頁五三八。

㊴ 《聖祖仁皇帝實錄》卷八三，頁一—頁二，卷九一，頁一一—頁一二。

保薦施琅為福建水師提督負責平海重任。[40]但朝廷當時以施琅子施齊在鄭方效力而懷疑施琅的忠誠將其調為內大臣。其後施琅的兒子施齊和侄兒施亥在廈門謀擒鄭經未果被殺，姚啟聖又兩次上疏，奏明施琅子侄「假心事賊，真心為國」。[41]施琅也於廿年二月請求敘其子侄功，真相大白。理學名臣為康熙皇帝所尊重的李光地也於此時極力保薦施琅，以施琅「全家被海上（鄭方）所殺，是世仇，其心可保也！又熟悉海上情形，亦無有過之者。又其人還有些謀略，不是一勇之夫，又海上所畏，惟此一人，用之則其氣先奪矣！」康熙皇帝見福建水師萬正色既「不能濟事」，乃採納李光地及姚啟聖等人的見議，命施琅「仍以都督充福建水師提督總兵官，加太子少保，前往福建。到日即與將軍、總督、巡撫、提督商酌，剋期統領舟師進取澎湖、臺灣。其萬正色改為提督，諾邁還京候補。」

事實上，康熙皇帝對鄭氏海上勢力由「撫」轉「剿」策略的轉變，也可能是受李光地的影響，他們君臣之間曾有一段精采的對話：「上問曰：海賊可招安否？予曰：不能！上問何故？曰：彼恃海上風濤之險，一聞招安，他便說不削髮，不登岸，不稱臣，不納貢，為兄弟之國。豈有國家如此盛大，肯與為兄弟之理！……上問曰：然則此時可用兵否？予曰：聞鄭經死，其軍師陳永華亦死，此其時已！三世為將道家所忌。渠已三世為賊矣！但向日滿洲兵不習水戰，上舡便暈卻，去不得。必須南兵習于舟楫，知其形勢乃可用。」[42]當然，海上投誠的官兵日多，他們「習於舟楫」，清軍的海上戰力大為增強，其形勢與以前完全不同，此亦或為康熙皇帝由撫轉剿的主要原因之一。

(四)施琅專征，澎湖大捷

施琅於康熙廿年（一六八一年）十月初六抵福建廈門視事。他記取康熙三、四年間進軍臺灣失利的教訓，為了防止總督、巡撫及提督間彼此掣肘，極為重視專征大權，當月即上疏謂「臣職領水師，征剿事宜，理當獨任。」康熙皇帝則降旨曰：「總督姚啟聖統轄福建全省兵馬，同提督施琅進取澎湖、臺灣，巡撫吳興祚有刑名錢糧諸務，不必進剿。」仍未同意由施琅一人專征。㊸其後施琅為了加強與皇帝的聯繫，施琅又「題請侍衛隨征臺灣，兵部議不准行事」，康熙皇帝則曰：「吳奇爵在京不過一侍衛，有何用處？若發往福建，或亦有益，著依施琅所請行。」至廿一年三月初一，施琅又上《密陳專征疏》，再次請求「頒發」「征剿

㊵《聖祖仁皇帝實錄》卷一一二，頁九，卷一一六，頁八，卷九六，頁一四，及江日昇著《臺灣外記》卷八，頁三五九。

㊶鄭孔昭等著《論姚啟聖》（《臺灣研究集刊》，廈門大學，一九八四年）第一期，頁四三。

㊷李光地撰《榕村語錄續集》（《四庫未收書輯刊》編纂委員會，北京出版社）卷一一，頁三，並參㊴。

㊸孟昭信著《康熙大帝全傳》頁一五二，及《聖祖仁皇帝實錄》卷九八，頁一〇。

臺灣之敕諭，」，「俾得申嚴號令，用以節制調度」，「專統前進」。同時，他建議再展師期，「莫如就夏至南風成信，連旬盛發，從銅山開駕，順風坐浪，船得聯綜齊發，兵無暈眩之患，深有得于天時、地利、人和之全備。逆賊縱有狡謀，斯時反居下風下流，賊進不得戰，退不能守，澎湖一得，更知賊勢虛實，直取臺灣，便可克奏膚功。」施琅在此疏中並說明一再展期的原因，是「古者行兵，多用奇計，聲東擊西，兵不厭詐，非可直道而行。去冬具疏展限，請以今年三四月輕北風進兵，蓋為鄭逆奸細頗多，使賊知我舟師必用北風而進，然後出其不意而收之。」其後施琅又奏：「夏至南風盛發，不可進兵，請至十月大舉。」康熙皇帝「命議政王大臣集議，僉謂師期不便屢遷，應檄總督姚啟聖、提督施琅，剋期於夏至後，進取臺灣。」康熙皇帝雖堅持總督、提督同征，但也認為「進剿海寇，關係重大。總督姚啟聖、提督施琅，身在地方，務將海面形勢，賊中情狀，密察確實。如有可破可剿之機，著協謀合慮，酌行剿撫，毋失機會。」[44]

施琅與姚啟聖仍按原定計劃於五月初會集銅山，以俟夏至後南風成信，聯綜進發，但姚啟聖原本無意利用南風，及接康熙皇帝「協謀合慮，酌行剿撫的諭旨，堅持南風不如北風，並認為可乘之機已失，主張「十月可乘北風，分道前進」。但據「安塘筆帖式報稱：大兵進取臺灣，以風大不得前，總督姚啟聖尚駐銅山，提督施琅移泊雲霄。聞海賊劉國軒等，扼守澎湖諸隘，瞷我兵前進，即抄襲其後。於是議政大王臣等會議，請檄總督姚啟聖、提督施琅，若目前風大，未便進剿，即統官兵回汎，整飭舟師，相機再舉」㊺。

關於姚啟聖與施琅南、北風進軍之爭，李光地曾問施琅曰：「眾皆言南風不利，今乃刻六月出師，何也？琅曰：北風日夜猛。今攻澎湖，未能一戰克，風起舟散，將何以戰？夏至前後廿餘日，風微，夜尤靜，可聚泊大洋。觀釁而動，不過七日，舉之必矣！」而且他知道「鄭氏將劉國軒最驍，以他將守澎湖，雖敗，彼必再戰。今以國軒守，敗則膽落，臺灣可不戰而下！」故施琅於廿一年七月十三日，便信心滿滿的上《決計進勦疏》，請求授以專征之權。施琅在此疏中也言：「夫南風之信，風輕浪平，將士無暈眩之患，且居上風上流，勢如破竹，豈不一鼓而收全勝。」「在督臣（姚啟聖）滅賊之念實切，惜乎生長北方；水性海務，非其所長。」而且「臣有屢得舊時部曲密寄通報，稱臺灣人心惶惑無定，兼以劉國軒恃威妄殺，稍有隙縫，全家屠戮，人人思危，芒刺在背，間有向義內應，奈隔絕汪洋，難以朝呼夕應，豈敢公然謀舉。」「昔之偽鎮營蟻附脅從，皆受鄭成功、鄭錦父子結舊人，籠絡相依。今劉國軒暴戾操權，動輒殺戮，以威制人。誰肯甘為肌肉？是我舟師未到澎湖，權猶在

㊹《康熙起居注》一冊頁七七六，康熙廿年十一月初八日，及施琅撰《靖海紀事》上卷，頁九—頁一一。與《聖祖仁皇帝實錄》卷一〇二，頁八。

㊺姚啟聖撰《憂畏軒奏疏》，康熙廿一年五月廿一日，瀝陳平海機宜疏。作者未見此奏疏，此乃据孟昭信著《康熙大帝全傳》所引，及《聖祖仁皇帝實錄》卷一〇二，頁二六，康熙廿一年五月乙亥廿八日。

劉國軒一人之主持。我舟師若抵澎湖，勢難遏各偽鎮偽卒之變亂。則踞守澎湖逆賊，縱有萬餘，內多思叛。驅萬賊萬心之眾，以抗我精練勇往之師，何足比數？雖劉國軒輕命死敵于人心猜忌之際，靡不自潰。」基於以上二端「可破可剿之機」，施琅才充滿信心的表示：「倘荷皇上信臣愚忠，獨任臣以討賊，令督撫二臣催趲糧餉接應，俾臣整搠官兵，時常在海操演，勿限時日，風利可行，臣即督發進取，出其不意，攻其無備，何難一鼓而下！事若不效，治臣之罪。」施琅「銳意攻討，百折不回，真可謂見之明而籌之熟矣！」㊻

康熙皇帝的態度則極為慎重，令「議政王大臣等會議提督施琅請自行進剿臺灣事，上問曰：「爾等之意何如？」大學士明珠奏曰：「若以一人領兵進剿，可得行其志，兩人同往，則未免彼此掣肘，不便於行事。照議政王所請，不必令姚啟聖同往，著施琅一人進兵，似乎可行。」上曰：「然。進剿海寇，關係緊要，著該督、撫同心協力，儹運糧餉，毋致有誤。前經姚啟聖題定武弁功罪條例，著專交施琅遵行。」上又曰：「聞海寇較前衰微已甚！明珠奏曰：据姚啟聖奏稱，海寇願剃髮歸誠，照朝鮮、安南入貢。揆此，可見鄭錦已死，賊無渠魁，勢必衰微。」上曰：「海寇固無能為，鄭錦在時，猶苟延抗拒。錦死，首渠既除，餘黨彼此猜疑，各不相下，眾皆離心，乘此撲滅甚易，進剿機宜不可停止。施琅相機自行進剿，極為合宜。」

鄭方的情報也很靈通，劉國軒等於康熙廿一年九月一日，便已得知康熙皇帝召見施琅令其出任福建水師提督的消息。至是年十月，「傳為霖等機謀不密，全家籍沒」，「搜出與啟聖來往密書，有陳其澎湖無備，可速督兵前來，一鼓可得。若得澎湖，臺灣即虛，便當起兵相應之句。」「又報探施琅」，「專征澎湖」。「錫範恐鎮守不及，則臺灣危矣！啟克塽，令國軒出汛澎湖，相地設險。」澎湖自十九年鄭經回臺灣後，「未曾設禦」，至此才重視澎湖的防務。「劉國軒到澎湖，駐劄媽祖宮。坐快哨巡視卅六嶼，相地設險；於風櫃尾、四角山、雞籠嶼、牛心灣、虎井、桶盤嶼等處各設砲臺一座。東峙、西峙、內外塹各設砲臺二座。媽祖宮置城一座，外加女牆、壕溝，安設大砲。星羅碁布，提防周密。其八罩、水按澳等有礁石沙線，四面受風無水者，俱不守禦。」「遂拜劉國軒為正總督，督水陸諸軍，自副將以下許其先斬後奏。又以征北將軍曾瑞，定北將軍王順二人為副，共守澎湖應敵。」㊼

康熙廿一年五月，「施琅見船隻齊備，遂咨請喇哈達、姚啟聖至銅山，欲乘南風當令，進取澎湖。南風輕軟，候北風，方可出師！琅曰：南風雖軟，在銅山放洋，居上風上流，我舟師可得成綜，兵士又無暈眩之苦，勢如摧枯朽。啟聖曰：劉國軒久年積寇，詭計甚多。我

㊻《清史稿校註》卷二六七，列傳四七，施琅傳，頁八五一八，及施琅撰《靖海紀事》上卷，《決計進剿疏》頁一二—頁一七。

㊼《清史稿校註》二冊，頁九〇五，康熙廿一年十月初六日，及江日昇著《臺灣外記》卷九，頁三九二—頁三九四。

師欲据上流上風，安知彼不以上風上流而來迎戰乎？互相爭執。喇哈達勸曰：平海事關重大。奉「督、提同心」，豈可各執己見？當請展限，以候進取！琅不得已，聽啟聖主稿展限。琅曰：如此相制，海寇何日得平？邊民何日得安？無奈，仍操演待時。」七月十一日，施琅接邸報，讀將軍喇哈達疏，內在「提督稱南風不如北風」之句，駭然曰：此說何因？急當密告！十三日遂上「決計進剿疏」，請求授以專征之權。

十月廿日，施琅在平海衛接到康熙皇帝令其專征臺灣之旨。廿八日，又接旨令施琅「應遵前旨」「統伊所派船兵」「而行」。施琅「連接旨意，進剿權咸歸已，遂咨請啟聖剿撫事宜，以便主決。」啟聖主撫，施琅「則當決計進剿」，十一月，「琅因北風太硬，未敢進剿。」「十二月，啟聖以琅未敢渡海，查與劉國軒有舊好者革職副將黃朝用，即差往臺灣招撫，許其不削髮，只稱臣納貢，照高麗、朝鮮事例」。朝用至澎湖，見國軒。軒轉送過臺，其馮錫範、陳繩武恃波濤，議未定。」「但啟聖欲撫而琅欲剿，兩議未合」，姚啟聖具疏「請旨定奪。上曰：臺灣賊，皆閩人，不與琉球、高麗等「外國」比，遴選賢能官前往招撫。或賊聞大兵進剿，計圖緩兵亦未可料。其審察確實，倘有機可乘，可令提督（施琅）即遵前旨進兵。」

康熙廿二年（一六八三年）五月廿三日，總督姚啟聖回奏：「遣福州副將黃朝用往諭，劉國軒等仍如前言。上乃趣施琅速進兵。」[48]六月，施琅將大隊舟師齊集銅山，咨請姚啟聖至，共商給發糧餉及犒賞銀兩。十一日，琅大會各鎮、協、營、守備、千、把隨征諸官，將「先鋒銀錠」排列，傳令：「征剿澎湖，誰敢為先鋒者領取！以便首先衝綜破敵。遍示諸將，未有出應。獨提標署右營遊擊藍理挺身出領「先鋒銀錠」，琅允許。十三日，祭江。十四日辰時，琅統官兵二萬有奇，大小戰船二百餘號，從銅山出師東征，於是晚放洋。劉國軒雖在各島築臺提防，每與諸將論「六月風浪不測，施琅是慣熟海務者，豈敢故犯突然興師？不過虛張聲勢，如甲辰（康熙三年）出船，復請旨寬限做官而已！」㊾

十六日黎明，清軍攻澎湖，戰既合，劉國軒以林陞、江勝、邱輝等，以舟師排列衝擊之。清艦自相衝撞，不得前。會潮落，施琅舟為急流分散，且風向不順。國軒揮師合攻，琅困不得出，矢傷琅目。其先鋒藍理突圍救之，砲中其腹，膚裂腸出，施琅遂卻。清軍初戰失利，主帥施琅及先鋒藍理俱險遭不幸。為了穩定軍心，施琅自十七日起收軍八罩及水按諸澳，進行了為期五天的軍事整頓，士氣復振。廿二日，施琅傾力攻澎湖，以其六子世驃等率艦五十艘，攻雞籠嶼、四角山為奇兵。又令七子世驛以五十艘艦攻牛心澳為疑兵牽制。餘分

㊽ 江日昇著《臺灣外記》卷九，頁三九七－頁四〇四。及《聖祖仁皇帝實錄》卷一〇九，頁二六。康熙廿二年五月甲子廿三日。

㊾ 江日昇著《臺灣外記》卷九，頁四一一－頁四一六，卷十，頁四一七－頁四二三。

舟師為八隊，每隊七船，各作三疊。琅自居中，以便指揮調度。又以大船八十隻，分為二大隊，以為後援，直從娘媽宮前而進。戰鬥自晨七時持續到下午四時，激烈異常，砲如雨下，煙焰蔽天。劉國軒見諸軍大敗，乃率殘部乘船北向吼門遁回臺灣，澎湖遂陷。」「於是，卅六島咸歸順焉。琅大悅，悉令薙髮。造報偽鎮將，共一百六十五人，賞以袍帽，偽兵四八五三名，給以銀米。出示安民，即飛報澎湖大捷於督撫。」㊿施琅更將攻陷澎湖之經過題報朝廷，康熙皇帝降旨嘉獎：「其在事有功人員亦從優敘」。並明確宣佈，今進取臺灣，正在用人之際，福建總督、提督等凡有所請，俱著允行，「即擬准行票簽來奏，切勿遺漏」㊿①。

(五) 招撫臺灣，棄留遷界

澎湖大捷，殲滅了鄭軍的主力。「澎湖為臺灣咽喉，今澎湖既已克取，臺灣殘賊自必驚潰膽落，可以相機掃蕩矣！」「但臺灣港道紆迴，南風狂湧，深淺莫辨，似應少待。」㊿②也有人督促施琅乘鄭氏敗殘之餘急予撲滅，「以雪前恨」。施琅則表示：「為國為民」，不計「私怨」，彼「若啣璧來歸，當力疏奏赦其罪。」他厚待敵方投誠人員，允許他們回臺灣與親人團聚，並令轉告臺灣人「速來降，尚可得不死，少緩，即為澎湖之續矣！」㊿③而事實上，康熙皇帝「更念以兵力攻取臺灣，則將士勞瘁，人民傷殘，特下詔旨招降，倘其來歸，即令登岸，善為安插，務俾得所，勿使餘眾仍留原地。」[54]施琅也能「體皇上好生之意」，「安插投誠，撫綏地方，民人樂業，雞犬不驚。臺灣兵民，聞風俱各解體。」

「時國軒自澎湖敗歸，知天意有在，人心瓦解」，見鄭克塽等「陳其喪敗情由」，於是鄭克塽、馮錫範等「大會文武，相議戰守之策」。有的將領以為「今日澎湖失守，臺灣勢危，不如將大小戰船及洋船配載眷口兵士，從此山邊直下，取呂宋（菲律賓）為基業。」並言「諸島番，惟呂宋待我中國人最無禮。先王（鄭成功）在日，每欲征之，以雪我中國人之恨，因開創無暇。至世藩，業已興師，因接耿藩之變，遂移兵過廈。細查呂宋，其兵眾不過千有餘人。」「故以議取呂宋為上策」。有的將領則欲獻臺降清，如鎮守淡水的何佑接失澎湖之報，密遣其子往澎湖軍前，「納欵獻臺，不俟克塽令，悉撤所統師回。其林亮、董騰、

---

[50] 林衡道編《臺灣史》（臺灣省文獻委員會，眾文圖書股份有限公司印，臺北）頁二三四—頁二三七，並參上註。

[51] 《聖祖仁皇帝實錄》卷一一〇，頁一四—頁一六，及《康熙起居注》二冊，頁一〇三〇。

[52] 施琅撰《靖海紀事》，《飛報大捷疏》，頁三五。

[53] 杜臻撰《粵閩巡視紀略》（《欽足四庫全書》，臺灣商務印書館發行。）卷六，頁一五，及《國朝耆獻類徵初編》卷二七六，頁一九。

[54] 《康熙起居注》二冊，頁一〇三五，康熙廿二年七月廿八日。

蔡添等亦密與偵者通謀，請（施）琅速取臺灣，願為內應。」時臺灣「旱荒已三年」，「歲飢，米價騰貴，民不堪命。」

時馮錫範與諸鎮商議，欲往征呂宋，兵弁遂恃強橫為，訛言四起：「當大搶掠而去。」是以百姓驚惶，晝夜不安。國軒聞知，向範曰：「欲攻呂宋，雖是良策，可行於澎湖未失之前。今澎湖已失，人心懷疑，苟輜重在船，一旦兵弁利其所有而反目，尊公之前車可鑑也」（指範父甲申被其僕謀殺而別往投誠事），而且「眾志瓦解，守亦實難，不如舉全地版圖以降？諒清朝恩寬，必允赦宥。」此時真是「戰則難料，降則易安」。議論未定，忽（施）琅遣（劉）國軒原副將坐營曾蜚前來招撫，許保題（國）軒現任總兵。軒意遂決，啟克塽，命禮官鄭平英等詣澎湖軍前納欵。」55

於是鄭克塽差鄭平英等齎降表及與施琅、姚啟聖信件，駕船到澎湖軍前，「納欵請降待命。惟馮錫範與鄭克塽欲求原居臺灣，承祀祖先，照管物業」。施琅以「此議未妥，若在未進師撲勦之時，逆孽早遣求降，當為題請。今澎湖既得，窮逼之際，始差鄭平英等前來求撫，明係詭譎緩兵之計，難以遽信。臣專征，止宜主勦，不宜議撫之事。將平英等二員並帶書二封，咨送督臣看守定奪」。又「查鄭克塽年尚幼稚，未諳大體，操縱指揮，權皆出於劉國軒、馮錫範二人。茲特令曾蜚回臺灣傳諭，若果真心投誠，必須劉國軒、馮錫範來臣軍前面降，將人民土地悉入版圖。其偽官兵遵制削髮，移入內地，聽遵朝廷安輯」。如此，方具疏題請皇上「赦其前罪，畀之新恩，敕行督撫撫綏安插」。若不遵從，「即督師進發」，「淨盡根株」。施琅對鄭克塽等投誠之處置，真「慮周而見遠也」。[56]

鄭克塽等獲悉施琅的「此議未妥」的反對意見後，只得再修降表，復差偽兵官馮錫珪等齎降表於七月十五日至澎湖，「以復居故土，不敢主張」，「繳奏版籍、土地、人民，待命境上」。施琅「細詰情由，知其真誠無偽。」十六日，遣侍衛吳啟爵等「帶告示往臺灣令偽官兵民等遵制削髮，並令其齎繳印敕」。「各自安生樂業，無事徬徨驚心」！廿四日，施琅上「臺灣就撫疏」，廿九日，再上鄭克塽等「齎繳冊印疏」，奏報臺灣就撫兵民遵制削髮等情形[57]。

削髮或薙髮是滿洲族的獨特習俗，當滿洲部族入關後，即下令中原官民俱著遵制薙髮。「束髮是中原華夏民族的傳統習向，也是漢人文化的特徵」，「故薙髮對中國人而言，不只是中國人對滿洲部族的順服，且為中國傳統文化對東胡滿洲的屈服」。[58]所謂「薙髮歸誠」

---

[55] 夏琳撰《閩海紀要》（《臺灣文獻叢刊》，臺灣省文獻委員會印）頁七四—頁七五，施琅撰《靖海紀事》下卷，頁四一，及江日昇撰《臺灣外記》卷十，頁四二四—四二七。

[56] 施琅撰《靖海紀事》《齎書求撫疏》，下卷，頁四〇—四二。

[57] 江日昇著《臺灣外記》卷十，頁四三二—頁四三五，及施琅撰《靖海紀事》下卷，頁四三—頁四八。

[58] 拙著《束髮與薙髮》（《故宮文物月刊》，國立故宮博物院，臺北）三卷，九期，卅三號，頁一一六。

就是無條件投降，鄭成功、鄭錦父子均不願薙髮就撫，而清、鄭間十餘次招撫談判，即因「削髮」問題而破裂。而就撫、納欵、求撫、輸誠、歸誠、投誠與投降在某種程度上又同一意義。其間的差異在有條件的就撫談判，投降則無談判的條件，一切聽受降者安排。自澎湖卅六島被清軍攻佔後，鄭克塽等在當時的情勢下，已無談判的條件，只有「待命境上」「遵制削髮」「就撫」而已。

康熙皇帝接到福建總督姚啟聖奏招撫臺灣賊眾事，交議政王大臣等會議。「上問：准其投誠可否？滿漢大學士等皆奏以為可。上曰：若不許其投誠，則彼或竄處外國，又生事端，不若撫之為善。諸臣皆曰：睿見誠然。」次日，特遣工部侍郎蘇拜等至軍前「往理官兵糧餉」，並「耑遣人宣諭，慰勞官兵」。又特下詔旨招降臺灣，「善為安插，務俾得所」[59]。

施琅乃於八月十一日率領官兵自澎湖起程至臺灣受降，鄭克塽等也派遣禮官出鹿耳門迎接，引渡進港，然後親率文武官員與番民，列隊恭迎王師。施琅即令官軍「禁止騷擾百姓，士民安堵樂業，農不易畝，工不閉肆。」鄭克塽等也擇吉於八月十八日薙髮歸降，施琅則當眾宣讀康熙皇帝赦詔：「爾等果能悔過投誠，傾心向化，率偽官軍民人等，悉行登岸，將爾等從前抗違之罪，盡行赦免，仍從優敘錄，加恩安插，務令得所，煌煌諭旨，炳如日星，朕不食言。倘仍懷疑畏，猶豫遷延，大兵一至，難免鋒鏑之危，傾滅身家，噬臍莫及。」對投誠文武官兵的遷移安置，施琅也能秉承康熙皇帝的旨意，「善為安插」，沒有個人恩怨的

「報復」，「所有鄭成功之子偽輔政公鄭聰等六人，鄭錦之子鄭克塽及其弟偽恭謹侯鄭克舉等九人，偽武平侯劉國軒，偽忠誠伯馮錫范等子弟，及明裔朱桓等十七人，并續順公下官兵家口，海澄公家口，俱撥船配載，官兵陸續護送，移入內地。并移咨侍郎蘇拜及督撫，聽其安插。其餘偽文武各官家口，見在趣令起行。兵丁有願入伍及歸農者，聽其自便。至於江浙閩粵各省被獲男婦，臣仰體皇仁，已悉令回籍。倉庫人民戶口冊籍、船艘、軍器，俱令巡海道線一信等察收。」

施琅也因剿撫竄踞臺灣的海寇，「建茲偉伐，宜沛殊恩」，「著加授靖海將軍，封為靖海侯，世襲罔替，以示酬庸」。在事出征官兵，「出海進剿，勤勞堪念，已經照「進剿雲南官兵」例，「加級賞賚。復思官兵遠抵海疆，冒險剿寇，非滇、黔陸地用兵可比。在事官員，著再各加一級，兵丁再賞一次，以示特加優渥至意。」鄭克塽等「納土歸誠」功，「授鄭克塽公銜，劉國軒、馮錫范伯銜，俱隸上三旗」漢軍，命戶部分別「撥給房屋田地」。其他投誠武職一千六百餘人，文職四百餘人，兵四萬餘人，也都得到適當的安置。劉國軒也因「首先歸命」，及「勸令鄭克塽納土來歸」，特授為天津總兵官，并於常例外，賞白金二百兩，表裏廿匹，內廄馬一匹，「以示異數」，其後康熙皇帝得知劉國軒「家口眾多，棲息無

---

59 《康熙起居注》二冊，頁一〇三四—頁一〇三五。並參《聖祖仁皇帝實錄》卷一一一，頁一二。

所」。又特賜第宅，「俾有寧居，以示優眷」㊿。

但由於中華傳統農業文化與內陸文明，對海洋文化及其文明的陌生。當「招撫海寇」平定臺灣後，清朝部份官僚由於對海洋的恐懼，竟主張將臺灣「棄之」。「內閣學士兼禮部侍郎李光地」即以「臺灣隔在大洋之外，聲息不通，小有事則不相救，使人冒不測之險為其地之官，亦殊不情。」「一旦瀕海有警，隱然有夜郎自大之勢」。甚至主張「空其地，任夷人居之而納欵通貢，即為賀（荷）蘭有，亦聽之」61。有些官僚則認為臺灣「一塊荒壤，無用之地耳，去之可也」。施琅則持反對「棄臺灣」的意見，他曾親至臺灣，經過實地勘查與瞭解，於康熙廿二年十二月廿二日，上「恭陳臺灣棄留疏」，備陳臺灣的戰略地位及其棄留的利害。他認為「臺灣地方，北連吳會，南接粵嶠，延袤數千里，山川峻峭，港道迂迴，乃江浙閩粵四省左護」，「東南之保障」。而且「臺灣人居稠密，戶口繁息，農工商賈各遂其生，一行徙棄，安土重遷，失業流離，殊費經營，實非良策」。若「內地之逃軍閃民」，「和同土番，從而嘯聚」，「急則走險，糾黨為崇，造船製器，剽掠濱海」。而荷蘭「紅毛」人，「亦必乘隙以圖」，臺灣「一為紅毛所有」，「必合黨夥竊窺邊場，迫近門庭。此乃種禍後來，沿海諸省斷難晏然無慮。至時復動師遠征，兩涉大洋，波濤不測，恐未易再建成效。」「勿謂彼中耕種，猶能少資兵食，固當議留。即為不毛荒壤，必籍內地輓運，亦斷斷乎其不可棄。」「棄之必釀成大禍，留之誠永固邊圉」62。福建總督姚啟聖亦上疏說：

「今幸克取臺灣，若棄而不守，勢必仍作賊巢」，「況臺灣廣土眾民，戶口十數萬，歲出錢糧，似乎足資一鎮一縣之用，亦不多費國帑」，「似未敢言棄置也」[63]。甚至連主張將臺灣「棄之」的李光地此時也認為「目下何妨，以皇上之聲靈，幾十年可保無事」。故當時任左副都御史後為浙江巡撫的趙士麟「疏請臺灣改郡縣，比內地，設總兵鎮守，省沿海之戍卒」時，康熙皇帝即「詔報可」[64]。

事實上，「臺灣棄取所關甚大」，康熙皇帝曾反復徵求議政王大臣等人的意見，「上顧漢大學士等曰：爾等之意若何？李霨、王熙奏曰：据施琅奏內稱：臺灣有地數千里，人民十萬，則其地甚要，棄之必為外國所踞，姦宄之徒竄匿其中亦未可料，臣等以為守之便」。康熙皇帝聽後諭曰：「若徙其人民，又恐致失所，棄而不守，尤為不可。」於是令議政王大臣等「再行確議具奏」。其後明珠回奏議政王大臣等意見云：「上諭極當，提臣施琅目擊彼處

---

60 江日昇著《臺灣外記》卷十，頁四四一—頁四四三，及《聖祖仁皇帝實錄》卷一一一，頁一及頁三四。頁一一二，頁一〇，卷一一八，頁七，卷一一五，頁二，及卷一一九，頁二三—二四。

61 李光地撰《榕村語錄續集》卷十一，頁一〇—頁一一，並參孟昭信著《康熙大帝全傳》頁一六六。

62 施琅撰《靖海紀事》卷十，頁五九—頁六三。

63 鄭孔昭等著《論姚啟聖》（《臺灣研究集刊》，一九八四第一期，廈門大學。）頁四四。

64 李光地撰《榕村語錄續集》卷十一，頁一一，並參《清史稿校註》卷二八二，頁八六六六，趙士麟傳。

情形，請守已得之地，則設兵守之為宜」。至廿三年四月，康熙皇帝批准差往福建料理錢糧侍郎蘇拜會同福建總督、巡撫、提督等的奏疏，臺灣「設一府三縣，設巡道一員分轄。應設總兵官一員，副將二員，兵八千，分為水陸八營。澎湖應設副將一員，兵二千，分為二營，每營各設遊、守、千、把等官」[65]。

「臺灣一地，原屬化外，土番雜處，未入版圖也」[66]。《清一統志臺灣府》在其建置沿革中亦言臺灣「自古荒服之地，不通中國，名曰東番」[67]。自臺灣設府、縣，隸福建省，駐軍防守後，臺灣才正式納入清朝版圖，也延伸了清朝海疆的國防線。前因海寇未靖，為避免及防阻海寇之侵擾，清朝在沿海各省曾施行遷界與海禁政策。而「當年遷海禁海，使百萬無辜室廬田產蕩然不存，饑寒流離而死者不可勝數」[68]。現在臺灣平定，海寇既清，兩廣總督吳興祚即「疏言廣州七府沿海地畝，請招民耕種」。康熙皇帝「諭大學士等曰：前因海寇未靖，故令遷界。今若展界，令民耕種採捕，甚有益於沿海之民。其閩浙等處地方，亦有此等事，爾衙門所貯本章，關係海島事宜甚多，此等事不可稽遲，著遣大臣一員，前往展立界限。應於何處起止，何處設兵防守，著詳閱確議，勿誤來春耕種之期。」其後派吏部侍郎杜臻，內閣學士席（石）柱赴福建、廣東展沿海邊界，行前康熙皇帝特告誡曰：「遷移百姓，事關緊要，當察明原產，給還原主。爾等會同總督巡撫安插，務使兵民得所，須廉潔自持，勿似從前差往人員，所行鄙瑣也」[69]。

其後杜臻與席柱「如廣東，自欽州防城始，遵海以東而北，歷府七、州三、縣廿九、衛六、所十七、巡檢司十六、臺城堡砦廿一，還民地二萬八千一百九十二頃，從業丁口三萬一千三百。復如福建，自福寧州西分水關始，遵海以北，歷府四、州一、縣廿四、衛四、所五、巡檢司三、關城鎮砦五十五，還民地二萬一千一十八頃，復業丁口四萬八百。於是，兩省濱海居民咸得復業。別遣使察視江南、浙江展界復業，同時畢事。」[70]康熙皇帝命諸臣等至江南沿海諸省展界還民地恢復生產，是中華傳統農業墾殖文化的具體表現，也促進一地區農業經濟的恢復與發展。

但「海者，閩人之田」。「閩人之田」既展界還之於農民，「閩人」之「海」也應還之於「閩人」而開海禁。當席柱辦理「察明」濱海「原產」給還「原主竣事復命，奏陳濱海居

---

65 《康熙起居注》二冊，頁一一二七—頁一一二九，康熙廿三年正月廿一日，廿七日。及《聖祖仁皇帝實錄》卷一一五，頁四，康熙廿三年四月己酉。

66 連雅堂撰《臺灣通史》（黎明文化事業公司，民國七十四年正月，臺北）卷三，經營紀，頁五三。

67 《清一統志臺灣府》（《臺灣文獻史料叢刊》第二輯，臺灣大通書局印行，臺北）頁一。

68 李光地撰《榕村語錄》（《欽定四庫全書》，臺灣商務印書館發行，臺北）卷二七，頁五。

69 《聖祖仁皇帝實錄》卷一一二，頁二三，及卷一一三，頁七，康熙廿二年十月丙辰，及十一月戊寅。

70 《清史稿校註》卷二七五，頁八六〇七，杜臻傳。

民還鄉安業時，「上曰：百姓樂於沿海居住，原因海上可以貿易捕魚，爾等明知其故，前此何以不議准行？席柱奏曰：海上貿易，自明季以來，原未曾開，故議不准行。上曰：先因海寇，故海禁不開為是。今海氛廓清，更何所待？席柱奏曰：据彼處總督、巡撫云：臺灣、金門、廈門等處，雖設官兵防守，但係新得之地，應俟一、二年後，相其機宜，然後再開。上曰：邊疆大臣，當以國計民生為念。向雖嚴海禁，其私自貿易者，何嘗斷絕？凡議海上貿易不行者，皆總督、巡撫自圖射利故也！席柱奏曰：皇上所諭極是。」㉛由康熙皇帝與內閣學士席柱間的一番相互對話，可知其「海氛廓清」後開放海禁的積極，真是期望作到將「海」還之於「閩人」，徑向海洋發展，而臺灣也將為其海洋發展的先鋒。

但浙江沿海地方展界之後，即要求開放海禁，「請照山東等處見行之例，聽百姓以裝載五百石以下船隻，往海上貿易捕魚，預行稟明該地方官登記名姓，取具保結，給發印票，船頭烙號。其出入，令防守海口官員，驗明印票，點明人數，至收稅之處，交與該道，計貨之貴賤，定稅之重輕，按季造冊報部。」康熙皇帝覽奏，立即批准施行。其後諭大學士等曰：「向令開海貿易，謂於閩粵邊海民生有益。若此二省民用充阜，財貨流通，各省俱有裨益。且出海貿易，非貧民所能，富商大賈懋遷有無，薄徵其稅不致累民，可充閩粵兵餉，以免腹內省分轉輸協濟之勞。腹內省分錢糧有餘，小民又獲安養，故令開海貿易。今若照奉差郎中伊爾格圖所奏，給與各關定例欵項，於橋道渡口等處，概行徵稅，何以異於原於稅課之地，反增設一關科歛乎？此事恐將擾害民生，爾等傳諭九卿詹事科道會議具奏」。隨即議准，「福建、廣東新設關差，止將海上出入船載貿易貨物徵稅，其海口內橋津地方貿易船車等物，停其抽分，特將各關徵稅則例給發監督，酌量增減定例」。其後又將「直隸、山東、江南、浙江、福建、廣東各省先定海禁處分之例，應盡行停止。若有違禁，將硝黃軍器等物，私載在船，出洋貿易者，仍照例處分」⑫。

康熙皇帝並「嚴加申飭」徵收「海稅官員」，不要「將出入商民船隻，任意加徵，以致病商累民」，「務令恪遵定例，從公徵求，無濫無苛，以副朕軫恤商民至意」。至「採捕魚蝦船隻，及民間日用之物，并餬口貿易，俱免其收稅。」⑬施琅於康熙廿四年三月在其「海疆底定疏中」，對康熙皇帝開海禁之至意，及沿海居民飄洋貿易的盛況時曾說：「我皇上深念海宇既靖，生靈塗炭多年，故大開四省海禁，特設關差定稅，聽商民貿捕」。「茲海禁既展，沿海內外多造船隻，飄洋貿易捕採，紛紛往來，難以計算」⑭。中國東南沿海諸省居民

⑪《清一統志臺灣府》頁五三，附錄。及《聖祖仁皇帝實錄》卷一一六，頁三，康熙廿三年七月乙亥。
⑫《聖祖仁皇帝實錄》卷一一五，頁六，卷一一六，頁一一八，頁二四，卷一一七，頁十。康熙廿三年四月辛亥，九月甲子，十月丁己。
⑬《聖祖仁皇帝實錄》卷一二六，頁二三，卷一四〇，頁一九，康熙廿五年六月丁己，及廿八年四月戊辰。
⑭施琅撰《靖海紀事》下卷，頁七〇。

的生活也獲得改善，魏源謂：「自康熙中年開禁以來，沿海之民始有起色，其船由海關給執照稽出入，南北遄行，四時獲利，百餘載來，共沐清晏承平之澤」⑮。可見開海貿易不僅對中國東南沿海諸省有「利」，中國內地「各省」亦「俱有裨益」。

(六) 結語

自明朝中葉後，葡萄牙、西班牙、荷蘭人因新航路的發現相繼東來，並以新大陸所出產的白銀，購買中國的絲綢、茶葉、瓷器運往歐洲等地出賣。「荷蘭人佔据臺灣之後，從中國大陸駛往臺灣的商船，多半運載大批瓷器。在明崇禎十一年（一六三八年）時，臺灣安平港庫存的瓷器多達八十九萬件。」⑯鄭芝龍、鄭成功父子清朝官方的史料稱為海寇或海賊，他們即從事海上貿易，崇禎十三年前後為鄭芝龍貿易鼎盛時期，且與日人發展至南洋」貿易。他們貿易的物貨，即為中國的綢緞、生絲、白糖及臺灣土產鹿皮、硫黃等物。⑰而「鄭成功抗清的軍費開支，主要來自于他所從事的海外貿易收入。」⑱故康熙皇帝於招撫臺灣後的開海貿易，不僅符合中國沿海居民的要求與利益，也與西方國際貿易的脈動相契合，是一「富」國「利」民的措施。

但康熙皇帝的「解除海禁」是「海氛廓清」後的消極措施，不是國家發展工商向海洋發展的積極政策。故康熙皇帝的開放海禁有其條件的限制，更有其侷限性，這些或許是受中華傳統農業文化及其觀念的影響！也可能是中華傳統大陸政策與內陸文明的侷限。因此，臺灣雖比內地設府縣納入清朝版圖，但仍為內陸文明的邊陲，不是海洋發展的前鋒，臺灣沒有站在其應有的重要地位，清朝也喪失了向海洋發展的契機。

由於康熙皇帝的有限制性的開放海禁，無法與西方蓬勃發展國際貿易相配合。在「解除海禁」三、四年後，浙江沿海即發現數起「海寇」的蹤跡。閩浙總督王騭立即派兵「駕船出洋，剋期痛剿，復令定海總兵董大本出洋逐嶼遍搜賊蹤，閱三十餘日」，搗毀賊巢，繳獲賊船五隻，擒獲「自稱統海大將軍」的賊首楊仕玉。審訊後，斬為首者十六人，釋放被擄難民百餘人。不勞康熙皇帝費心，閩浙總督即將「海寇」問題順利解決⑲。

---

⑮ 魏源撰《魏源集》（《中國學術類編》，鼎文書局印行，臺北）頁四二三。

⑯ 金漢昇著《略論新航路發現後的中國海外貿易》（第五屆海洋發展史研討會，中央研究院近代史研究所）頁一—一三。

⑰ 方豪著《臺灣早期史綱》（臺灣學生書局印行，臺北）頁一七三—頁一七四，第十章：荷蘭人的侵佔臺灣。

⑱ 楊彥杰著《荷据時代臺灣史》（《臺灣歷史研究叢書》，江西人民出版社，一九九二，南昌）頁二五七。

⑲ 《清史列傳》（中華書局印行），卷八，頁廿七。王騭傳。

康熙四十三年正月，浙江福建總督金世榮疏報擒獲海寇徐榮等供出夥眾屯扎情形。這時海寇的勢力可能不小，康熙皇帝「初以海寇故，欲嚴洋禁」，後知「此輩原係竊盜，眾亦無幾。春冬嘯聚海島，秋夏揚帆出掠。今往撫之，彼必歸誠解散。但日後難保其必不嘯聚？若撫之不來，當即興師殄滅」。「洋禁反張其聲勢，是以中止」。其後「刑部右侍郎常授奉命往廣東招撫海賊，令賊首阿保位等二百三十七名交納鎗砲器械投誠，願為民者安插原籍，願為兵者編入各營」[80]。

由於「利」之所在，招撫了舊的「海寇」，又產生了新的「海寇」，而且「海寇」的勢力在康熙五十年間有更形擴大與發展的趨勢。「先經拿獲海賊，俱已發遣寧古塔等處」。現今「兵部題就撫海賊」陳尚義等一百餘人，又來歸誠，內有熟識水性之人，將伊歸併盛京金州地方，著設立水師營」，「看守地方巡防海洋」。在剿撫海寇的過程中，康熙皇帝也發現海寇的來源及其活動的規律。「聞浙江海中，漁船甚多。其船隻進海口時，防汛官兵橫索錢財，方令入口。中有不聊生之窮人，不得入海口，遂為海賊。觀此，則海賊即內地漁人，乃官兵迫而驅之海中為賊者也。」而且「朕南巡過蘇州時，見船廠問及，咸云：每年造船出海貿易者，多至千餘，回來者不過十之五六，其餘悉賣在海外，齎銀而歸。官造海船數十隻，尚需數萬金，民間造船，何如許之多？且有人條奏，海船龍骨必用鐵梨竻木，此種不產於外國，惟廣東有之。故商人射利偷賣，即令查訊，俱捏稱遭風打壞。此中情弊，速宜禁絕。海外有呂宋（菲律濱呂宋島）、噶喇吧（尼西亞雅加達）等處，常留漢人，自明代以來有之，此即海賊之藪也」。「出海貿易，海路或七八更，遠亦不過廿更，所帶之米，適用而止，不應令其多帶」。「往年由福建運米廣東，所僱民船三四百隻，每隻約用三四十人。通計即數千人，聚集海上，不可不加意防範。」[81]「噶羅巴乃紅毛國（荷蘭）泊船之所，呂宋乃西洋（西班牙）泊船之所，彼處藏匿賊盜甚多。內地之民希圖獲利，往往船上載米帶去，並賣船而回，甚至有留在彼處之人」。而「通海口子甚多，此時無礙，若千百年後，中國必受甚害矣！」「海外如西洋等國，千百年後，中國恐受其累」[82]。

為了杜絕「海寇」及防範漢人「海寇」與洋人勢力勾結威脅清朝政權，光靠招撫或追剿海寇是無濟於事的，惟有實行禁海，斷絕「海寇」人員及物質的供應補充，才能奏效。在此錯誤的前題與錯誤的推理下，使康熙皇帝作出錯誤的決定而再度實行海禁。[83]理論與事實均

---

80 《聖祖仁皇帝實錄》卷二一五，頁五，卷二一七，頁六，康熙四十三年正月辛酉，八月乙未。

81 《聖祖仁皇帝實錄》卷二五五，頁十，卷二五六，頁一六，卷二七〇，頁一五—一六，康熙五十二年五月乙卯，十月丙子，五十五年十月壬子。

82 《康熙起居注》頁二三二四—二三二五，康熙五十五年十月廿五日，並參《聖祖仁皇帝實錄》卷二七〇，頁一六。

83 關于海禁細節，請參《聖祖仁皇帝實錄》卷一七一，頁六，康熙五十六年正月庚辰。

証實，只要「利」之所在，任何形式的「禁」將導致適得其反的效果。「海禁」亦然，「海禁」阻礙正常的商業活動，使一切不合法不正當的活動都在暗中進行，導致「走私」更為盛行，「私梟」「海寇」更為猖獗，勢將造成更大的災難。而「海禁」政策更是消極的閉關自守，因噎廢食，將自己「封閉」，「禁錮」，「孤立」於進取的西方工商海洋文化之外，又回到原始的中華傳統農業文化內陸文明的保守，其損失更是難以估計。「海禁」對中國經濟的發展及東南沿海居民的生活均產生巨大的負面影響！藍鼎元曾將南洋未禁之先及既禁之後一般閩廣及沿海居民的生活情形作一對比。他說：「南洋未禁之先，閩廣家給人足，遊手無賴亦為欲富所驅直入番島，鮮有在家飢寒竊劫為非之患。既禁以後，百貨不通，民生日蹙，居者苦藝能之罔用，行者歎致遠之無方。」「沿海居民蕭索岑寂窮困不聊之狀，皆因洋禁。」「天下利國利民之事，雖小必為，妨民病國之事，雖微必去。今禁南洋，有害而無利。但能使沿海居民富者貧，貧者困，驅工商為遊手，驅游手為盜賊耳！」[84]這些話，均值得深思警惕。

[84] 藍鼎元著《南洋事宜論》（《小方壺齋輿地叢鈔》（五四）十軼，廣文書局印行）頁五〇二—五〇三。

第七章 親征噶爾丹的戰略意義

(一)前言

噶爾丹崛起於厄魯特，殺鄂齊爾圖汗，迫使厄魯特蒙古部遷入清朝邊境。其後噶爾丹又藉機侵入漠北蒙古，迫使喀爾喀蒙古南遷，威脅清朝西北邊疆的國防安全。康熙皇帝對噶爾丹的崛起，先採取消極不承認防阻政策，及至平定三藩之亂後，對噶爾丹的策略轉趨積極，限制厄魯特貢使的人數在二百名以內，其餘俱令在張家口、歸化城等處貿易，且需選賢能頭目，嚴行約束，以免其沿途搶掠，殃民作亂。而噶爾丹卻不願遵守清廷的約定，轉向投靠俄國。在沙俄及西藏神權的支持下，噶爾舟乘喀爾喀蒙古內亂之際侵入漠北。康熙皇帝則於庫倫伯勒奇爾召集喀爾喀蒙古左右兩翼會盟，加強其團結以防阻噶爾丹的勢力。

噶爾丹不止侵入喀爾喀，更侵入內蒙掠及四佐領之人，康熙皇帝為了維護西北邊疆的國防安全，命皇兄裕親王福全，及皇子胤禔等率領大軍出塞遠征，大敗之於烏蘭布通，噶爾丹卻乘夜遁走。

但在噶爾丹追擊土謝圖汗等人時，喀爾喀蒙古舉族南遷，清廷安插於汛界內外，賑給米穀牲畜。當喀爾喀南遷時，飢困已極，互相劫掠。康熙皇帝為了使喀爾喀能謹守法度，將喀爾喀按漠南蒙古四十九旗辦法，置扎薩克分編旗隊加強管理，並於多倫諾爾舉行盛大的會盟，化解爭端以增強喀爾喀內部的團結，及其對清廷的向心力，施恩於喀爾喀使之成為防備朔方，為清朝西北邊疆的長城。

噶爾丹於烏蘭布通戰敗宵遁後，誓言不犯中華皇帝屬下喀爾喀，但不久即掠克西克騰部，其後又戕害清廷使臣，並向清朝要求索還其仇人及將喀爾喀七旗歸於故土，復以噶爾丹採取不再深入到處襲擊騷擾戰略，影響蒙古地區的安寧及清朝的邊防安全。康熙皇帝在會盟和平解決爭端無望的情形下，決定親統大軍分三路進剿噶爾丹。在兵力數量及火砲的絕對優勢，及中路與西路大軍夾攻下，本可殲滅噶爾丹的勢力。但昭莫多之戰，噶爾丹引數騎逃竄。其勢力已大損，康熙皇帝乃班師回朝，完成其拓展邊防永清朔方的戰略任務。

昭莫多之戰後，噶爾丹仍拒絕投降清朝，其兵力已大損略五千餘。但噶爾丹勢力的存在仍為清廷邊疆的隱患，威脅哈密與青海的安全，康熙皇帝除諭令西寧等地駐軍及蒙古軍相機堵禦進剿外，又決定第二次的親征，但其主要目的則為政治招撫。對來降的厄魯特人，或授以官職，或給予適當安置編入上三旗滿洲佐領，並一再重申加恩不念舊惡招撫之意。為了迫使噶爾丹的歸降，康熙皇帝又調兵遣將四面設哨堵剿，使噶爾丹陷入孤立無援的困境。當噶爾丹派遣使臣格壘沽英等前來納款時，康熙皇帝特別召見，並以「寬仁」「誠信」的儒家思想理念招撫噶爾丹，限其七十日內來降，隨即起鑾回京。

限期已過，噶爾丹仍拖延不降，康熙皇帝乃決定第三次出塞親征，前往寧夏部署征剿噶爾丹及招撫西陲之厄魯特。此一軍事行動早在康熙皇帝第二次親征回宮的第二天即已決定，主要的目的則是乘噶爾丹窮困已極的機會，予以速行剿滅。而招撫噶爾丹的政策及其措施，亦因康熙皇帝出兵寧夏產生了良好的效果，甚至噶爾丹身邊的親信大臣也動搖了，而有歸降清廷之意。更重要的事則為達賴喇嘛已身故十六年，噶爾丹與第巴間的宗教政治大騙局已完全敗露，頓使噶爾丹陷入眾叛親離的困境。而俄國也「拒而不答」不與支援，噶爾丹在走投無路的困境下，只能以殘餘勢力在阿爾臺四周遊牧。

招撫青海諸臺吉也非常順利，一切就緒，出征目的已達，康熙皇帝乃決定登舟回鑾，途中也獲悉噶爾丹死亡消息。經過清軍四次出塞遠征，噶爾丹勢力總算消滅，喀爾喀蒙古返回故土，清朝的西北邊疆因此獲得十八年的和平與安寧。

(二) 防阻噶爾丹，維護西北邊疆的「均勢」和平

康熙十六年十月至十二月間，「靖逆將軍甘肅提督侯張勇等曾兩次奏報邊情」言：「厄魯特濟農等為噶爾丹所敗，逃至沿邊，違禁闌入塞內，奪番目馬匹及居民牲畜。守汛官兵，驅之使出。濟農等言，我等皆鄂齊爾圖汗之子侄，窮無所歸，故至此。聞噶爾丹復遣兵未已，或來追我，或趨喀爾喀俱未可知。」又言：「甘涼近南山一帶，有西海墨爾根阿喇奈多爾濟臺吉等廬帳數千餘，肅州境內遊牧番人頭目，有濟農布第巴圖爾，厄爾德尼和碩齊等廬帳萬餘，皆為噶爾丹所敗，自西套來奔。」康熙皇帝以為噶爾丹崛起於厄魯特，威脅清朝西北邊防安全，除諭令「身在陝西」的大將軍圖海「令提督等率兵往逐」「其沿邊流番」外，「或嚴飭邊防官兵，各固守汛地，選幹練人員，至番人頭目處，開誠曉諭，令彼退回」、「毋致生釁」[1]。「尋諭大學士等令拉篤祜赴涼州，探厄魯特臺吉噶爾丹信息，不時以報。」「據回報云：有鄂齊爾圖汗屬下達爾漢哈什罕，曾為噶爾丹擄去，今往西海，遇而問之。彼言噶爾丹既殺鄂齊爾圖汗，今歲二月內，令其屬下兵丁殷實者，各備馬十匹，駝三隻，羊十隻。窘乏者，馬五匹，駝一隻，羊五隻，自其地起兵，不知何向。臣向聞甘肅番人，素與僧額輸租，僧額歿，屬於噶爾丹。臣召其頭目永柱訊之，言噶爾丹居西北金山，距

嘉峪關兩月程，即古大宛國也。臣聞噶爾丹遣喇嘛萬春來召番人頭目，至河套議事，臣密遣人誘問之。萬春言噶爾丹鄰近諸番，有從之者，亦有從之而復去者。噶爾丹向有侵西海之意，因人心不一，西海路遠，恐一動而本地有事，不敢輕舉。臣復遣人至墨爾根臺吉所審視之，眾皆寂然安居，第番情難以預料，謹疏奏聞」❷。

厄魯特屬漢西蒙古，在清太宗崇德二年，「顧實汗遣使通貢，閱歲乃至，是為厄魯特通貢我朝之始。」❸而噶爾丹則是厄魯特四部中準噶爾部的雄主，順治元年「中年所生」，「為人兇惡，耽於酒色。」❹其父「巴圖爾臺吉，駐牧北方阿爾臺之地，是之謂北厄魯特」。父死時，噶爾丹「尚幼，棄家投達賴喇嘛，習沙門法」❺。其「為喇嘛時，居班禪胡土克圖所，謂唐古特國之托卜察一城人，乃噶爾丹前生尹咱胡土克圖時之徒也。使為屬下，

❶《聖祖仁皇帝實錄》（臺北，臺灣華文書局發行）卷六九、七〇，頁一九、二〇，康熙十六年十月及十二月甲寅及辛未。

❷同上，卷七二，頁二二，卷七六，頁二，康熙十七年三月及八月己未及庚午。

❸祁韻士撰《皇朝藩部要略》（蘭州《中國西北文獻叢書》第三輯，西北史地文獻第二十卷）卷九，厄魯特要略一，頁二。

❹同❶，卷八三，頁一九，康熙十八年八月乙丑。

❺《平定朔漢方略》（《欽定四庫全書》，臺灣商務印書館印行）卷一，頁九。

有徵賦之人在，沿途可得馬匹糗糧，而無沮之之人」❻。但噶爾丹到西藏拉薩拜五世達賴喇嘛為師，並不是虔誠「禮佛」，也不是為了獻身於黃教。而是要利用黃教在蒙古民族間的巨大影響力，以宗教作政治資本，抬高其自身的政治地位，以遂其兼併厄魯特部族，侵占漠北喀爾喀蒙古的政治野心。其「居烏思藏日久，不甚學梵書，惟取短搶摩弄」。而達賴喇嘛亦欲利用噶爾丹，稱其為「尹咱胡土克圖」活佛所轉世。時「達賴喇嘛之徒遍西域，而特重嘎爾旦（噶爾丹），所語密，雖大寶法王、二寶法王（今皆稱活佛）不得與聞」❼。及「厄魯特內亂」，噶爾丹乃「釋僧服」還俗歸其部，「嘎爾旦（噶爾丹）將行，達賴喇嘛多祕語，膜拜別，長嘆曰：殺運方興，汝乃出也」。其「性既狡黠，且險狠好鬥，外假達賴喇嘛為援，內以結其父兄舊屬臣民，藉名報讎，殺車臣巴圖爾，遂自襲為臺吉，肆其兇鋒」❽。遂為準噶爾部之長，及其「既戕鄂齊爾圖，自稱博碩克圖汗，因脅諸衛拉特奉其令」❾。康熙十七年，噶爾丹乘「回部」伊斯蘭教內部教派之爭，攻取天山南路葉爾羌等「回部」各城，西侵哈薩克、布魯特等地，「盡執元裔諸汗，遷居天山以北，回部及哈薩克皆為其屬。」❿十八年，「達賴喇嘛加噶爾丹封號『博碩克圖汗』」。其勢力復向東發展，屢征喀爾喀」⓫。

康熙十八年七月，「靖逆將軍甘肅提督侯張勇疏言：噶爾丹將侵吐魯番，漸次內移，往居西套，前哨已至哈密，去肅州僅十數日。」⓬「近者入邊行劫，皆係噶爾丹擊敗來奔，貧無所依之人。」⓭故噶爾丹之崛起及其對其他蒙古部族吞併或攻掠，除破壞了清朝西北邊防的「均勢」外，實際上也影響西北邊防的安全，而康熙皇帝對西北各蒙古部族間則主張其「向相和好，貢獻本朝，往來不絕，和睦相處，避免其兵戎相見。若有問題發生，由朝廷「遣使評其曲直，以免生民於塗炭」⓮。當「今噶爾丹臺吉，與鄂齊爾圖車臣汗，內自相殘。噶爾丹臺吉攻鄂齊爾圖車臣汗，以陣獲弓矢等物來獻」時，康熙皇帝拒絕收納，諭大學士索額圖等說明「若徑收納」此類進獻物，「朕心不忍」「止收其常貢之物。以此旨傳諭來使」⓯消極的表示不認同噶爾丹武力擴張後既成的事實。及至噶爾丹以「達賴喇嘛加噶爾丹臺吉以博碩克圖汗之號」，「遣使貢獻鎖子甲、鳥槍、馬駝、貂皮等物」。「奉貢入告」

❻ 同❶，卷一七四，頁一八，康熙三十五年七月戊午。
❼ 梁分撰《西陲今略》（青海人民出版社，一九八七年五月），頁四一九，並參❻。
❽ 同❼，頁四二〇，並參❺。
❾ 同❸，卷九《厄魯特要略》，頁九，頁一〇。
❿ 魏源撰《聖武記》（臺北中華書局珍仿宋版印）卷四，頁一四，《乾隆戡定回疆記》。
⓫ 編寫組編著《準噶爾史略》（北京，人民出版社印行，一九八五）第三章《噶爾丹的興起及其覆亡》，頁九〇。
⓬ 同❶，卷八二，頁五，康熙十八年七月甲辰。
⓭ 同❹。
⓮ 同❶。
⓯ 同❶，卷六七，頁六，康熙十六年五月甲午。

時，康熙皇帝亦認為「從前厄魯特」，「有奏請敕印來貢者，准其納貢，授以敕印，並加恩賚，從無以擅稱汗號者，准其納貢之例。」但最後仍「准其獻納」「方物」，只是不承認其「擅稱汗號」而已⑯。

及至康熙廿二年，清廷平定三藩之亂後，康熙皇帝對噶爾丹之政策則轉趨積極，雖然默認其擅稱「博碩克圖汗」，但卻責令其「收捕」「屬下人」之「作亂者」「厄爾德尼和碩齊，巴圖爾額爾克濟農」「二人」，「照例治罪」。尤其要噶爾丹查明「無符驗」，「前來進貢」之事。「嗣後遣使，俱給用印符驗，填注年月日期。」其後更曉諭噶爾丹「嗣後」「所遣貢使」人數，「限二百名以內，准入邊關，其餘俱令在張家口、歸化城等處貿易」。其「敕諭厄魯特噶爾丹」曰：

> 聲教既一以來，爾歷世相承，虔修職責，聘問有年，……故向來爾處所遣之使，不限人數，一概俱准放入邊關。前此來使無多，且頭目人等善於約束，是以並無妄行作亂者。比年爾處來使，或千餘人，或數千人，連綿不絕，沿途搶奪塞外蒙古馬匹牲畜。進邊之後，任意牧放牲畜，踐食田禾，綑縛平民，搶奪財物，妄行者甚多。邊外蒙古與內地百姓，非不能相拒報復，只以凜遵朕之法度耳！朕俯念爾等素行恭順，不將若輩照內地律例究處，遂致妄行殃民，日以益眾。用是限定數目，放入邊關。嗣後爾處

> 所遣貢使，有印驗者，限二百人以內，准入邊關，其餘俱令在張家口、歸化城等處貿易。其向來不用爾處印驗，另行納貢之厄魯特噶爾馬戴青和碩齊，和碩特之博洛庫濟臺吉，杜爾伯特之阿爾達爾臺吉，圖爾古特（土爾扈特）之阿玉奇臺吉等所遣貢使，放入邊關者，亦不許過二百人。爾噶爾丹博碩克圖汗，尚毋違朕視四海一家，中外一體至意，敬慎遵行。嗣後遣使，必選賢能頭目，嚴行約束。若仍前沿途搶掠，殃民作亂，即依本朝律例。傷人者，以傷人之罪罪之，盜劫人財物者，以盜劫之罪罪之。⑰

康熙皇帝為了維護「邊外蒙古與內地百姓」生活安寧，規定厄魯特各部貢使的人數，「限二百人以內，准入邊關」，但對其勢力正在膨脹發展中的噶爾丹而言，貢使人數之減少，關係其實際經濟利益與政治地位而不願遵守，次年遣使，即「攜伴三千人入貢」⑱。尤其是噶爾丹對康熙皇帝責令其「限日」「收捕」「屬下人」「厄爾德尼和碩齊，巴圖爾額爾克濟農」，如逾丑年（康熙廿四年）四月之期，則由朝廷「裁奪」之事，更是「斷不能」處

---

⑯ 同❶，卷八四，頁四，康熙十八年九月戊戌。

⑰ 同❶，卷一一一，頁一三，及卷一一二，頁一二，康熙二十二年七月戊戌及二十二年九月癸未。

⑱ 同❶，卷一一六，頁二四，康熙二十三年九月乙亥。

理。因巴圖爾額爾克濟農為厄魯特鄂齊爾圖汗之侄，與鄂齊爾圖汗之子袞布喇卜坦，居於一處，而「袞布喇卜坦」，取喀爾喀土謝圖汗之女為妻，兩處相犄角。噶爾丹博碩克圖，欲以兵向袞布喇卜坦，巴圖爾濟農，則恐喀爾喀土謝圖汗躡其後。欲以兵向喀爾喀，則恐袞布喇卜坦等躡其後。蓋斷不能收取巴圖爾濟農也」⑲。而康熙皇帝則於丑年（廿四年）四月剛過，即諭大學士勒德洪等，「巴圖爾額爾克濟農違離彼土，嚮化而來，宜加愛養，經理其居處」。「特加矜恤」，「寬宥」其「搶奪毛明安」等「罪戾」，與鄂齊爾圖汗之孫「羅卜臧滾布等聚合，封以名號」，「可以同居之善地，相度定居」⑳。以鄂齊爾圖汗子孫及其與喀爾喀土謝圖汗所形成的姻親「犄角」等勢力牽制日益壯大的噶爾丹。

或許是為了抵制鄂齊爾圖汗子孫等與喀爾喀土謝圖汗新近所形成的聯合「犄角」勢力；或許是為了突破康熙皇帝限制貢使人數所造成經濟上的困境，當然也出於噶爾丹「準備向東發展，吞併喀爾喀蒙古的政治對心」。噶爾丹自康熙二十五年後，「開始向沙皇俄國靠攏，謀求與沙皇結盟」。而俄國也「急須噶爾丹的聲援，以西南方牽制漠北蒙古喀爾喀」。故俄國全權大使戈洛文於一六八八年（康熙二十七年）召見噶爾丹使臣並提出建立俄準聯盟的建議。有了俄國全權大使的保證和支持，噶爾丹吞併喀爾喀蒙古的野心日熾，妄圖在西藏神權勢力的支持下，依靠沙俄的軍援，一舉占領漠北喀爾喀蒙古地區㉑。

喀爾喀蒙古，「以在漠北，故謂之外蒙古」㉒。其遊牧範圍，「東至黑龍江呼倫貝爾城界，南至瀚海，西至阿爾臺山，與新疆伊犁東路界，北至俄羅斯界」。是元太祖成吉思汗十五世孫達延汗的後裔。達延汗死後，諸子「由瀚海南徙近邊」「獨其季格埒森札札賚爾臺吉，留故土，號其所部曰喀爾喀。析眾萬餘為七旗，授子七人領之，分左右翼。有三汗，曰土謝圖汗、曰車臣汗、曰札薩克圖汗。崇德三年，三汗並遣使來朝，定歲貢，三汗各貢白馬八，白駝一，謂之九白之貢，歲以為常。順治十二年，三汗及賽因諾顏部長丹津喇嘛，各遣子弟來朝。冬復遣使乞盟，賜盟宗人府，設八札薩克，仍分左右翼」。自此確立喀爾喀蒙古臣屬於清廷的宗藩關係㉓。並定其貢額與賞額，「每歲汗及濟農、諾顏、大臺吉等各貢白馬八匹，白駝一頭，謂之九白之貢。年貢也。此外臺吉，他布囊不限色不計數，隨所有而貢，常貢也，著為令。旋定答賞之例，每札薩克各賞以銀茶桶、銀盆、緞布等物。其餘小臺吉貢

---

⑲《康熙起居注》（北京，中華書局出版，一九八三）冊二，頁一〇三一，康熙二十二年七月十五日。並參《聖祖仁皇帝實錄》卷一一一，頁六。

⑳同❶，卷一二一，頁四，康熙二十四年五月癸未。

㉑郭松義等著《清代全史》（遼寧人民出版社，一九七一年七月）卷三，頁一六三。

㉒同❸，卷三，頁一。

㉓張穆撰《蒙古遊牧記》（《蒙藏基本叢書》，蒙藏委員會印行，民國七十年四月再版）卷七，頁一二七—一三一，《外蒙古喀爾喀四部總敘》。

使等亦各賞緞布有差。定例後，喀爾喀汗等益加恭順，遣使絡繹，歲以為常」㉔。

康熙元年，喀爾喀左右翼之間開始內訌，出現動亂。起因於扎薩克圖汗旺舒克為同族扎薩克額琳沁羅卜藏臺吉「以私憾所襲殺」，土謝圖汗察琿多爾濟賽音諾顏部長丹津喇嘛並發兵擊之，額琳沁羅卜藏奔就厄魯特。其扎薩克圖汗旺舒克之兄「綽墨爾根自立為汗，以未請於朝，眾弗附，多歸土謝圖汗察琿多爾濟」㉕。喀爾喀右翼扎薩克圖汗因其「弟兄子侄多投左翼土謝圖汗，屢索不還，曾往訴達賴喇嘛」。而土謝圖汗既不「發還」其人民，又不「前來蒞盟」，於是「謹以此情上聞」於宗主國的清朝。康熙皇帝基於「朕統御寰區，願中外無征戰之勞，離散之苦，使眾生皆臻安樂」，乃派遣使臣等齎敕往諭達賴喇嘛令其共同遣使至喀爾喀境內「議和」，「往諭將扎薩克圖汗離散人民給還，俾兩翼永歸於好」㉖。「盡釋舊怨，將兄弟人民各歸本扎薩克，令其和協，照舊安居，不但仰副朕命與達賴喇嘛之意，即爾七旗永無離散之苦，爭鬥之害，福祿所綏，亦且無疆矣！」㉗

康熙二十五年八月十六日，清朝使臣理藩院尚書阿喇尼等，及達賴喇嘛使臣噶爾亶西勒圖，共同於庫倫的伯勒奇爾會盟，召集喀爾喀蒙古互相敵對的左右兩翼的汗、濟農、諾顏、臺吉等參與會盟，當場宣示康熙皇帝諭旨：「爾等以兄弟之親，互相吞併，異日必致交惡生亂，朕心惻焉！……爾汗、濟農、諾顏、臺吉等當仰體朕之至意及達賴喇嘛之慈心，盡釋舊怨，將兄弟人民，各歸本扎薩克，令其和協，照舊安居。」兩翼汗及臺吉等一致表示遵從，「遂令扎薩克圖汗，土謝圖汗行相問抱見禮，又令左右翼眾臺吉亦行相問抱見禮」。並俱跪於達賴喇嘛使臣及活佛折卜尊丹巴胡土克圖佛像前，「設立重誓，兩翼互相侵占之臺吉人民，令各歸本主，一切應結事件，俱審擬完結」。「自今以往，當永遠和協」㉘。

庫倫伯勒奇爾的會盟，表示清朝對漠北喀爾喀蒙古宗藩地位的加強，消除喀爾喀蒙古左右兩翼間的「宿怨」，避免「異日」因「交惡生亂」的戰爭，對維護清朝西北邊疆的「均勢」和平有深遠的意義。

(三) 親藩出征，以喀爾喀為防備朔方的長城

噶爾丹兼併天山南北，控制中亞以後，野心更大，妄圖在西藏喇嘛神權勢力的支持與沙

㉔ 同❺，卷一，頁一一，康熙十六年十月甲寅。
㉕ 何秋濤撰《朔方備乘》（《中國西北文獻叢書》九三及九四，中國史地文獻一八卷，一九卷）卷三，頁八，《喀爾喀內屬述略》。
㉖ 同❺，卷三，頁一，康熙二十三年二月庚子。
㉗ 同❺，卷三，頁一四，康熙二十五年四月乙酉。
㉘ 同❺，卷三，頁一九，康熙二十五年十月戊午。

俄軍援下，占有漠北，煽誘內蒙古，完全實現其「聖上君南方，我長北方」的政治野心㉙。康熙二十九年五月，噶爾丹又開始籌畫另一新的軍事行動。他以攻伐喀爾喀仇人為藉口，循索約爾濟河南下，進入內蒙古烏珠穆沁境內，「闌入汛界」，「乘虛騷入，褫守汛界衣服，出言不遜」。六月十四日，進入烏爾會河東烏闌之地，烏珠穆沁部額爾德尼貝勒博木布屬下「人民，多被劫掠」。噶爾丹此次「肆其殺戮，拆人妻子，離人骨肉」，「掠及四佐領之人」㉚。

康熙皇帝獲知噶爾丹率兵進入內蒙古汛地的軍情後，即命理藩院尚書阿喇尼，兵部尚書紀爾他布率兵躡噶爾丹兵後，「偵其所至奏報」，「且勿與戰，俟（科爾沁）達爾漢親王班第兵，盛京烏喇滿洲兵齊集，同夾擊之」。其後據「尚書阿喇尼奏報，與厄魯特（噶爾丹）戰於烏爾會河地方，厄魯特兵二萬餘，掠烏珠穆秦（沁）男女牲畜輜重，徐行，溯水上流遊牧。臣等偵知之，分兵二隊，乘夜往襲。二十一日昧爽，於烏爾會河地方，及其營，令所選蒙古勇士二百餘攻之，令喀爾喀兵五百，驅其所掠。未及戰，諸扎薩克及喀爾喀兵，爭取其子女牲畜，陣動不能止，遂退。厄魯特分兩翼，陣而立，我軍次隊繼進，厄魯特發鳥鎗，軍退。前隊兵及喀爾喀兵復進，喀爾喀兵畏其鳥鎗，先卻，諸扎薩克兵力薄，亦退。厄魯特增兵，從山上繞出我左右。我軍因火器營未至，不能進，遂斂歸。駐鄂爾折伊圖，以俟諸軍」㉛。清軍「違命輕戰，以致失利」，更助長噶爾丹囂張氣焰，「遂乘勝長驅而南，深入烏蘭布通，距京師七百里乃止」[32]。時「京師戒嚴」，「城內外典廨盡閉，米價至三兩餘」，居民驚慌[33]。康熙皇帝為了維護西北邊疆的國防及其人民生活的安寧，「遣軍校檄阿喇尼，令與額赫納，阿南達兵會，毋以前戰未捷，遽懷退怯。其收集兵馬，嚴行警哨。如各扎薩克之兵不足恃，皆令內移。喀爾喀有橫行者，禁輯之。自古北口至西巴爾臺，令兵部遣坐驛筆帖式設站。自西巴爾臺至阿喇尼所，令蒙古設站。學士布彥圖設站畢，撤張家口。其坐驛筆帖式軍校，赴伊處酌用。兵部侍郎沙穆哈前往安驛，直至布彥圖所。令巡撫于成龍星速來京，整理近京驛站」。其後並命皇兄「和碩裕親王福全為撫遠大將軍，皇子允禔副之，出古北口。皇弟「和碩恭親王常寧為安北大將軍，和碩簡親王雅布，多羅信郡王鄂扎副之，出喜峰口。內大臣舅舅佟國綱、佟國維，內大臣索額圖，明珠，阿密達，都統蘇努，喇克達，彭春，阿席坦，諾邁。護軍統領苗齊納，楊岱。前鋒統領班達爾沙，邁圖，俱參贊軍務。諸軍前發，惟佟國維，索額圖，明珠留京，俟大將軍至陰山，馳往會之」。又詳定賞罰標準，嚴

㉙ 同❺，卷七，頁二九，康熙二十九年七月己酉，噶爾丹使者對清廷內大臣轉述噶爾丹的話。

㉚ 同❶，卷一四六及一四七，頁一八及頁一三、一四，康熙二十九年六月癸未及七月壬寅。

㉛ 同❶，卷一四六，頁二三、二四，康熙二十九年六月丁亥及戊子。

㉜ 同❿，卷三，頁二三，《康熙親征準噶爾記》。

㉝ 劉獻廷撰《廣陽雜誌》（《百部叢書集成》，臺北，藝文印書館發行）卷一，頁三〇。

明軍紀，由「兵部刊布曉諭出征官兵」㉞。這次大軍出征真是「親藩分鐵鉞，長子擁麾旌」。康熙皇帝並於大軍出征前，贈詩一首，表示他對出征將士的重託與期望。其詩曰：「獲丑寧遺類，籌邊重此行。據鞍軍令肅，橫槊凱書成。烟火疆隅堠，牛羊塞上耕。遐荒安一體，歸奏慰予情」㉟。

兩路大軍於康熙二十九年七月六日，自北京啟行。康熙皇帝也於是月十四日，從北京出發，巡行邊塞，擬駐於前線近地指揮。不料，「上駐蹕博洛和屯」後，於七月二十二日「夜間身熱心煩，至黎明始得成寐」。經諸大臣侍衛等懇請，次日「暫且回鑾」。康熙皇帝「來此，本欲剋期剿滅噶爾丹，以清沙漠。今以朕躬抱疾，實難支撐，不獲親滅此賊，甚為可恨，至於歎息流涕」㊱。至前線各路官兵，則由撫遠大將軍福全調用指揮。

清軍偵察到噶爾丹先在「烏蘭滾地方，覓山林深塹，倚險結營。又聞其祭旗誦經，距我軍僅四十里」。其後撫遠大將軍福全等疏報：「七月二十九日，臣等聞厄魯特屯於烏蘭布通，即整列隊伍。八月一日黎明前進，日中見敵，設鹿角鎗砲，列兵徐進。未時，臨敵，發鎗砲擊之。至山下，見厄魯特於林內隔河高岸相拒，橫臥駱駝，以為障蔽。自未時交戰，至掌燈時，左翼由山腰捲入，大敗之，斬殺甚多。右翼進擊，為河崖淖泥所阻，回至原處。本欲盡滅餘賊，但昏夜地險，收兵徐退。」㊲「賊乘夜走保高險，翌日，遣西藏喇嘛濟隆來軍，卑詞乞和。奏聞，詔速進兵，毋墮賊計，而噶爾丹不俟報即拔營，由克什克騰部之什拉穆楞河，載木橫渡，越大磧山宵遁。所過皆燒荒以絕追騎，逾數日，我師輕騎追之，已不及。」㊳烏蘭布通之戰，噶爾丹雖乘夜遁走，但其勢大損，「歸路遭罹瘟疫，得還科卜多者，不過數千人耳！」

噶爾丹之勢力雖大損，但準噶爾「乃習於戰鬥之國也」，當其攻取喀爾喀時，「七旗數十萬之眾，一歲之中，喪亡略盡」㊴。在噶爾丹追擊土謝圖汗等人時，喀爾喀舉族輾轉南遷，其景況極為悲慘，「厄魯特人攻打喀爾喀，其勢猛烈得使喀爾喀驚慌萬狀，四散逃竄，荒野上棄下一堆堆力竭倒斃的馬匹、駱駝和其他牲畜的屍體，甚至還有老弱病人，真是一片淒慘景象」㊵。「遇喀爾喀南徙者，蔽地而來，前後相望六十餘里」。其「遺棄牛馬，死者

㉞ 同❶，卷一四六及一四七，頁二六及頁一—四，康熙二十九年六月己丑及七月辛卯。

㉟ 《聖祖仁皇帝御製文二集》（《欽定四庫全書》，臺灣商務印書館發行）卷四四，頁一〇。

㊱ 同❶，卷一四七，頁八、一六、二一、二二、二三。康熙二十九年七月乙未、癸卯、己酉、辛亥及壬子等日。

㊲ 同❶，卷一四八，頁二，康熙二十九年八月己未及辛酉。

㊳ 同❿，卷三，頁二三，《康熙親征準噶爾記》。

㊴ 同❶，卷一八三，頁三〇，康熙三十六年五月癸卯。

㊵ 同㉑，卷三，頁一七七。

相枕，臭聞數里」㊶。「澤（哲）卜尊丹巴，攜土謝圖汗妻與子媳，及喇嘛班第等夜遁。喀爾喀通國，各棄其廬帳器物，馬駝牛羊，紛紛南竄，晝夜不絕，土謝圖汗不知存亡」㊷。

喀爾喀南遷後，清廷在內蒙古北部沿邊以水草善地，「安插汛界內外，賑給米穀牲畜」，供喀爾喀人休養生息。但喀爾喀蒙古在「汛界內外」，亦有「率千餘人劫掠」「橫行」之事㊸。而且「求入內地之喀爾喀等，互相殺奪」。「並無法度，不能約束，以強凌弱，自相劫奪，倘不速行曉諭，定法督察，則汝等見在人民，益至離散矣！」其「喀爾喀來降者，飢困已極，自相劫掠」。為了使喀爾喀能「謹守法度，寇盜不興，禍亂不作，遺民漸次得所」，「應速置扎薩克，遣蒙古王、臺吉等曉示法度，收集離散」。故康熙皇帝於二十八年九月起，決定按照收編管理漠南內蒙古四十九旗的辦法，將漠北喀爾喀外蒙古也有效的加以收編管理，實現其祖父太宗皇太極準備實行而「未及行」的遺願，在喀爾喀蒙古中分編旗隊㊹。

為了增強喀爾喀各部族對清廷的向心力「永使安輯」，及其各部族間的團結，康熙皇帝於二十九年三月決定，令喀爾喀三汗及諸濟農、臺吉等，與內蒙古四十九旗扎薩克等，於七月會同大閱㊺。所謂會同大閱，即會閱，也就是會盟，是蒙古各部及各扎薩克間，定期集會、聯絡感情、協調關係、共同商量及解決重大問題的形式。而這次會盟更是盛大，除有漠南蒙古與漠北蒙古共同參加外，還有康熙皇帝親自主持，更顯得其意義非凡。而康熙皇帝也於清軍大敗噶爾丹後宣布「喀爾喀會閱，擬於清明前後往臨」。令各部院準備應行事宜。其後又確定會盟地點「於上都河，額爾屯河兩間七溪之地」，亦即在多倫諾爾內蒙舉行。

康熙皇帝於三十年四月十二日啟行，十八日後，「上駐蹕多羅諾爾地方」㊻。會盟時，理藩院遵旨「酌定喀爾喀坐次，應令土謝圖汗，澤(哲)卜尊丹巴胡土克圖，扎薩克圖汗弟策妄扎布，車臣汗，坐第一行。餘分七行，以次序坐。尋命喀爾喀七旗，與四十九旗同列」。五月二日，會盟正式開始，「上御行宮前黃幄，陞座。喀爾喀汗、臺吉等行三跪九叩禮畢，以次序坐」。為了解決喀爾喀各部間之爭端與團結，康熙皇帝先在行宮召見土謝圖汗，哲卜尊丹巴胡土克圖，「賜二人茶，又賜土謝圖汗數珠一串」。然後親自評定其是非曲直，命大學士等傳諭喀爾喀等眾曰：

㊶ 錢良擇撰《出塞紀略》（載於《聖武記》卷三，頁三九）。

㊷ 同❶，卷一三五，頁二五，康熙二十七年六月庚申。

㊸ 同❶，卷一四六，頁二六，康熙二十九年六月己丑。

㊹ 同❶，卷一四二，頁二及頁一二—一六，康熙二十八年九月戊戌及十月辛未。

㊺ 同❶，卷一四五，頁二，康熙二十九年三月癸巳。

㊻ 同❶，卷一五〇，頁四、二一，及卷一五一，頁六，康熙三十年正月戊申，三月庚子，及三十年四月乙酉。

爾等七旗喀爾喀，兄弟不睦，朕特遣大臣會閱，令將互相呑噬之人民，各行給還。誓言已定，土謝圖汗等自食其言，託征厄魯特起兵，將扎薩克圖汗、得克得黑墨爾根阿海，執而殺之。從此喀爾喀等心志攜貳，以致國土敗亡，生計遂失。然雖窮困已極，但能思朕夙昔愛養之恩，來求歸附，朕仍一體養育。今土謝圖汗等將一切大過，自行陳奏，當此大閱之時，若即懲以重罪，豈惟朕心不忍，爾等七旗能無愧於心乎？若以輕罪處之，目今生計全失，俱賴朕惠養，何從議罰？故將伊等責其大過，復原恕其情。至扎薩克圖汗，抒誠進貢，業已有年，無故為土謝圖汗等殘害，殊為可憫。今其親弟策妄扎布來覲，宜即令承襲，以示優恤。

這次會盟，康熙皇帝為了解決爭端，雖由土謝圖汗等「自陳」其過，但在處理上卻完全以寬大、息事寧人的政治風度，「寬恕其罪」，使他們「不勝歡忭感激」。次日，「賜喀爾喀土謝圖汗、澤卜尊丹巴胡土克圖、扎薩克圖汗弟策妄扎布、車臣汗，銀各千兩，蟒緞、綵緞各十五匹、及銀器、袍帽、茶、布諸物，又賜濟農、臺吉等銀緞諸物有差。」復召彼等三十五人賜宴。「俾各陳所欲言」，「舒懷共語」，「勿過於拘束也」。並宣布將喀爾喀等「與朕四十九旗一例編設，其名號亦與四十九旗同，以示朕一體仁愛之意」。又「親閱喀爾喀營寨，察其窮困者，賞以銀布。又大賚喀爾喀王、貝勒、貝子、公、臺吉等牛羊」。最後則示以軍威，「皇上御甲胄，發十矢九中，洵神武也。隨大閱軍容，八旗滿洲官兵，漢軍火器營官兵，及總兵官蔡元標下官兵，各依次列陣，鳴角、鳥鎗齊發，眾大呼前進，聲動山谷。喀爾喀土謝圖汗、臺吉等，悚懼失措」。

當康熙皇帝「回鑾」時，「四十九旗王、貝勒、貝子、公、臺吉等跪路左，喀爾喀土謝圖汗、車臣汗，及王、貝勒、貝子、公、臺吉等跪路右」恭送。「駕過，喀爾喀土謝圖汗等皆依戀不已，伏地流涕」。會盟時，康熙皇帝更宣揚其尊君親上、仁民愛物、扶亡濟困、講信修睦等中華儒家思想與理念，要蒙古部族等永遠做大清帝國「恭順」的藩屬臣民。「自今以往，爾等體朕愛養之恩，各守法度，力行恭順。如此，則爾等生計漸蕃，福及子孫，世世被澤」。

多倫諾爾會盟，對清廷而言，實在非常成功，也達到其預期的政治目的。會盟後，康熙皇帝曾指出這次會盟的重要戰略意義。其「諭扈從諸臣曰：昔秦興土石之工，修築長城，我朝施恩於喀爾喀，使之防備朔方，較長城更為堅固」㊼。「秦始皇築長城，因役使民力過量，造成其國內人民普遍的怨恨，而『死的』萬里長城並不是有效的國防工事。故秦暴政滅

㊼ 同❶，卷一五一，頁八—一九，康熙三十年四月乙酉及五月丁亥、戊子、己丑、庚寅、壬辰等日。

亡後，漢朝代興，仍遭受匈奴寇擾的威脅。」㊽而康熙皇帝更在古北口總兵官蔡元疏請修築古北口一帶傾塌的邊牆時，說明清朝不修長城的意義。諭大學士等曰：「蔡元所奏未諳事宜，帝王治天下，自有本原，不專恃險阻。秦築長城以來，漢、唐、宋亦常修理，其時豈無邊患？明末，我太祖統大兵，長驅直入，諸路瓦解，皆莫敢當！可見守國之道，惟在修德安民。民心悅，則邦本得，而邊境自固，所謂眾志成城者是也。如古北口、喜峰口一帶，朕皆巡閱，概多損壞。今欲修之，興工勞役，豈能無害百姓？且長城延袤數千里，養兵幾何？方能分守。蔡元見未及此，其言甚屬無益，諭九卿知之。」㊾康熙皇帝這種不修築長城，以喀爾喀為長城防備朔方鞏固邊防的戰略思想，也是他不辭勞苦、三次率軍親征噶爾丹的主要原因之一。

(四)首次御駕親征，拓展邊疆永清朔方

噶爾丹在烏蘭布通戰敗「宵遁」後，曾「跪於威靈佛前，誓不犯中華皇帝屬下喀爾喀，以及眾民」。又「頂禮達賴喇嘛所遺佛像而設誓曰：我斷不違旨矣！前者深入邊地，已自知罪。佛在前，而敢不以我罪為罪乎？聖上即佛天也，乞姑宥我」㊿。但「噶爾丹乃極狡詐之人」，「立誓乞和」後，於「是月初九日，掠克西克騰三佐領，搶去羊二萬餘，牛馬一千

餘」[51]。兩年後，又故態復萌，於康熙三十一年八月，「有噶爾丹屬下蒙古五百許」，「在哈密地方」，「戕害」清廷使臣「馬迪等，盡劫馬駝行李而去」。並向清廷要求索還其仇人「土謝圖汗、澤卜尊丹巴胡土克圖」，及將外蒙古喀爾喀「七旗歸於故土」，脫離清廷的保護與眷養。

但「從來爭戰之國，無害往來使人之理」，而噶爾丹之屬下竟敢「戕害」清廷使臣馬迪。致喀爾喀「土謝圖汗、哲卜尊丹巴胡土克圖」及「喀爾喀七旗」等則是康熙皇帝「加恩」「安插」「措置已畢」之人，而噶爾丹竟一再要索畀與，並請逐出「七旗，歸於故土」。「以此觀之」，噶爾丹乃背誓妄行，「誠反覆奸頑之徒也」[52]。故康熙皇帝自三十二年正月起，先後調兵遣將加強西線與東線的邊防。先在右衛，歸化、寧夏、肅州等地加強兵力，以防噶爾丹侵犯西藏及青海，並兼顧哈密，保持與伊犁河流域策妄阿喇布坦的聯繫通道[53]。

---

[48] 拙著《來如閃電，去似狂風，從歷史觀點談馬》（《故宮文物月刊》，三卷二期）頁六三。

[49] 同❶，卷一五一，頁二〇，康熙三十年五月丙午。

[50] 同❶，卷一六三，頁一九，康熙三十三年五月丁丑。

[51] 同❺，卷八，頁一〇，康熙二十九年八月癸酉。

[52] 同❶，卷一五六，頁一一—一六，康熙三十一年八月乙丑。

[53] 孟昭信著《康熙大帝全傳》（吉林文史出版社出版，一九八七年），頁二三五。

康熙皇帝曾警告噶爾丹曰：「達賴喇嘛與我朝往來通使，多歷年所，西海諸臺吉不違朕旨，恭順奉貢。若厄魯特人等稍犯達賴喇嘛地方及西海地方，朕即立加征討，斷不爽也。」其後又部署東路兵力於盛京（瀋陽）、烏喇（吉林）及墨爾根等處，由黑龍江將軍薩布素調遣，遇事「可會於形勝之地，相機前進，科爾沁兵亦令隨行」❺❹。於是從西到東，於「形勝之地」形成聞警相互支援出擊的完整防禦體系。

但於烏蘭布通戰敗後的噶爾丹，比以前更為狡猾，他不再貿然深入，而以襲擊戰略在外蒙地區忽東忽西的到處騷擾。康熙三十四年六月，「喀爾喀貝勒根敦戴青探報噶爾丹行裝，已至扎布堪河」。「聞噶爾丹將從嘉峪關外，過哈密之南昆都倫，及額濟內河，往投西藏達賴喇嘛」。七月，又發現「噶爾丹來至塔米兒地方」。八月，又「聞噶爾丹有順克魯倫而來之信」。康熙皇帝立命「京城預備兵三隊」，「作速啟行」，又令「盛京預備兵二千，寧古塔預備一千，著剋期會於烏爾會之地」，並「檄黑龍江將軍薩布素，令遣人遠探，倘噶爾丹侵犯車臣汗地方，聽酌量行事。設有前來聲息，即踵尾以進。有用烏喇兵處，可率之去。不用，仍令往會盛京兵。」「科爾沁兵分二千名，來會於烏爾會之地」。又密諭科爾沁土謝圖親王沙津，將計就計，誘噶爾丹「至近地，於是朕統大軍，風馳電掣，彼（噶爾丹）不及遠遁，斷可滅矣！」但狡猾的噶爾丹不再深入近地，「將喀爾喀西卜退哈灘巴圖爾及納木扎爾陀音等，恣行劫掠，即竄往土喇河，順流而下，西向庫黑納塔爾納以去」。但噶爾丹「雖不能親率其妻孥輜重前來，或以遊騎潛掠汛界近地，亦未可定。故康熙皇帝諭議政大臣等，聞噶爾丹部落，不過五、六千人。我大兵皆踴躍願戰，而大臣官員逡巡退縮，無意效力。近噶爾丹於巴顏烏蘭屯聚。彼縱不敢深人，或潛來邊徼，掠我外藩亦未可定。聞警後，始遣大兵，勢不能朝發夕至。我進彼退，我還彼來，再三若此，凡蒙古諸部亦大遭其蹂躪矣！」[55]

當然康熙皇帝於烏蘭布通之戰後，在噶爾丹大敗及窮困之餘，也想以會閱或會盟的和平方式解決噶爾丹與喀爾喀蒙古間的糾紛問題。其敕噶爾丹使臣曰：「今爾既東向前來，應仍會閱，庶於事有定。」「不然，倘執故見，不遵朕言，嗣後永勿上疏通使。」但噶爾丹卻仍以「會盟，難自定奪」相回應。和平解決噶爾丹與喀爾喀蒙古間的糾紛既無希望，復以「噶爾丹侵擾外藩，去來無定，備師剿寇，應當熟籌」[56]。故康熙皇帝於三十四年八月後，對噶爾丹所採取的戰略則為積極進剿，尤其是對噶爾丹居住於克魯倫土喇相近處期間，三次「甚加侮辱」清廷使臣，也是康熙皇帝不能容忍，「豈容泛視？寘諸度外」的事！「朕因是深知

---

[54] 同❶，卷一五九，頁九，及卷一六六，頁二，康熙三十二年四月丁巳及三十四年正月甲子。

[55] 同❶，卷一六七，頁六—七，頁一九，及卷一六八，頁六—一〇、一二、二三—二四，康熙三十四年六月甲午，七月乙酉，八月丙午、己酉、庚戌、辛亥，及九月己巳，十月丁未。

[56] 同❶，卷一六七，頁一七—一八，及卷一六八，頁一五，康熙三十四年七月壬午及九月壬午。

此人力強志大，必將窺伺中原，不至殞命不止」[57]。「夫烈焰弗戢，必將燎原，積寇一日不除，則疆圉一日不靖。」[58]故康熙皇帝決定親統大軍，分三路進剿噶爾丹。「東一路，仍派盛京兵二千，寧古塔兵一千。黑龍江兵，將軍薩布素酌派。再派科爾沁兵四千，令定期會合，沿克魯倫進剿。西一路，徵調各處官兵，總轄於費揚古，由歸化城進剿。中一路，以京城每佐領下，所餘預備兵六名，及火器營兵，與費揚古所請宣化府綠旗兵，停其發往西路，皆定為中路進剿。此三路官兵，俱令裹八十日口糧」。但「巴顏烏蘭距歸化城約二千里，各路進剿官兵，除自齎糧八十日外，應復運兩月行糧」[59]。又「慮所需過多，乃以牛羊為一月食，一牛六十人一日食，一羊十五人一日食」[60]。「原定兵士，每人所給馬四匹，四人為一伍，每人廝役各一名。一伍合計軍器糗糧，以及一應用物，共重九百七十五觔零。一伍馬十六匹，本身與僕從騎坐八匹外，餘八匹每馱應載一百二十一觔。又每伍增給騾子一匹，每馱應以一百七觔合算」[61]。據粗略估計，動員出征的官兵、伕役、糧隊人員，共達十四萬左右，超過噶爾丹兵力十倍以上。而隨軍及各路軍之間相互聯繫的驛站也安設起來[62]。「西路設驛，自殺虎口以外，應置驛六十處。每驛設馬二十匹，兩驛合設筆帖式一員，撥什庫二名，蒙古官一員，兵十名。」「中路設驛，自京城至獨石口，設四驛。自獨石口外，約設六十驛。每驛馬四十匹，至中路大軍到汛界後，與西路聯絡處，設十五驛，每驛馬二十匹。如相隔遙遠，驛或不足，再酌量增設。」

授西路「撫遠大將軍伯費揚古，振武將軍孫思克，揚威將軍覺羅舒恕等敕印」。至中路大軍則由康熙皇帝親臨指揮，時漢大學士九卿科道等「以皇上為百神之所憑依，四海蒼生之所倚賴，似不必以此稽誅小寇，躬臨壁壘」。但康熙皇帝卻以為烏蘭布通之役，「因朕躬違和，未得親至其地，致噶爾丹遁走。失此機會，至今猶以為憾。噶爾丹竄伏巴顏烏蘭地方，相距未甚遼遠。以是不憚勤勞，親蒞邊外，相機行事。此賊既滅，則中外寧謐，可無他虞。假使及今不除，日後設防，兵民益多擾累」。故決定御駕親征後，隨「命中路大兵，於三月三十日自京師起程，西路大兵，於二月十八日，自歸化城起程」。並「命撫遠大將軍伯費揚古自京起行赴歸化城，上剋期四月下旬，令會中路大軍於土喇。若噶爾丹從克魯倫河而下，與中路軍近，西路軍遠，則中路待西路之兵。若噶爾丹在土喇，與西路兵近，中路兵遠，則

---

57 《平定朔漠方略御製紀略》（《欽定四庫全書》，臺灣商務印書館印行），頁一。

58 《平定朔漠方略御製序》，頁二。

59 同1，卷一六九，頁二、七，及卷一七〇，頁二，康熙三十四年十一月壬戌、乙亥及三十五年正月壬戌。

60 殷化行著《西征紀略》（《小方壺齋輿地叢鈔》第一集，《中國西北文獻叢書》第二輯，蘭州古籍書店影印出版，一九九〇年十月），頁三〇。

61 參59。

62 同21，第三卷，頁一九七。

西路待中路之兵」[63]。

在武器上出征官兵「除一般常用的弓、刀、劍、戟外，還有殺傷力巨大的新式武器。如中路軍設有漢軍火砲營，鳥鎗營，滿洲火砲營，鳥鎗護軍營，鳥鎗驍騎營。此外，還有各種類型的砲：神威大砲，新製大砲八位，景山子母砲二十四位，江南製子母砲五十五位，宣鎮神功砲二十四門。西路軍亦設有漢軍火器營，準備了沖天砲三門，神威砲十門，景山造子母砲二十四門，新製造砲八門。另外，清軍的指揮官還有望遠鏡。噶爾丹的武器，僅有弓箭手千餘，鳥鎗約一千支」[64]。清軍所使用的大砲等重武器，則「用大同所餧養隨行駱駝二百隻，載之而行」[65]。清軍在數量及火器上絕對優勢，均為其獲勝的重要原因之一。故康熙皇帝認為此次御駕親征，正是「以眾擊寡，以正誅逆。天意人謀，無不允協。此寇一殄，則邊塵蕩滌，疆圉輯寧，內安外攘，實在此舉」[66]。

噶爾丹初「不信皇上親臨云：康熙皇帝不在中國安居逸樂，過此無水瀚海之地，寧能飛渡乎？嗣於所放回之厄魯特四人」口中，證實皇上親征的事實。又「親登北孟納山瞭望大軍，見軍行隊伍規模云：此兵不似烏蘭布通時，覺甚為精練，難於脫身。於是傳示其眾，令皆棄帳房器械，商量連夜逃遁」[67]。噶爾丹的逃遁與康熙皇帝的預料剛好吻合，當聖「駕抵克魯倫河，諭各隊領軍大臣曰，噶爾丹若據克魯倫河，我軍奪河交戰，猶稍費力。今觀其不於此拒戰，而竟逃竄，是自開門戶以與我也！除此地外，他處斷不能拒我軍。審其情形，必連夜逃遁矣！」[68]

當康熙皇帝駐蹕察罕布喇克地方時，與領侍衛內大臣等也有一段有趣的對話，正好說明康熙皇帝預知噶爾丹逃竄及其充分掌握敵情的事實。其諭曰：「噶爾丹自以為無所畏憚，煽惑諸蒙古，竊踞克魯倫地方。謂朕必不親征。今我軍緊要軍器，俱已備至。若噶爾丹聞朕已至，必先逃竄。爾等欲戰耶？欲使噶爾丹逃竄耶？可各陳所見，諸臣奏曰：臣等之意，聽彼逃竄，似比戰為愈。但所以使噶爾丹逃竄之計，臣等不得而知！上曰：噶爾丹原係行劫小寇，素無遠識，信人誑言，侵略喀爾喀。以為我軍不能即至，故敢竄伏克魯倫。今大軍已近噶爾丹，西路軍亦將至土喇。爾等欲使之逃竄，朕以為無難，俟其少近，遣使往諭云：朕欲與親臨約盟，爾可前來，與我軍會議，並不爾剿。噶爾丹聞朕親來，必連夜奔逃，我軍即行

---

63 同❶，卷一七〇，頁七、一二，及卷一七一，頁四—五、一〇，康熙三十五年正月甲戌、癸未，及二月辛卯、壬辰、甲午、甲辰。

64 洪用斌著《昭莫多之戰》（《準噶爾史論文集》第二集，中國社會科學院民族研究所，新疆民族研究所），頁一八六。並參63。

65 《親征漢北紀略》上（《欽定四庫全書》，《聖祖仁皇帝御製文》第二集）卷三六，頁七。

66 參63。

67 《親征漢北紀略》下，卷三七，頁六。

68 同❶，卷一七三，頁一二，康熙三十五年五月癸亥。

追殺。如向土喇退去，必遇費揚古兵。朕於此賊。廑慮已久。此次噶爾丹必然殄滅。拒則糜爛，竄則逃亡。」69

西路大軍由撫遠大將軍伯費揚古率領，「星夜前進，但行程遙遠，馬匹少疲。而噶爾丹自布爾察克地方以前十餘站，盡焚有草之地，因另覓草地趲行」而延誤軍期。「況西路軍，已糧匱馬乏，不能前進。及聞駕至克魯倫，眾官兵無不奮發。齊言皇上出自深宮，尚且先至敵境，我等敢不冒死前進。」五月十三日，大軍向昭莫多進發70。「費揚古偵知噶爾丹走特勒爾濟，遣署前鋒統領碩代，副都統阿南達，阿迪等率兵先往挑戰，且戰且卻，誘至昭莫多。」「費揚古分兵三隊，東則京城，西安諸軍及察哈爾蒙古，屯山上。西則右衛，大同諸軍及喀爾喀蒙古軍，沿河列陣。孫思克率綠旗兵居其中。並遵上方略，令官兵皆步戰，俟敵卻，乃上馬衝擊。噶爾丹眾猶有萬餘人，冒死鏖鬥，自未至酉，戰甚力。費揚古遙望噶爾丹後陣不動，知為婦女駝畜所在。麾精騎襲其輜重，敵大亂，乘夜逐北三十餘里，至特勒爾濟口，斬級三千餘，俘數百人，獲駝馬牛羊廬帳器械。噶爾丹妻阿奴素悍，能戰，亦殪於陣。噶爾丹引數騎遠竄，費揚古令阿南達詣御營奏捷。上乃班師」71。

昭莫多之戰是由康熙皇帝親自領導與指揮極為成功的一次戰爭，雖未將噶爾丹實力完全摧毀，但也給噶爾丹極大的打擊。對穩定西北邊疆局勢有其重要意義，留牧汛界蒙古王等行慶賀禮並跪奏云：「皇上念我外藩蒙古，不辭勞苦，七旬之內立奏膚功，誠世所罕有。功德如此，誰不傾心歸服？」康熙皇帝班師回朝，自入汛界至獨石口，每天都有蒙古汗、王公、貝勒等眾蒙古老幼，紛紛至行宮慶賀朝謁，貢獻駝馬牛羊。康熙皇帝也充分肯定諸蒙古的功績，並說明昭莫多之戰對拓展邊疆的重要戰略意義。「上曰：爾等於引路、探信、牧馬、掘井諸事，甚為效力，誠屬可嘉，朕必重加賞賚。朕昔以汛界之內，視為一家。今土喇，克魯倫以內，皆為一家矣！」而且認為「今厄魯特之禍靖，則朔方永清矣！爾七旗喀爾喀自今以後，各自樂業，圖報國恩，以副朕家視天下至意」[72]。

(五)二次三次親征，招撫厄魯特及青海蒙古

昭莫多之戰後，噶爾丹仍然拒絕投降清朝，根據種種跡象顯示：「噶爾丹戰敗奔竄到他米爾之臺庫勒地方，遣人收集」舊部，「大略兵五千餘，牛羊甚少，無廬帳者多。議欲往翁

---

69 同❶，卷一七二，頁一八，康熙三十五年四月己酉、辛亥。

70 同❶，卷一七三，頁二二、二六，及卷一七八，頁一四，康熙三十五年五月癸亥、癸酉及三十五年十一月甲申。

71 《清史稿校註》（臺北，國史館編著出版，民國七十八年二月）卷二八八，頁八七三四，費揚古等傳。

72 同❶，卷一七三，頁三二、三五，康熙三十五年五月丙子，庚辰。

金一路，或瀚海四圍有居人，掠得牲畜。如根敦戴青逸去，暫且偷生。或往哈密，如哈密仍前和好，則資其糗糧，以度今冬。如哈密與之反顏，即攻而取之，以為根基」。「達賴喇嘛使人鄂木布來，亦隨噶爾丹而行。」其後又「據厄魯特降人言：噶爾丹往博羅烏納罕，空音扎巴等處地方度冬，令丹濟拉往就之。所云博羅烏納者，乃扎薩克圖汗舊居之地，距汛界有四十餘日之程」[73]。總之，噶爾丹勢力的存在，仍為清廷西北邊疆地區的一大隱患。故康熙皇帝除令「現在西寧的阿南達，率巴圖爾額爾克濟農之兵，駐箚布隆吉爾等處堵禦」噶爾丹外，又令大將軍費揚古「著率薩布素兵五百，酌取蒙古兵，往善巴王邊汛諸地方，偵探聲息。噶爾丹或在翁金，或有過去之信，相機迎剿。著將軍薩布素率所餘兵五百，駐紮科圖。如有厄魯特來降，令其收納」[74]。而青海諸臺吉，俱是「達賴喇嘛之徒」，要「遵依」達賴喇嘛之言而行，顯然不會抗拒噶爾丹。至「哈密回子頭目額貝杜拉達爾漢白克」雖「遣人進貢來降」，但其實力仍不足抗拒噶爾丹[75]。

為了徹底解決「朔方永清」的邊患，康熙皇帝於第一次親征噶爾丹回京後，在短短不到三個多月的時間內，又決定二次親征噶爾丹。這次御駕親征，主要目標在西北地區，目的則是招撫噶爾丹及其部下，切斷噶爾丹去回部、青海及聯絡西藏通路。康熙皇帝於三十五年九月四日諭議政大臣等，「朕將往宣化地方行圍，當減從而往」。八天後諭兵部「除前撥八旗前鋒四百名外，再增前鋒四百名，朕於十九日發駕，令大兵一、二日起行」。其後諭大學士伊桑阿時才透露其「出兵」親征之事。謂「此番出兵，八旗官員及兵丁人等俱照今年出征例，給兩月行糧。如前已出兵，今次又往，各賞銀十兩」。九月二十二日，「上駐蹕懷來縣城西」。「以招撫噶爾丹，丹濟拉敕書，並所印刷蒙古文三百道」，遣人「齎發大將軍伯費揚古，令其頒示」。九月二十四日，「上駐蹕下花園」，得知厄魯特丹濟拉至翁金劫米，為副都統祖良壁所擊敗，非常「喜悅」，並藉機重申招撫噶爾丹的政策。其諭議攻大臣等曰：「噶爾丹似此困極，雖不進討，亦必滅亡，今但以招撫為要。故朕諭大將軍頻遣噶爾丹降人往招之。噶爾丹今雖不降，其部落既散之後，自必來歸順矣！」九月二十九日，「上駐蹕喀喇巴爾哈孫地方」。得知噶爾丹往扎薩克圖汗舊居之地博羅烏納罕等地「度冬」，「距汛界有四十餘日之程」。急令大將軍伯費揚古：「不必進兵，至來年青草萌時，秣馬以待。視噶爾丹所往，剿而除之。此際當頻遣厄魯特降人招撫為要」[76]。

為了落實招撫政策以資號召，康熙皇帝對陸續來降的厄魯特人給予適當的安置，將「陸

---

[73] 同[1]，卷一七四，頁二五，卷一七六，頁一七，康熙三十五年七月甲戌及九月壬午。

[74] 同[1]，卷一七四，頁二一、二六，康熙三十五年七月甲子及甲戌。

[75] 同[1]，卷一七五，頁一—二，及卷一七六，頁三，康熙三十五年八月甲申及九月丙辰。

[76] 同[1]，卷一七六，頁四、七、一〇、一三、一五、一八，康熙三十五年九月丁巳、乙丑、戊辰、乙亥、丁丑及壬午。

續來降之厄魯特大小人口，共一千五百餘人」，「編入鑲黃、正黃、正白三旗滿洲佐領」，「內有年老孤身，附入人口少者之家，給米贍養」。其「不願來內地者，即送大將軍伯費揚古軍前，著各給馬一匹遣回，令彼往諭噶爾丹，言彼若來降，亦待以顯榮」。並「議敘厄魯特降人丹巴哈什哈等，俱授二品官，為散秩大臣。梅寨桑等俱授三品官。俄欽為一等侍衛，餘俱授職有差」。至十月七日「上駐蹕瑚魯蘇臺，令將昭莫多之戰生擒給主為奴的「男婦三千許」，「上皆賜銀贖出，使其父子夫婦兄弟完聚」。十月二十一日，遣昭莫多之戰受傷被擒的厄魯特曼濟等回噶爾丹處，與妻子團聚，命其齎康熙皇帝敕諭噶爾丹、丹濟拉等，又再一次重申「加恩」「招撫」之意。「爾等若悔前愆，俯首向化，朕一體加恩撫恤，俾各得所。爾部下厄魯特亦得妻子完聚，咸獲生全，朕斷不念爾舊惡。況爾部落人內，有被我軍所俘，其父母妻子尚在爾處，不忍分離，願歸故土者。朕皆恩賚，賜之坐騎糗糧，即令遣歸，使與其骨肉完聚。其欲內附不願歸者，朕皆富貴之，各得生養。爾部人曼濟重傷，為我軍所擒。今曼濟言其妻子，尚在爾處，因欲告歸。朕是以給之恩賞，賜以坐騎糗糧，使齎敕遣回爾地。爾等思有尚能自存，有能收養爾等之人否?其熟籌之!今已無所歸，爾等可速領餘眾，抒誠歸順。朕必令爾等家富身榮，各遂生養。惜此厄魯特如許生靈，被爾驅迫，至於此極!今若又不覺悟，聽信匪言，則後悔莫及矣!爾其勿疑勿懼!特諭。」並諭令留內大臣一人於歸化城，「受厄魯特降人，完其夫婦，給以衣食」。

康熙皇帝除招撫噶爾丹外，也招撫厄魯特其他各部。但其政策與招撫噶爾丹有所不同，其招撫敕諭不是派降人齎往，而是遣喀爾喀和碩扎薩克圖親王策旺扎布，長史馬尼圖等齎敕招撫厄魯特丹津阿喇布坦，丹津鄂木布。其敕諭則著重離間他們與噶爾丹之間的關係，謂「爾等前雖附噶爾丹，然皆非倡亂之人。今歸降之人，皆云爾等與噶爾丹分析各居。朕嘉爾猶知天道，能自振拔。憐爾之馬畜等物散失，衣食已絕」。「敕書一到，著即率爾部落來降。前此依附噶爾丹之咎，朕皆不介意，必待爾以富貴。爾之部落，亦使各得生業，妻子完聚，從容度日。」[77]

為了迫使「窘迫已極」的噶爾丹歸降，康熙皇帝又調兵遣將，令孫思克及西安將軍博霽分別率兵赴肅州副都統阿南達處，「會同」「探噶爾丹往哈密聲息，即行剿滅」。阿南達遵諭部署「各路備兵」，爭取厄魯特噶爾亶多爾濟的歸附，令其與哈密回子達爾漢白克等相互配合在「各口」「撥人小心駐防哨探」，又徵調二千綠旗兵在額濟內等「防守邊疆」。而土爾扈特部阿玉奇臺吉發兵一千，準噶爾部策妄阿喇布坦發兵一千，和碩特部額爾克巴圖爾臺吉「親率兵千許，俱會集於阿爾臺以內，土魯圖地方駐劄。四面設哨，如遇噶爾丹即執而殺

[77] 同[1]，卷一七六，頁二、三、九，及卷一七七，頁五、一一、一三、一五，康熙三十五年九月乙卯、丙寅，及十月庚寅、甲辰、丙午、己酉。

之。如或生擒，即行解送」78。西北各部歸附清廷聯合作戰「四面設哨」，更使噶爾丹陷入孤立無援的困境。

十一月十七日，康熙皇帝駐蹕哲固斯臺，接到撫遠大將軍伯費揚古奏疏，謂「噶爾丹使所屬格壘沽英等二十人，來請納欵」。二十五日，康熙皇帝於東斯垓召見噶爾丹使人格壘沽英等，除宣示其對喀爾喀及厄魯特無所「偏徇」外，凡「來降之人，朕皆軫恤，各使得生路，量材授之官職。雖被俘擄之人，皆贖還其妻子，完彼骨肉」，並以「寬仁」「誠信」等儒家思想理念諭議政大臣等招撫噶爾丹之意。其諭曰：「天下當以仁感，不可徒以威服。今朕原無征噶爾丹之意，皆噶爾丹所自取。且噶爾丹凶暴，朕惟待以寬仁。噶爾丹奸狡，朕惟示以誠信。嘗覽經史云：惟仁者無敵。今噶爾丹窮迫已極，遣格壘沽英前來乞憐，朕意仍欲撫之！」次日，即遣噶爾丹使人格壘沽英還，除重申招撫噶爾丹等之意外，又諭格壘沽英曰：爾還語噶爾丹，令其親身來降。否則朕必往討！朕在行獵待爾，限七十日內還報。如過此期，朕即進兵矣！」

就在遣還噶爾丹使人「出二十里外」後，康熙皇帝即「傳令班師」，於十二月二十日返回京師，順利的結束了第二次親征噶爾丹的軍事行動79。

「限七十日內還報」的日期已過，噶爾丹仍拖延不降，康熙皇帝乃決定於三十六年二月六日第三次出塞親征，前往寧夏部署征剿噶爾丹，並順便「招徠瑚瑚腦爾等西陲厄魯特」

⑧。事實上，此一軍事行動早在康熙皇帝第二次親征回宮的第二日，即「命大將軍伯費揚古酌發總管觀寶官兵，前往大同，整治器械，牧養馬匹，預備明春出征」。也由喀爾喀人嚮導查得「自寧夏至翁金河二千一百餘里，自翁金至薩克薩特呼里克一千餘里」。「自嘉峪關至哈密約二十日內路程。哈密之東有巴爾庫爾，自嘉峪關前往亦二十日內路程。由巴爾庫爾至薩克薩特呼里克，約九日路程。」探得噶爾丹等就在巴爾庫爾或薩克薩特呼里克等地。

「此次出兵，亦分為兩路，兵各三千名。此兩路兵不必預定期約，令相機而行。綠旗營派兵從少，馬則從多，方可與滿兵同行。米則照常隨行外，沿邊有牛羊可買，著動支正項錢糧。每路各買二萬發去，於軍資大有裨益。至運米以馬駝為要，亦當多備，須選能員往甘州寧夏採買。」今次出兵，其從僕馬匹及器械等「俱照前帶去，前帶八十日口糧，今帶百日，將馱子比前減輕，每馱得九十四觔」。就在出征準備妥善之際，康熙皇帝得悉噶爾丹之子塞卜騰巴爾珠爾被肅州副都統阿南達擒獲之事，「眾皆大悅」，也增強其出征的信心⑧。

---

⑱ 同❶，卷一七七，頁八、九—一〇，及卷一七八，頁二，康熙三十五年十月辛丑、壬寅及十一月戊午。

⑲ 同❶，卷一七八，頁六、八—一〇、一二、二〇，康熙三十五年十一月己巳、戊寅、己卯、庚辰，及十二月壬寅。

⑳ 同㉟，卷二四，頁一〇。

㉑ 同❶，卷一七八，頁二〇、二四，及卷一七九，頁二、巳、六、七，康熙三十五年十二月丁未、辛亥，及三十六年正月甲寅、戊午、己巳、及庚午。

但在「出兵寧夏」的前一天，山西道御史周士皇以「小醜（噶爾丹）已極困窮，計日就戮，請御駕不必再臨沙漠」。康熙皇帝卻認為「噶爾丹凶惡，一日不可姑留。前在烏蘭布通地方，猖狂肆逆，朕已遣兵敗之。猶不悔過，復竊伏我克魯倫地方。朕親統大軍，剿除略盡。今窮困已極，故乘此機會，親臨塞外，酌量調度」。周士皇「所奏雖不當，朕亦不罪也！」「凡用兵之道，要在乘機。噶爾丹窮迫已極，宜乘此際，速行剿滅，斷不可緩。朕今親臨寧夏，相度機宜，調遣軍士，賊聞之必魂魄俱喪！其部屬亦必張皇！而別部蒙古聞朕親臨寧夏，各欲建功，扼噶爾丹而圍之。彼若不自盡，亦必為人擒獻，克成大事，正在此舉。」[82]

招撫噶爾丹的政策及其措施，亦因康熙皇帝的「出兵寧夏」，產生了良好的效果，爭取了許多噶爾丹周圍部眾的歸服，孤立了不肯歸降的噶爾丹，歸降清廷的厄魯特或噶爾丹的部眾，一天增加一天，而噶爾丹的部眾則一天一天的減少，其「眾僅四五百人」，或其「所有人丁，共三百餘」。甚至噶爾丹身邊最親信的大臣丹濟拉，吳爾占扎布等也動搖了。此與康熙皇帝寬大的放歸擒獲的吳爾占扎布之母，使其「母子」「完聚」有很大的關係。「吳爾占扎布之母，歸謂噶爾丹曰：彼國大兵多，富而且盛。中華皇帝乃活佛也！敵人母子遣使完聚，爾等從前亦曾聞有是否？其餘非常之舉，言之不盡。」而吳爾占扎布也曾在與噶爾丹等飲酒之時，「謂噶爾丹曰：我輩自去年冬，以薩克薩特呼里克獸多，故居於此。今獸已駭散矣！如往降聖上，則往近之。如不降，當另圖一策，首鼠兩端而待斃乎？且爾欲扶法門之教，致四厄魯特，七旗喀爾喀已略盡矣！爾國已破，父子夫妻離散，究無補於法門之教，反造罪業而已！噶爾丹默無一言」。

曾出使清廷為康熙皇帝親自接見過的格壘沽英也率妻子駝馬歸降清廷。噶爾丹的親信重臣丹濟拉亦有歸降清廷之意，「移往齊察蘭，去噶爾丹所居之地，有兩日程」。至於原來即與噶爾丹不睦的丹津阿喇布坦、丹津鄂木布，也「仰遵聖諭」，「不得與噶爾丹同處」，而「移往策妄阿喇布坦交界居住」「候旨」。更重要的事則為「達賴喇嘛身故，已十有六年」。噶爾丹所謂「欲扶法門之教」，假借達賴喇嘛名義種種「欺誑眾人」的「叛逆」行為，完全是與「代達賴喇嘛理事之人」第巴間個人陰謀。此一宗教政治性大騙局的敗露，頓使噶爾丹陷入眾叛親離的困境83。噶爾丹也曾向俄國求救，而俄國卻「拒而不答」84。在走投無路，「不知所往」的情形下，只能「在阿爾臺四周遊牧」。

招撫青海諸臺吉的工作也非常順利，「青海諸臺吉俱降」。康熙皇帝非常「喜悅」，不

---

82 同❶，卷一八〇，頁六、一七，康熙三十六年二月丙戌、癸巳。

83 同❶，卷一八〇，頁二〇，及卷一八一，頁二四、二五—二七，卷一八二，頁一、一〇，康熙三十六年二月丁酉，及三月庚辰，閏三月辛巳、庚寅。

84 同❶，卷二〇〇，頁九，康熙三九年七月乙卯。

料「兵革未嘗一試，而西陲之厄魯特盡皆收服」。再加上策妄阿喇布坦遵旨領軍搜剿噶爾丹，一切形勢都在掌握中，勝利在望，在康熙皇帝給京中皇太子信中預料：「惟旦夕之間，將噶爾丹或戮而送至，或擒而送至，朕坐以待之耳！」他並以「喜悅烜赫不待言」的心情，命將此一大好形勢「降諭令議政諸臣看閱，於皇太后前奏聞，宮中咸令知之」85。一切就緒，只待佳音，康熙皇帝遂於四月七日登舟回鑾，五月十六日凱旋「回宮」，途中獲悉噶爾丹死亡的消息86。經過康熙皇帝三次御駕親征，噶爾丹總算滅亡，喀爾喀蒙古開始返回故土。漠北、漠南及陝、甘、青、藏等邊疆地區，也因此獲得十八年的和平與安寧87。

康熙皇帝曾諭山、陝、甘等地方巡撫說明其出征旨在「乂安邊徼，永輯民生」及「安民」之至意。其論曰：「茲厄魯特噶爾丹，業已勢蹙力窮，畏死悔罪，遣使具奏乞降。朕將親統六師，再臨邊塞，相機剿撫。因乘便巡覽邊境形勢，察視軍民生業。遂發禁旅，取道邊外。朕自大同，從內地前赴寧夏。一路地方，見緣邊州縣，地土瘠薄，軍民生計艱難，朕心深切軫念。一切御用所需，皆自內廷措辦，不以煩民，扈從人員俱極簡少。市易之物，悉依時值。誠恐有強取抑價等事，已令都察院及科道官，逐日稽察糾劾。其經過城堡鬮市，輒多結綵，殊覺擾累。嗣後著通行禁止。乘輿巡幸，本為安民，豈可反勞民力？爾等務嚴飭有司，不得借端科派。仍張示曉諭，俾窮簷編戶，咸悉朕曲體民依至意」88。

(六) 結語

康熙皇帝對蒙古各部所採取的戰略是「亂則聲討，治則撫綏」，「宣威蒙古，並令歸心」。而且他認為「柔遠能邇之道，漢人全不理會，本朝不設邊防，以蒙古部落為之屏藩耳！」[89]此亦為康熙皇帝不辭辛勞、千里迢迢三次遠征朔漠的主要原因之一。消滅了噶爾丹，平定了漠西蒙古後，康熙皇帝更在其祖父清太宗皇太極「懷柔」「撫綏」各蒙古的基礎上，繼續加強與擴大，在經濟上除繼續實行所謂「九白之貢」「厚往薄來」等封貢貿易以滿足蒙古貴族的欲望外[90]，並在古北口、歸化城等地開市貿易滿足蒙古民族的生活需求。又給蒙古各級王公固定俸祿和各種賞賜，以保證蒙古貴族優厚待遇，經常以糧食、馬匹、牛羊等

---

85 同[35]，卷二四，頁一〇—一一。並參《聖祖仁皇帝實錄》卷一八〇，頁二〇。

86 莊吉發譯注《清代準噶爾史料初編》（臺北，文史哲出版社印行，民國六十六年九月初版），頁二一九，並參《聖祖仁皇帝實錄》卷一八三，頁四、七、二二。

87 袁森坡著《康雍乾經營與開發北疆》（北京，中國社會科學出版社，一九九一年），頁一〇五，第三章：出塞親征。

88 同[1]，卷一八〇，頁二二—二三，康熙三十六年二月辛丑。

89 同[1]，卷一八〇，頁二四，及卷二七五，頁二一，康熙三十六年二月壬寅及五十六年十一月丙子。

90 福格撰《聽雨叢談》（筆記小說大觀七編第三冊，臺北，新興書局發行）卷二，頁三〇，並參[23]。

賑濟蒙古人。如喀爾喀土謝圖汗等被迫南遷時，不能贍給續到之二萬餘人，康熙皇帝「深為軫念」，「令內大臣伯費揚古等齎銀兩茶布，前往散給」。「在喀爾喀附近地方，採買牛羊，散給喀爾喀無食窮民，以為永久生業」。並曾將歸化城、張家口、殺虎口及獨石口等處倉米賑濟乏食之蒙古人；甚至當「塞外歉收」時，「令在張家口外，設立飯廠，散賑喀爾喀等」。康熙皇帝對蒙古的賑濟是全面的，內蒙古、外蒙古及漠西厄魯特蒙古，甚至對噶爾丹亦曾「賜白金千兩」「以育眾庶」❾❶。據統計，康熙皇帝自二十年至六十一年間，共救濟蒙古四十餘次，幾乎平均每年一次❾❷。康熙皇帝甚至將清廷設在口外的「達哩剛愛」牧場諭令土謝圖汗部扎薩克車稜扎布等「可攜爾屬眾，赴彼安居，即為督理牧務」。以解決其「連歲播遷，勞頓已極」的生活問題❾❸。

康熙皇帝除在經濟上賑濟及撫育蒙古各族外，又特別派遣瞭解蒙古事務並有經驗的滿漢官員，分赴各族，協同蒙古王公貴族查禁盜賊，恢復社會秩序，建立法律制度。自喀爾喀蒙古南遷內蒙古後，由於生活困苦，搶掠偷盜之風盛行，社會秩序紊亂，毫無法紀。蒙古以遊牧為生，偷盜牲畜之事影響蒙古人的生業，故康熙皇帝於三十年八月巡幸塞外時，「諭阿祿科爾沁多羅郡王等曰：朕數出征伐，躬臨朔漠，觀蒙古生計，惟水草是賴。今見沿途水草極佳，但因盜賊時有，恐牲畜被盜，圈地拘守，不使就牧水草，以致瘠斃，是以生業未遂。不惟屬下貧不聊生，即王貝勒臺吉等亦俱衣食維艱。」「爾等若念撫育之恩，仰體朕意，嚴緝匪類，消弭盜賊，以安良善。」其後並諭理藩院侍郎滿丕曰：「欲復蒙古生業，必嚴盜禁，不嚴，則不能弭盜。」[94]

理藩院通常對審理及懲辦蒙古人偷盜牲畜的案件較嚴，「因蒙古地方均係遊牧，並無牆垣，易於偷竊，是以定例綦嚴」。規定：「凡偷盜金銀器皿及皮張布匹，並衣服食物，均按數賠補。」但「凡蒙古偷盜他人馬、駝、牛、羊四項牲畜，一人盜者不分主僕絞決。二人盜者，一人絞決。三人盜者，二人絞決。糾眾夥盜者，為首二人絞決。從者皆鞭一百，罰三九。其正法之盜犯妻子畜產，皆籍沒給事主」。「又定：臺吉為匪為盜者，即革去臺吉為庶人，將馬匹牲畜取回，給予被盜之人。將其所屬人丁撤出，給予近支兄弟，該扎薩克照疏忽例，議處。」還規定連坐罰，「一旗下有盜三次者，管旗王、貝勒、貝子、公，管旗章京、副章京，下至佐領，驍騎校，領催，十家長都要受到處罰」[95]。但喀爾喀蒙古被噶爾丹所迫

---

[91] 同[1]，卷一三七，頁一四，卷一四〇，頁三一，卷一四一，頁一五，卷一四二，頁二一，卷一四四，頁一二，卷一四八，頁一四及卷一四九，頁二三。康熙二十七年九月乙巳，二十八年四月甲午，七月壬寅，及十月辛巳。二十九年正月庚申，九月癸未，十二月己未。

[92] 同[53]，頁二六四。

[93] 同[3]，卷之四，頁一〇。

[94] 《聖祖仁皇帝聖訓》（《欽定四庫全書》，臺灣商務印書館印行）卷五四，頁六－七。

[95] 《欽定大清會典事例》（臺北，臺灣中文書局發行）卷九九四，頁九－一六。

倉卒南遷時，在飢荒之中發生了相互搶掠事件，理藩院議「應將為首者論絞，餘各罰牲畜有差」。康熙皇帝卻令「從寬免死，照為從例完結。至求入內地之喀爾喀等互相殺奪，若不速為安插，漸致流亡。今宜遣大臣，收集喀爾喀散亡之眾」，「使安插得所」。此為康熙皇帝以儒家思想理念審判遊牧部族間偷盜搶掠案件的實例。儒家思想著重在養民，使民無飢寒之慮，爾後再教以禮義。化民成俗，使民不為盜，各得安樂。這是儒家政治的理想，也是統治者「為君」的責任。故深受儒家思想影響的中原民族對偷盜搶掠案件的懲罰較蒙古遊牧部族懲罰類似案件為輕。康熙皇帝即以中華農業帝國的君王從寬懲罰蒙古遊牧社會所發生的搶掠案件，並以儒家理想中的「仁君」「諭議政大臣等喀爾喀來降者飢困已極，自相劫掠。應置扎薩克，遣賢能蒙古王、臺吉等曉示法度，收集離散，爾等確議以聞」。並「賜喀爾喀敕曰：朕統御宇內，撫育萬邦。率土人民，皆我赤子，倘一夫失所，朕心惻焉！雖窮荒異域之民，亦必撫養，使之各得安樂，此朕本意也」。此亦為其後「增設扎薩克，收集離散之眾，分為旗隊，以便督察」加強管理蒙古各族的主要原因之一。

但自多倫諾爾會盟後，除諭喀爾喀汗、濟農、臺吉等「將爾等與朕四十九旗，一例編設，其名號亦與四十九旗同，以示朕一體仁愛之意」外，更強調「國法俱在」，「自今以往，爾等體朕愛養之恩，各守法度，力行恭順。如此，則爾等生計漸蕃，福及子孫，世世被澤。若違法妄行，則爾等生計既壞，且國法具在，凡事必依所犯之法治罪」。但「蒙古性情，怠惰愚蠢，貪得無厭，不可以內地之法治之，順其性以漸導，方能有益」。「且蒙古惟信喇嘛，一切不顧，此風亟宜變易。倘喇嘛等有犯法者，爾等即按律治罪，令知懲戒」。又定「邊內人在邊外犯罪，依刑部律。邊外人在邊內犯罪，依蒙古律。八旗遊牧蒙古牧廠人等有犯，均依蒙古律治罪」[96]。邊外的蒙古人為遊牧的生活方式，邊內的漢人則營農業的生活方式。由於生活方式的不同，其歷史文化與制度亦分別各有其特性與差異。故以兩種法律分別管理生活方式不同的漢人與蒙古人，也分別保障其權益，對恢復蒙古的社會秩序、維持清代邊疆地區的安寧有其重要貢獻。

消滅了噶爾丹，平定了漠西蒙古，並順服了漠北喀爾喀蒙古後，康熙皇帝更進一步擴大推行旗盟制度，加強對蒙古各族的政治統治。清人入關前，已在漠南蒙古地區分旗設盟，並設理藩院監督管理蒙古各部事務。理藩院是秉承皇帝旨意管理蒙古等各族的中央機構，其管理範圍隨著清朝藩屬的增多而擴大。《大清會典事例》卷九九三—九九七，即記載理藩院處理藩屬蒙古等族事務的實例。理藩院負責掌外藩政令，制其爵祿，定其朝會，正其刑罰。察哈爾蒙古親王布爾尼於康熙十四年乘吳三桂叛亂而舉兵反清，康熙皇帝派兵平定其亂後，

---

[96] 同[1]，卷一四二，頁二、一二、一五—一六，及卷一五一，頁一一—一二、一四，及卷一九八，頁二。並參[95]。康熙二十八年九月戊戌、辛未，及康熙三〇年四月戊子，及康熙三十九年三月甲午。

「移其眾於宣化、大同邊外，編為二翼。其旗內官事地土，治以獨石豐鎮等四廳，轄以都統，隸於理藩院典屬司。此八旗在蒙古四十九旗之外，官不得世襲，事不得自專，與各扎薩克蒙古君國子民不同」。至「歸化城土默特蒙古二旗」於清太宗時反叛，平定後，「其部眾均隸於將軍，都統。治以理事同知、通判，與在京之八旗蒙古相同，而與插漢（察哈爾）蒙古大同小異」。以上十旗為清朝直接任命官吏統治的內屬蒙古。

漠南蒙古則稱為外藩蒙古，與內屬蒙古相對，至康熙時共有二十四部，分為六盟四十九旗。其統治方法與內屬蒙古不同，其統治盟旗的各級官員均由蒙古產生。「朝廷選蒙古王公之賢能者，授為扎薩克（亦有世管扎薩克），每旗一人，不拘爵秩大小。其餘散秩王公，悉聽其令。所屬亦有都統、副都統、參領、佐領、驍騎校（較內地各殺一級）、族長、什長等官，均於本旗臺吉內選充。臺吉亦分等第，頭等視鎮國將軍，皆蒙古汗、王之宗族也」[97]。但各扎薩克間「不相統屬」，「各自管轄」，是「各有所統」的旗長。扎薩克以下都統等官是「世襲」的領主，又是清朝的官吏，代表清朝管轄一旗的事務。旗上設正副盟長各一人，但盟不是旗上的行政機構，盟長不能直接管轄及干預各旗的內政，僅代表理藩院監督蒙古各旗。理藩院才是清廷管理蒙古各部旗的中央機構，是清朝「安輯」蒙古各部而不直接統治的一種制度[98]。

漠北喀爾喀蒙古固已按漠南蒙古四十九旗例，納入清朝的盟旗制度而加強管理。即漠西厄魯特蒙古及青海蒙古，也在噶爾丹勢力消除後，清廷對其管轄亦有所加強。對噶爾丹屬下的歸降者，俱安插在張家口外，編入察哈爾旗分佐領，由清廷直接管轄。對其中重要人物則授以官銜，如噶爾丹的重臣丹濟拉，率其家屬七十九人歸降時，康熙皇帝「以丹濟拉向係名族，授為散秩大臣，其子多爾濟塞布騰授為一等侍衛。俱安插張家口外，編入察哈爾旗分佐領。其屬下人，酌可用者披甲，給以錢糧」。對一度曾為噶爾丹誘迫控制的青海扎什巴圖爾臺吉等，康熙皇帝因其「誠心歸化」，除賞「賜數珠、袍褂、銀幣、鞍馬」外，並「封扎什巴圖爾臺吉為親王」，其他臺吉等則封為貝勒、貝子等，並令在原地駐牧，分編旗隊管轄。哈密回部，因其首領額貝杜拉達爾漢白克等「誠心向化，擒噶爾丹之子及屬下人來獻，殊為可嘉」。康熙皇帝授「額貝杜拉達爾漢白克為一等部長」，「管轄哈密國印」，「伊子郭帕白克，白奇白克授二等部長，分編旗隊，並令伊子郭帕白克率一百人，駐紮肅州」。「年年朝覲報信，不致有誤」。「嗣後哈密回子來甘肅等處交易」，「弗禁」。至較早脫離噶爾丹的厄魯特丹津阿喇布坦於康熙四十一年親自來朝，康熙皇帝「命賜宴，並賜貂皮、袍褂、銀

---

97 同90，卷二，頁二五、二九。並參95。

98 同1，卷一八五，頁二六，康熙三十六年十月乙亥。並參97。

幣、鞍馬等物，封為多羅郡王，令於洪郭爾阿濟爾罕地方遊牧」[99]。

除了對蒙古各族實施其分編旗隊，加強統轄外，康熙皇帝又在清軍四次出征噶爾丹時所建立的驛站基礎上，更建立「蒙古旗臺、卡、鄂博」的邊防制度。「以大漠一望無垠，凡內外扎薩克之遊牧，各限以界，或以鄂博，或以卡倫。」「其內蒙通驛要口凡五道，曰喜峰口、古北口、獨石口、張家口、殺虎口，以達於各旗。內蒙路近，商旅通行，水草無艱。其外蒙之驛，則由阿爾泰軍臺以達於邊境各卡倫。康熙朝征準噶爾時，設定邊左副將軍，而外蒙軍臺之設，由內而外，其制始密。自察哈爾而北，而西北，而又西，迄烏里雅蘇臺，共置四十八臺。康熙三十一年，自古北口至烏珠木秦，置臺九。自獨石口至高（浩）齊特，置臺六。自張家口至四子部族，置臺五。自張家口至歸化城，置臺六。自殺虎口至吳剌忒，置臺九。自歸化城至鄂爾多斯，置臺八。自喜峰口至扎賴特，置臺十六。」「喀爾喀則自備郵站」，分東、西、後三路，「迤邐而北，直抵三音諾顏境，其首站曰博羅布爾哈蘇。凡汗、王、貝勒過境，警晨夜，飼牲畜。商旅出其途，亦資捍衛焉！」[100]。

這些臺、卡、鄂博的建立，便利了蒙古地區與京師的交通與貿易，更加強鞏固清朝西北邊疆的國防。三十七年理藩院為了蒙古地區的安全，令將「四十九旗哨兵，安置各旗汛地」。康熙皇帝亦認為「今雖無兵戎之事，而安設斥侯於喀爾喀所居之地，甚屬緊要」[101]。

為了加強與各蒙古間的聯繫及政治控制，康熙皇帝繼承清朝入關前與內蒙古貴族互為聯姻的政策，將四名公主、一名侄女、若干名孫女和宗室的女兒嫁給內蒙古巴林、喀喇沁、翁牛特、科爾沁等部，以鞏固與內蒙古的政治聯盟。並擴大推行此一政策而與喀爾喀外蒙古及厄魯特漠西蒙古聯姻。此種聯姻政策對清朝統治蒙古各部起了不可忽視的作用[102]。

康熙皇帝聯絡各蒙古感情的另一重要措施，則為秋獮木蘭。他自二十二年起每年與蒙古各部王公貴族秋獮於承德木蘭圍場，來聯絡蒙古諸藩部的感情，更有意想不到的效果。康熙皇帝對西北邊防，完全摒棄中國傳統的修築長城派兵駐守的政策，改採積極友好的態度，主動的聯絡外藩蒙古諸部落，與他們建立親善友好的關係。這不但節省龐大的修築長城及派兵駐守的費用，且使中國西北地區不受戰禍的蹂躪，沒有戰爭的威脅，為長治久安的西北邊防建立起無形的堅實基礎[103]。

---

[99] 同[1]，卷一八五，頁七—八，卷一八六，頁七—八，卷一八七，頁二及卷一八五，頁一四—一五，卷二〇一，頁三四，卷二一〇，頁二一—二三。康熙三十六年八月癸未，三十六年十一月癸卯，三十七年正月辛巳，三十六年十月己酉，三十九年十月丁亥，及四十一年十二月壬寅。

[100] 《清史稿校註》卷一四四，兵八，邊防，頁三九〇一。

[101] 同[1]，卷一九一，頁一九—二〇，康熙三十七年十二月辛亥。

[102] 同[53]，頁二六七—二六九，並參《清史稿校註》卷一七三，表六，公主表。

[103] 拙著《木蘭秋獮》（《故宮文物月刊》），二卷五期，頁七六。

總之，康熙皇帝對蒙古恩威並濟，因其教不改其俗的種種措施，加強了對大漠南北及青海蒙古的管理和治理，使蒙古與清朝的關係更為密切，等於在清朝的西北邊疆築起一道遏制沙俄入侵的長城。清史學者蕭一山先生亦肯定康熙皇帝親征噶爾丹的功勞，不是「窮兵黷武」的好大喜功，「亦迴非其他帝王所能及也」。其「以外蒙為屏藩，則懷柔之術，不得不爾也！」[104]

[104] 蕭一山著《清代通史》（一）（臺灣商務印書館印行），頁八三二。

第八章　振興法教與平定西藏

（一）前言

清初清藏關係友好，清太宗與世祖之尊崇達賴喇嘛，除宗教的因素外，也有與西藏相互牽制喀爾喀蒙古安定後方的政治與戰略因素。康熙皇帝則在此傳統的基礎上有所創新，撫綏喀爾喀蒙古成為清朝西北邊疆上一道無形的萬里長城以防俄羅斯。至康熙皇帝尊崇黃教則站在維護宗喀巴道法化導悖亂及天下共主的最高層次，穩定邊疆情勢，鞏固清朝的統治。其親征毀壞道法的噶爾丹，與寬貸詭詐的第巴，及其後派兵平定西藏，均與維護邊疆的穩定與和平有關。

真假達賴喇嘛的實質意義是西藏及蒙古各族派間的爭競，康熙皇帝則採取調和化解的策略，支持忠於清朝的宗派，進而也增強了清朝對西藏的控制力。

準噶爾另一頭目策妄阿喇布坦的興起，又威脅清朝邊疆的安全。尤其是他派兵征哈密，侵占黃教聖地拉薩後，不止清朝西南及西北邊疆受其威脅，即康熙皇帝懷柔蒙古的戰略亦將受其影響而落空。故康熙皇帝不得不展開兩次「驅準保藏」的戰爭，第一次由於輕敵深入而慘敗。第二次則汲取失敗的教訓，三路出師四路進兵，護送達賴靈童進藏，趕走了盤據拉薩的準噶爾人，獲得最後的勝利。

平定西藏後，康熙皇帝為了加強對西藏的控制與管理，除留兵駐守，建立西藏地方政府及設立驛站外，最重要的政治措施則為使木蘭圍場、避暑山莊及「外八廟」充分發揮其政治與宗教精神上的統治功能，增強蒙藏部族對清朝的友好與向心力。本文則著重分析康熙皇帝振興與控制黃教的緣由與過程及其派兵侵入西藏的戰略意義。

（二）創新傳統，尊崇達賴與班禪

「喇嘛教」，是漢人的名稱，西洋人稱為 Lamaism。兩名都由 Lama 一詞而來，這字的正確對音應為 Bla-ma，正譯作「上人」、「上師」或「本師」。其重要的典籍為「甘珠爾」和「丹珠爾」經，是從印度翻譯過來的，是主修由顯入密的印度大乘佛教❶。「喇嘛教」是佛教吸收了西藏地方的原始宗教——本教或薩滿教的許多特點，逐步形成的一個佛教支派，它的發源和中心都在西藏，所以，它的正式名稱，一般叫做「藏傳佛教」。喇嘛教只是一種俗稱❷。至「藏傳佛教」中的格魯派（黃教）的興起是在宗喀巴進行的「宗教改革」的基礎上建立起來的。宗喀巴和他的門徒從創教開始，就以要求僧人嚴守戒律，過嚴格的宗教生活為號召。其「宗教改革」運動是由宗喀巴和他的門徒共同努力才得以完成的。他的弟子中年紀最小的一個名根敦主，其後即被黃教上層追認為第一世達賴喇嘛。而這達賴喇嘛稱號，是蒙古俺答汗贈與應邀前往蒙古土默特等部宣講黃教教義有功的藏僧索南嘉措的尊號。「達賴」是蒙語大海的意思，「喇嘛」是藏語上師的意思。總起來講，這個尊號的意思是說索南嘉措在顯教密教兩方面都修到了最高成就，是個超凡入聖學問淵博猶如大海一樣的大師。而索南嘉措也被認為黃教活佛轉世制度中的第三世達賴喇嘛❸。此後，索南嘉措一再應邀去蒙古各地講經說法，廣收徒眾，日益擴大黃教在蒙古的影響勢力。

清太宗皇太極曾於崇德四年十月，遣使致書於顧實汗藏巴汗及五世達賴喇嘛，其與達賴喇嘛書曰：「朕不忍古來經典泯滅不傳，特遣使延致高僧，宣揚佛法，利益眾生」❹。「嗣

❶ 歐陽無畏《西藏的喇嘛教》，《西藏佛學論集》（臺北：西藏學叢書編委會編印），頁五九—一一三。

❷ 張羽新《清代四大活佛》（北京：中國人民大學出版社，一九八九年），頁一。

❸ 王輔仁《西藏佛教史略》（青海：青海人民出版社，一九八一年），頁一九五、二〇〇、二〇二、二一一。

❹ 《太宗文皇帝實錄》（臺北：華文書局發行），卷四九，頁三，崇德四年十月庚寅。

以喀爾喀有違言，不果。顧實汗復致書達賴、班禪、藏巴汗，約共遣使朝貢」❺。「自人跡不至之區，經仇敵之國，閱數年」❻。始於崇德七年十月抵達盛京，太宗「親率諸王貝勒大臣出懷遠門，迎之。」「伊拉古克三胡土克圖等朝見」，並「以達賴喇嘛書進上，上立受之，遇以優禮。上陞御榻坐，設兩座於榻右，命兩喇嘛坐。其同來徒眾，行三跪九叩禮。次與喇嘛同來之厄魯特部落使臣及其從役，行三跪九叩禮。」於是命「宣讀達賴喇嘛及圖白忒部落（西藏）臧巴汗來書，賜茶。喇嘛等誦經一遍，方飲。設大宴宴之」❼。其接待喇嘛幾乎是以平等的禮儀，可謂十分隆重。次年，使臣回藏，太宗賜以金銀珠寶等物，遣使偕往，並致書達賴喇嘛云：「大清國寬溫仁聖皇帝致書於大金剛達賴喇嘛。今承喇嘛有拯濟眾生之念，欲興扶佛法，遣使通書，朕心甚悅，茲特恭候安吉」❽。「復貽書於班禪及紅帽喇嘛濟東胡圖克圖等，亦如之。是為與西藏通好之始。」由於達賴喇嘛等主動遣使通好與清太宗等接待之隆重與賞賜之豐厚，「於是闡化王及河州弘化、顯慶二寺僧、天全六番、烏斯藏董卜、黎州、長河西、魚通、寧遠、泥溪、蠻彝、沈村、寧戎等土司、莊浪番僧，先後入貢，獻前朝印，請內附矣！」

清兵入關，定鼎燕京後，順治皇帝採納厄魯特部落顧實汗的建議，遣使往迎達賴喇嘛，「令其諷誦經咒，以資福佑。」「順治四年，達賴、班禪各遣使獻金佛、念珠，表頌功德。五年，遣喇嘛席喇布格隆等齎書存問達賴，並敦請之。達賴覆書，許於辰年（順治九年）朝覲。九年十月，達賴抵代噶，命和碩承澤親王碩塞等往迎」❾。「達賴喇嘛至，謁上於南苑。上賜坐，賜宴。達賴喇嘛進馬匹方物，並納之。」後順治皇帝又於太和殿兩宴「達賴喇嘛等，賜金器、綵緞、鞍馬等物有差。」並令「諸王依次設宴，就彼館舍款」達賴喇嘛一行。其後「達賴喇嘛奏言，此地水土不宜，身既病，從人亦病，請告歸。」及「達賴喇嘛辭歸，命和碩承澤親王碩塞，偕固山貝子顧爾瑪洪、吳達海率八旗官兵，送至代噶地方。又命叔和碩鄭親王濟爾哈朗、禮部尚書覺羅郎球餞於清河。」後又「遣禮部尚書覺羅郎球、理藩院侍郎席達禮等賚送封達賴喇嘛金冊金印於代噶地方，文用滿漢及圖白忒國（西藏）字。」「封爾為西天大善自在佛，所領天下釋教普通瓦赤喇怛喇達賴喇嘛。」從此，達賴喇嘛這個封號及其在西藏政教上的崇高地位即由此確定，並使其具有「所領天下釋教」首領的意義。又封在西藏的「厄魯特部落顧實汗為遵行文義敏慧顧實汗，賜以金冊金印，文用滿、漢、蒙

❺《清史稿校註》（臺北：國史館印行），一五冊，卷五三二，藩部八，頁一二〇二三。
❻《聖祖仁皇帝實錄》，卷二九四，頁二一，康熙六十年九月丁巳。
❼《太宗文皇帝實錄》，卷六三，頁一，崇德七年十月己亥。
❽同上引書卷六四，頁一九，崇德八年正月丁酉。
❾《清史稿校註》，一五冊，卷五三二，頁一二〇二四。

古字」⑩。五世達賴返回西藏拉薩後，次年親赴札什倫布寺看望四世班禪。四世班禪與五世達賴為師徒關係，情感甚洽。五世達賴靈童之找尋坐床，受沙彌比丘戒，均得力於班禪之主持。其後密召顧（固）始汗入藏，推翻噶瑪政權統治，建立噶丹頗章政權，派人前往滿洲與清帝通使，以及後來達賴晉京謁順治皇帝，均係四世班禪與五世達賴共同研究決定的。因此五世達賴執政後，對四世班禪非常尊重⑪。

清太宗及順治皇帝之所以如此尊崇及優待達賴喇嘛，「誠有其佛教信仰之原因，然而此外另一重大因素，其重要性且在表面佛教因素之上者，厥為政治與戰略因素，此乃促成清、藏結合之實質因素。」「簡言之，清、藏均亟需後方之安定，都需要喀爾喀不出兵騷擾。」清、藏關係友好，「即對喀爾喀形成東西夾擊的局面」⑫。達賴喇嘛不僅是西藏政治及宗教上的領袖，而且他所推行的佛教格魯派所謂的黃教得到蒙古各部的普遍信仰。尊崇他，不僅能結好西藏，且可藉以撫綏蒙古，對擴大及鞏固清朝的統治有其正面而積極的意義。

康熙朝對蒙古及西藏的關係，更能在清初撫綏蒙古，尊崇達賴的傳統基礎上有所創新。康熙皇帝撫綏喀爾喀蒙古，是要其成為一道在西北方防禦俄羅斯的無形的萬里長城。為了這種大戰略的運用，康熙皇帝甚至不辭勞苦，三次親率大軍征勦噶爾丹⑬。也為了同樣的原因，康熙皇帝出兵西藏，維護黃教。但就康熙皇帝個人而言，幼年時期曾受儒家經典的教育，青年時期又受宋明理學的薰陶⑭。他終身服膺儒家的思想理念，敬鬼神而遠之，理性的不談人生生死問題，對道教及佛教均不感興趣。當康熙皇帝十九歲時，在赤城地方見一道士跪於路旁，乃命兵部尚書明珠詢問其故，據道士奏稱：「廟在離城三十里的金閣山，名靈真觀。請皇帝另賜名號，則光寵益甚。」康熙皇帝則認為此道士妄干僥倖，求賜名號，意欲蠱惑愚民。遂諭道士曰：「朕親政以來，此等求賜觀廟名號者，概不准行。況自古人主好釋道之教者，無益有損。如梁武帝酷好佛教，捨身於寺廟，最後餓死臺城。宋徽宗好道教，父子均為金人所虜。此可鑒也。」乃訓諭道士曰：「爾既為道士，應清靜修身，何必求朕賜號，妄求僥倖！本應治罪，今予從寬，以後若敢妄為，決不寬恕」⑮。及二十三年第一次南巡，至山東曲阜孔子故里時，康熙皇帝卻主動的「御書萬世師表四字，懸於大成殿。次年，以此

---

⑩《世祖章皇帝實錄》，卷七〇，頁二〇；卷七一，頁一一、一六、二〇；卷七二，頁一二；卷七四，頁一六—一九。順治九年十月癸丑，十一月戊寅、癸未、甲申及戊子，十二月丁巳，及十年二月甲寅、丁巳。

⑪ 牙含章《達賴喇嘛傳》（北京：人民出版社，一九八四年），頁三六。

⑫ 孫子和《西藏史事與人物》（臺北：臺灣商務印書館印行，一九九五年），頁二一一—二一二。

⑬ 參第七章《親征噶爾丹的戰略意義》。

⑭ 參第一章《幼年所受的教育及其影響》，及第二章《經筵日講——康熙皇帝青年時期所受的公開教育》。

⑮《康熙起居注》（北京：中華書局，一九八二年），冊一，頁二四，康熙十一年二月二十八日。

四字頒行天下學宮」⑯。與康熙皇帝的崇儒重道相比，其輕蔑佛道由此可見一斑。但康熙皇帝基於政治及拓展邊疆戰略意義的考量，仍恪守清初尊崇達賴喇嘛，撫綏蒙古的既定國策。「順治逝世，康熙帝繼位後，每年仍派人到西藏看望達賴、班禪，攜有皇帝親筆信和貴重禮品。康熙帝並規定由打箭爐稅收項下，每年撥給達賴白銀兩千兩，作為憎眾養贍。另外每年給班禪茶葉五十大包，作為札寺僧眾熬茶之用」⑰。於是使康熙皇帝逐漸成為黃教中最大的「大德」施主與最具實力的護法主。

(三)化導悖亂，天下共主

康熙皇帝之尊崇達賴喇嘛，是為了「黃教在蒙藏民族中得到普遍信仰，有著巨大的政治和社會勢力。」「蒙古敬奉釋教，並無二法。」「他們崇拜佛教，家家戶戶都供奉神像。」「而為神佛在世間化身的喇嘛受到蒙古族狂熱的崇拜。男女咸欽是喇嘛，恪恭五體拜袈裟。」「對於大喇嘛尊之若神明，親之若考妣，而可否惟命。」「清政府從俗從宜，加以利用」⑱。尊崇黃教，尊崇達賴喇嘛即可獲諸蒙古與西藏的歸服。但康熙皇帝之尊崇達賴喇嘛是站在維護宗喀巴黃教道法的最高層次，「化導悖亂，使中外道法歸一」，並不聽命於達賴喇嘛⑲。康熙皇帝始終秉持順治皇帝接待達賴喇嘛的傳統，「不去詢問達賴有關國政問題」，只當「賜以金銀緞幣，酌封名號，給以冊印」⑳。

當吳三桂為平西王，駐兵雲南時，每年派人到西藏各大寺熬茶放布施，和五世達賴關係較好㉑。吳三桂等起兵激變後，五世達賴偏袒吳三桂等上書於康熙皇帝云：「西南地熱，風土不宜」，「蒙古兵力雖強，難以進邊。縱得城池，恐其貪據。」「若吳三桂力窮，乞免其死罪。萬一鴟張，莫若裂土罷兵！」康熙皇帝除說明吳三桂背恩反叛等罪外，並以「天下人民之主，豈容裂土罷兵」而回絕五世達賴的請求。「後來清兵圍了雲南，吳三桂子吳世璠致書五世達賴，將雲南所屬中甸、維西兩地割給西藏，由西藏出兵援助，這封信在中途被清軍截獲，送給康熙帝。康熙看了以後，置而不問」㉒。

---

⑯ 無名氏《清宮遺聞》，卷一，《筆記小說大觀》，三三編第六冊（臺北：新興書局有限公司），頁一五。
⑰ 牙含章《達賴喇嘛傳》，頁三七。
⑱ 張羽新《清政府與喇嘛教》（西藏：西藏人民出版社），頁五九—六二。
⑲ 《聖祖仁皇帝實錄》，卷一七五，頁八，康熙三十五年八月甲午。
⑳ 張羽新《清代四大活佛》，頁二五，並參⑩。
㉑ 同⑰。並參《聖祖仁皇帝實錄》，卷五四，頁一七。
㉒ 《聖祖仁皇帝實錄》，卷五四，頁一六—一七，康熙十四年巳月乙卯；並參上註；及參第五章《中央集權與吳三桂等的起兵激變》。

五世達賴晚年不太過問政事，一切由第巴主持治理，專心著作經典。康熙十八年，一位學識淵博的二十六歲的青年桑結嘉措，經五世達賴推荐，在西藏三大寺僧眾的歡呼聲中登上了第巴這一繁重而且尊榮的職位。桑結嘉措八歲時，被送到布達拉宮，在五世達賴的直接培養下，開始嚴格的，全面的經學教育。看來五世達賴不僅僅想把桑結嘉措培養成佛教學者，而且是想訓練成自己的接班人，也就是一個學問淵博，具有政治魄力和敏銳幹練的辦事能力的活動家。由於五世達賴對桑結嘉措的愛護備至，西藏流行一個傳說，認為他是五世達賴的親生子。而這種傳說也有可能，因五世達賴本人雖是黃教徒，但奉行紅教密法，所以有這種傳說也不算荒唐㉓。

康熙皇帝更藉外藩蒙古進貢向達賴喇嘛請示一事，表達其主權與皇權的觀念並申飭理藩院曰：「外藩蒙古頭目進貢，其應否收納，理應即行議定，何必據達賴喇嘛文之有無？若必據此為證，似在我疆內之外藩蒙古，悉惟達賴喇嘛之言是聽矣！以後蒙古進物，應否收納，著該衙門即議定具奏，不必以達賴喇嘛之文為據」㉔。此即康熙皇帝不承認或取消達賴喇嘛對蒙古的世俗行政權力。

康熙二十一年，「五世達賴羅桑嘉措在布達拉宮逝世，時年六十六歲。而第巴桑結嘉措欲專國事，秘不發喪，偽言入定，居高閣不見人，凡事傳達賴之命以行。當時外蒙古土謝圖汗部與扎薩克圖汗內訌，新疆準噶爾蒙古部落乘機侵入外蒙古，大破喀爾喀諸部兵。外蒙古各部向清朝投降，請求保護」㉕。康熙皇帝此時尚不知達賴已逝世之事，遣人敕諭達賴喇嘛謂其收養安插來降之喀爾喀人事，並「欲使厄魯特、喀爾喀盡釋前怨，仍前協和，各守地方，休兵罷戰」，更期與達賴喇嘛共同遣人往諭噶爾丹「永息兵戎」。其後達賴之使人「入貢請安，且密奏言：我起行時，往達賴喇嘛所，未見。第巴出語我曰：達賴喇嘛令奏聖上，但擒土謝圖汗，澤（哲）卜尊丹巴胡土克圖，畀噶爾丹，則有利生靈；此兩人生命，我當擔保之，奏入。」

康熙皇帝乃遣使齎敕責達賴喇嘛「偏徇」厄魯特人。但又認為達賴喇嘛使人所奏，「未必為達賴之言！如果喇嘛之言，何以不具疏來奏乎？朕心疑之。特撰敕遣詢。著將此項原由，明白具本回奏。」

達賴喇嘛並未就此事回奏，而第巴桑結嘉措以達賴喇嘛名義，遣往準噶爾諭和的濟隆胡土克圖，「身在噶爾丹營中，並不說和。噶爾丹藉追喀爾喀為名，闌入邊汛，劫掠烏珠穆秦，又不勸阻。且噶爾丹與我（清）軍交戰，濟隆張黃蓋於山頂觀之。而報爾（達賴）以為竭

㉓ 王堯《第巴桑結嘉措雜考》，《清史研究集》，第一輯（北京：中華書局出版，一九八二年），頁一八三—一九九。

㉔ 《聖祖仁皇帝實錄》，卷九一，頁二二—二三，康熙十九年閏八月戊子。

㉕ 牙含章《達賴喇嘛傳》，頁三八。

力說和，聽從立誓。」康熙皇帝則認為「達賴喇嘛向來恭順，噶爾丹事，必其使臣及屬下人，通同蒙蔽，非達賴喇嘛意。」而且「以前項事情揆之，未必由濟隆一人之意」。亦達賴「近侍之人，通同貪利，而欺蔽達賴，徇庇噶爾丹之所致也。」所謂「達賴近侍之人」，指的就是第巴桑結嘉措。其後第巴為了怕真象敗露，以達賴名義上奏為濟隆開脫，並請「大君寬宥」濟隆之「小愆」。

康熙皇帝為此事敕諭達賴喇嘛說明違旨僨事之濟隆等必加懲罰，但如何懲罰？則尊重達賴喇嘛之處理未再追究。而且他也深知，「眾蒙古以第巴為達賴喇嘛傳戒之人，皆緘口而不敢議」㉖。

第巴桑結嘉措為了鞏固自己在西藏的統治，仍不得不借助清朝對他的支持。康熙三十二年，第巴桑結嘉措假藉五世達賴喇嘛上奏請求給自己封予王爵，康熙皇帝為了尊崇達賴喇嘛乃准予第巴封爵，次年，賜第巴金印。其印文曰：「掌瓦赤喇怛喇達賴喇嘛教弘宣佛法王布忒達阿白迪之印。」此印文「瓦赤喇怛喇」是梵文「金剛持」之意。「布忒達阿白迪」也是梵文，是藏文「桑結嘉措」之意，「弘宣佛法王」才是封號㉗。

這個封號的含義是封桑結嘉措為掌管西藏喇嘛教事務之王。清廷在這個封號上的確費了一番苦心。因為西藏的行政事務，一直由固始（顧實）汗的子孫掌握，如果再封桑結嘉措為西藏地方的王，勢必影響固始汗子孫與清廷和好之關係。所以，給他一個掌管西藏地方佛教事務的王，既全了五世達賴的體面，又不刺激固始汗的子孫，是一石雙鳥的辦法㉘。但第巴桑結嘉措並不以清朝「弘宣佛法王」的封號為滿足，更由於他與準噶爾部的雄主噶爾丹同為五世達賴的門徒，建立了同窗的友誼。他也希望依靠噶爾丹的兵力來打擊和碩特的勢力，所以第巴桑結嘉措始終偏袒噶爾丹而繼續欺瞞清廷。其後「達賴喇嘛及第巴，皆遣使奏請勿革噶爾丹、策妄阿喇布坦汗號，并加恩賜敕印」。更「請撤回」「西海等處一帶所置戍兵」。康熙皇帝此時才認為第巴偏袒噶爾丹實出情理之外。為此命理藩院等備檄曉諭達賴喇嘛及第巴知朝廷備師剿撫噶爾丹之意㉙。

三十五年五月，康熙皇帝親率大軍征噶爾丹，大將軍費揚古大敗噶爾丹於昭莫多。從俘虜口中，才確知五世達賴羅桑嘉措已逝世多年，揭穿了第巴桑結嘉措所造的達賴「入定」的

㉖《聖祖仁皇帝實錄》，卷一三九，頁八；卷一四三，頁一一、一二；卷一五三，頁五；卷一五八，頁一四、一五，及卷一八七，頁五。康熙二十八年正月丁亥，二十八年十二月辛未，三十年九月丁卯，三十二年二月己丑，及三十七年正月庚寅。

㉗牙含章《班禪額爾德尼傳》（西藏：西藏人民出版社，一九八七年），頁六一；並參《聖祖仁皇帝實錄》，卷一六一，頁一〇；及卷一六三，頁七。康熙三十二年十二月辛未，及三十四年四月丙申。

㉘張羽新《清代四大活佛》，頁三〇。

㉙《聖祖仁皇帝實錄》，卷一六六，頁一七，康熙三十四年三月庚子。

謊言。康熙皇帝給第巴下了一道「嚴詞詰責」的「敕書」㉚。謂其「陽則奉宗喀巴之教，陰則與噶爾丹朋比。欺達賴喇嘛、班禪胡土克圖而壞宗喀巴之教」。並列舉第巴「詭詐」、「欺達賴喇嘛」、「助噶爾丹」等種種「罪」狀，命其「改過」，「否則後悔無及矣！」必「發雲南、四川、陝西等處大兵」征討，「如破噶爾丹之例」。

在敕第巴之上諭中，康熙皇帝特別強調其「統御寰區」、「崇道法」、「護道法」之決心。在其往諭達賴喇嘛、班禪胡土克圖及達賴汗的敕諭中，也一再宣示其「尊崇佛教」，「道律為本」，「總持道法」，「化導悖亂，使中外道法歸一」，及「皈道法之人則嘉之，悖道法之人則懲之」。但此時「陽奉宗喀巴之佛教」，「陰主悖逆之邪行」及「毀壞道法」的噶爾丹尚未消滅㉛。故康熙皇帝不等第巴覆奏，即第三次率軍親征噶爾丹，出兵寧夏。此行主要目的是勦滅噶爾丹，趁便巡覽邊境形勢，但也試圖招撫厄魯特及青海蒙古。而招撫厄魯特及青海蒙古的政策與措施，亦因康熙皇帝的「出兵寧夏」，產生了良好的效果，爭取了許多噶爾丹周圍部眾的歸服，孤立了不肯歸降的噶爾丹㉜。就在康熙皇帝出兵寧夏的第三日，接到第巴的覆奏。雖其「奏詞甚恭，自陳乞憐，畏罪矢誓」，「敬謹之至」。但其所奏仍有所隱瞞與掩飾並未「改過」，康熙皇帝卻寬宥了第巴之罪，也並未因此就近出兵西藏「興師問罪」。其主要原因之一則為第巴的勢力尚未威脅清朝邊疆的安全。而「出兵寧夏」本為「招撫」，何況第巴既已「悚懼」，且保證「青海八臺吉」，「願為皇上效力」，「無二心」，「不背皇上」。招撫效果以達，也就不必勞師動眾出兵西藏了。但康熙皇帝沒有就近出兵西藏的另一原因，則為其受傳統儒家思想理念及其熟讀經史的影響。上諭曰：「朕閱經史，塞外蒙古，多與中國抗衡。自漢、唐、宋至明，歷代俱被其害，而克宣威蒙古，並令歸心，如我朝者，未之有也！夫兵者兇器，聖人不得已而用之！譬之人身瘡傷，方用箴炙。若肌膚無恙，而妄尋苦楚，可乎？治天下之道亦然，亂者聲討，治則撫綏，理之自然也！自古以來，好勤遠略者，國家元氣，罔不虧損！是以朕意，惟以不生事為貴！」而且「達賴喇嘛已經身故，懇朕為伊等掩飾。達賴喇嘛與我朝交往，六十餘年，並未有隙。第巴既如此奏懇，事亦可行。及此可以寬宥其罪，允其所請，第巴必感恩，而眾蒙古亦懽悅矣！」其後青海札什巴圖爾臺吉等之歸順「來朝」，與康熙皇帝寬大招撫政策之運用及第巴之保證青海八臺吉「願為皇上效力」即有密切關係㉝。

㉚ 牙含章《班禪額爾德尼傳》，頁六三；並參第七章《親征噶爾丹的戰略意義》。

㉛ 《聖祖仁皇帝實錄》，卷一七五，頁五—一七，康熙三十五年八月甲午。

㉜ 孟昭信《康熙大帝全傳》（長春：吉林文史出版社，一九八七年），頁二八七；並參第七章《親征噶爾丹的戰略意義》。

㉝ 《聖祖仁皇帝實錄》，卷一八〇，頁九、二四；卷一八一，頁二八；及卷一八六，頁七。康熙三十六年二月己丑、壬寅，三月庚辰，及十一月癸卯；並參上註。

康熙皇帝「不信佛教，不是教徒，而是政治家。他根本不信宗教上的來生」。他曾說：「人之有生必有死，如朱子之言，天地循環之理，如晝如夜。孔子云：居易以待命，皆聖賢之大道，何足懼乎？」他之所以維護宗喀巴道法，是用它統一信仰黃教的各族各派政治勢力的步調，穩定邊疆局勢，鞏固清朝統治。因此，他把自己看做最高護法主，決不允許邊疆各部任何頭目以護法為名尋釁滋事而破壞清朝邊疆的「均勢」和平㉞。當新疆伊犁河流域興起的準噶爾部另一頭目策妄阿喇布坦遣使進貢，以護法者自居疏參第巴時，康熙皇帝則預防其「以護法為辭」，干涉西藏事務，「必生釁端」而駁斥之，並明言已「寬貸」「改前行」的第巴㉟。於此則康熙皇帝不僅是黃教護道法主，更是「天下共主」了。其護宗喀巴道法是為了維護邊疆的「均勢」和平，其寬貸西藏的第巴亦是為了邊疆的「均勢」和平，絕不准任何人或勢力假護法之名而滋生事端，破壞邊疆的「均勢」和平而有礙清朝邊疆情勢的穩定。更重要的是康熙皇帝為了維護邊疆情勢穩定所採取的措施常是政治重於軍事，這也是康熙皇帝在中國歷史上開疆拓土卻沒有背負「窮兵黷武」罪名的主要原因之一。

(四) 真假達賴喇嘛，青藏各派之爭競

在五世達賴的喪事正式公佈的同時，第巴又作了驚人的宣佈，謂五世達賴的轉世靈童早

已找到，拜班禪為師，薙髮受戒，迎到布達拉宮，宣佈為六世達賴，正式坐床，法名羅桑仁欽倉央嘉措。人們心裏清楚，六世達賴是第巴桑結嘉措一手導演成功的。當然，他要成為第巴手中重要的政治法碼，用以加強自己的政治力量。這件事激怒了和碩特汗王，也激怒了康熙皇帝，尤其和碩特汗對這事最為反對，認為倉央嘉措是假達賴喇嘛㊱。

和碩特汗與西藏噶丹頗章政權間的鬥爭由來已久，桑結嘉措就任第巴後對蒙古汗王干涉西藏政務深為不滿。尤其是他受封為土伯特汗王後，權勢日重，急於獨掌西藏大權，擺脫和碩特汗的牽制。康熙四十年，固始汗之孫達賴汗逝世，其子拉藏汗繼承汗位，與第巴桑結嘉措的關係日益惡化。康熙四十四年，第巴買通汗府內侍，向拉藏汗飲食中下毒，被拉藏汗發覺，第巴乃倉促集合衛藏民兵，準備武力驅逐。而拉藏汗也秘密調集藏北和青海的蒙古騎兵，雙方爆發了戰爭，結果藏軍被蒙古軍擊潰，第巴被俘，拉藏汗之妃將他處死㊲。事變發生後，拉藏汗另立第巴，並向康熙皇帝「陳奏假達賴喇嘛情由」及其事件經過。謂前第巴所

㉞《聖祖仁皇帝實錄》，卷二七五，頁一〇，康熙五十六年十一月辛未；並參孟昭信《康熙大帝全傳》，頁二八九。

㉟《聖祖仁皇帝實錄》，卷一八七，頁三—五，康熙三十七年正月庚寅。

㊱王堯《第巴，桑結嘉措雜考》，頁一九四。

㊲牙含章《達賴喇嘛傳》，頁四〇。

立倉央嘉措不是真達賴靈童，平日耽於酒色，不守清規，請予「廢立」。康熙皇帝「爰命護軍統領席柱等為使，往封拉藏汗為翊法恭順汗，令其拘假達賴喇嘛赴京。」

諸皇子及諸大臣等均一致認為：「一假達賴喇嘛擒之何為？」康熙皇帝曰：「朕意以眾蒙古俱傾心皈嚮達賴喇嘛，此雖是假達賴喇嘛，而有達賴喇嘛之名，眾蒙古皆服之。不以朝命遣人往擒，若為策妄阿喇布坦迎去，則西域蒙古皆向策妄阿喇布坦矣！故特遣席柱等前去。席柱等方到其地，策妄阿喇布坦果令人來迎。以此觀之，若非遣人前往，則假達賴喇嘛必已歸策妄阿喇布坦矣！」此中道理甚至連參與其事的拉藏汗都未能體會，當初拉藏汗即「以為執送假達賴喇嘛，則眾喇嘛必至離散」為由，而反對拘擒解京。康熙皇帝卻非常自信的諭諸大臣曰：「拉藏汗今雖不從，後必自執之來獻。」此事的演變果如康熙皇帝所料，不久傳來奏報：「拉藏汗起解假達賴喇嘛赴京，一如聖算，眾皆驚異」[38]。

康熙四十五年十一月，拉藏汗派兵押送假達賴喇嘛和第巴桑結嘉措妻子兒女等前往北京，據說倉央嘉措行至青海湖濱逝世，享年二十四歲[39]。拉藏汗將假達賴喇嘛解京時，「曾奉諭旨，令尋真達賴喇嘛。今訪聞得波克塔胡必爾汗係真達賴喇嘛。亦不能信，又問班禪胡土克圖。據云波克塔胡必爾汗實係達賴喇嘛」[40]。其後五世班禪應拉藏汗的邀請，前往拉薩為新「靈童」舉行了授沙彌戒的儀式，為他取法名為伊喜嘉措巴桑布（簡稱伊喜嘉措）。拉藏汗擁立伊喜嘉措為六世達賴喇嘛，不僅西藏僧俗群眾有強烈反對意見，而且在青海蒙古群眾中，也發生很大爭論，並向清朝政府告狀。康熙皇帝「命內閣學士拉都渾率青海臺吉之使人，赴西藏看驗。」調「拉藏所立達賴喇嘛既問之班禪胡土克圖，確知真實，應無庸議。」予以承認。但達賴喇嘛例有封號，今波克塔胡必爾汗年幼，請再閱數年，始議給封。又青海眾臺吉等與拉藏不睦，西藏事務不便令拉藏獨理，應遣官一員，前往西藏，協同拉藏辦理事務」㊶。其管理西藏事務著侍郎赫壽去，此為清朝特派大臣駐藏辦事之始㊷。次年三月，康熙皇帝應拉藏、班禪及赫壽之請，封伊喜嘉措為六世達賴喇嘛，給予金冊、金印㊸。但當時西藏的局勢不穩，康熙皇帝為了安定西藏局勢，於五十二年冊封五世班禪羅桑益喜為「班禪額爾德尼」，賜金冊一份、金印一顆。調「班禪屢代宏揚佛法，廣惠眾生。朕亦尊敬佛教，為眾生謀利，與爾宗旨相同，為了表示對爾之敬重，特冊封爾為班禪額爾德尼。」

㊳《聖祖仁皇帝實錄》，卷二二七，頁九、二四，康熙四十五年十月乙巳及十二月丁亥；並參㊱、㊲。

㊴牙含章《班禪額爾德尼傳》，頁七四。

㊵魏源《聖武記》，卷五，《國朝撫綏西藏記上》，頁七，波克塔作博克達，伊喜嘉措作伊西嘉穆錯，此皆同音異譯；及《聖祖皇帝實錄》，卷二三六，頁一七。

㊶牙含章《班禪額爾德尼傳》，頁七六；及《聖祖仁皇帝實錄》，卷二三六，頁一七，康熙四十八年正月己亥。

㊷賀文宣《清朝駐藏大臣大事記》（北京：中國藏學出版社，一九九一年），頁一。

㊸《聖祖仁皇帝實錄》，卷二四一，頁一四—一五，康熙四十九年三月丁丑。

「清聖祖選擇這個時候冊封班禪額爾德尼，顯然有其政治目的，就是為了進一步抬高班禪在西藏的社會地位，以便協助拉藏汗，穩定西藏局勢。而班禪之所以支持拉藏汗，承認伊喜嘉措為六世達賴，也和穩定西藏局勢是有關係的」㊹。

拉藏汗擁立伊喜嘉措，雖經班禪承認，但青海和碩特部的臺吉等蒙古僧俗群眾仍不信奉，拉薩三大寺的宗教上層人士也表示懷疑，於是他們在康熙五十四年，又在西康裏塘地方找到一個達賴「靈童」，請求清朝政府予以承認。青海右翼貝勒戴青和碩齊等奏稱：「裏塘地方新出胡必爾汗，實係達賴喇嘛轉世，懇求冊封。其從前班禪胡土克圖及拉藏汗題請安置禪榻之胡必爾汗，是假等語。」康熙皇帝則認為，青海眾臺吉和拉藏汗「等俱顧實汗子孫，欲使共相和睦，若將此胡必爾汗留住青海，恐其兄弟內或起爭端，特遣侍衛阿齊圖等前往諭令將裏塘之胡必爾汗。」「暫於西寧口內寺廟居住」。「又遣主事眾佛保往班禪處，問此胡必爾汗之真假。」後「據班禪稱裏塘胡必爾汗是假。而戴青和碩齊等堅求親往班禪處，問其真假。」並令「傳集青海兩翼諸貝勒、臺吉等會盟處宣示皇上仁愛之意，及班禪送來印文，令將胡必爾汗送至紅山寺居住。」這次會盟，更顯現出青海諸臺吉間利益與意見分歧，「貝勒色卜騰扎爾等皆言應遵旨將胡必爾汗，送至西寧口內。而貝勒戴青和碩齊等仍諉云：「胡必爾汗年幼，未出痧痘。」且以「今年不宜出行等語」而拒絕。貝勒察罕丹津等甚至「欲與羅卜臧丹津等盟誓，先攻取五家，將胡必爾汗送往西地。」康熙皇帝認為事態嚴重，決以軍事武力防阻察罕丹津等將胡必爾汗送往西地。而察罕丹津等也以清廷軍事上的預備，不敢再輕舉妄動，「將胡必爾汗，併至宗喀巴寺（塔爾寺）居住。」康熙皇帝也繼續採取調和政策，為了促進青海眾臺吉和睦相處，穩定青海形勢，令他們分別各自管理左、右翼事務，派員至青海主持左右翼眾臺吉會盟，「令其永遠和睦」。選撥駐扎西寧的西安滿洲兵五百名，令侍衛及護軍參領等「統往噶斯口形勝之地防守」，以防準噶爾部策妄阿喇布坦等侵擾青海，搶奪新出的胡必爾汗㊺。

總之，所謂真假達賴喇嘛之爭的實質意義，是因達賴喇嘛在蒙古及西藏崇高的社會地位及廣大而深厚的影響力。因此蒙古西藏各派擁立自己的達賴喇嘛，為己所用，增強自己的政治權勢及經濟實力，打擊而戰勝對方。康熙皇帝則為了邊防的均勢和平，穩定邊疆形勢，防阻準噶爾部策妄阿喇布坦乘隙而入，對青海西藏各派的爭競採取調和化解的策略，盡量不使事態擴大。承認既成的事實，支持一切忠於朝廷的宗派。對於達賴喇嘛，能維護則盡量不替換，使其能忠於清朝。在真假達賴喇嘛之爭的過程中，也加強了清朝對黃教的影響與控制，

㊹ 牙含章《班禪額爾德尼傳》，頁七七；及《聖祖仁皇帝實錄》，卷二五三，頁七。

㊺ 《聖祖仁皇帝實錄》，卷二六三，頁四；卷二六五，頁一三；卷二六六，頁一七；卷二六八，頁四—五。康熙五十四年四月辛未，九月辛酉，十二月壬午，及五十五年閏三月己卯、庚辰。並參牙含章《班禪額爾德尼傳》，頁七七。

使清朝逐漸成為黃教的「護法之主」。但康熙五十四年，由於策妄阿喇布坦進攻哈密，隨後占領西藏，清朝不得不展開「驅準保藏」的戰爭。清朝出師的範圍和規模，比康熙皇帝北征時還要宏大。就其作用和意義來說，也絲毫不亞於康熙皇帝三次北征後的影響㊻。

(五)輕敵深入，全軍覆沒

康熙三十六年噶爾丹敗亡後，清廷以策妄阿喇布坦曾遵旨領軍搜剿噶爾丹，而且對朝廷敬慎有加，康熙皇帝乃「以噶爾丹餘眾畀策妄阿喇布坦」㊼。或謂「噶爾丹既死，其姪策妄阿喇（拉）布坦由博羅塔拉還故土，收其遺眾保伊犁。懼天朝兵威，上書乞通好。極恭順，獻噶爾丹尸，且擒獻噶爾丹子。凡我索俘取地，無敢不共。」「既而策妄阿喇布坦據汗位歷十餘年，部落繁滋，漸驕橫」㊽。因準噶爾是「以遊牧為業，以肉為食，以牛馬乳為酒」的部落。其「風俗兇頑無恥，以竊劫為能，不作賊者不齒於人。數一人而能劫數人者，謂之健男子，習尚然也」㊾。而《清實錄》等官方文獻的記載，亦言「準噶爾乃習於戰鬥之國也」，「強食弱，眾凌寡，血人於牙而蔑知悛易也。」「興黃教，敬佛菩薩，其心乃如夜叉羅剎之以人為食也。」準噶爾既有如此強悍兇頑的習俗，㊿故策妄阿喇布坦據汗位後，在短短十餘年間仍能效法噶爾丹所為，收集舊部，陸續吞併週邊各部，並伺機侵犯哈密、青海及西藏等地。策妄阿喇布坦的「驕橫」繼噶爾丹之後又破壞了清朝邊疆的「均勢」和平，而為清朝邊疆國防的威脅。

喇（拉）藏汗自從殺了第巴桑結嘉措以後，西藏的政教事務，均由他自己任命的第巴阿旺仁欽管理，而西藏地方勢力與青海諸臺吉間對喇藏汗之處理政教事務甚為不滿，於是喇藏汗在尋求外援的情況下而與策妄阿喇布坦結為兒女姻親。康熙五十三年，策妄阿喇布坦將喇藏汗長子噶爾丹丹衷約至伊犁與其女結婚。喇藏汗自恃與策妄阿喇布坦結了兒女親家而放鬆對準噶爾的戒備，「成天喝酒度日」。康熙皇帝對西藏的情勢甚為擔心，曾諭領侍衛內大臣等曰：「朕想喇藏汗一子前往策妄阿喇布坦處娶親，一子現在青海地方駐扎」，「伊處總無人矣！豈不孤危？況且喇藏汗年已近六十，自當為其身計纔是，伊之人少，土伯特人甚多，

㊻ 郭松義編《清代全史》（遼寧：遼寧人民出版社，一九九一年），第四章，清朝驅準保藏的鬥爭，頁二二二。

㊼ 何秋濤《朔方備乘》，卷四，《中國西北文獻叢書》，第三輯，西北史地文獻十八卷（蘭州：一九九〇年），頁七；並參第七章《親征噶爾丹的戰略意義》。

㊽ 松筠《西陲總統事略》，卷一，《中國邊疆叢書》，第一輯（臺北：文海出版社印行），頁三。

㊾ 七十一《西域總志》，卷二，《中國邊疆叢書》，第三輯（臺北：文海出版社印行），頁一。

㊿ 松筠等修《欽定新疆識略》，卷首，《中國邊疆叢書》，第一輯（臺北：文海出版社印行），頁四三；並參《聖祖仁皇帝實錄》，卷一八三，頁三〇。

又兼秉性兇惡，可保得常無事否？伊真傾心內嚮，不但朕知之，即各處人亦皆知之。但伊等厄魯特秉性猜疑，又甚怠惰，倘或事出不測。朕雖憐伊，伊雖倚朕，此間地方甚遠，相隔萬里，救之不及，事後徒貽悔耳！即朕亦無法也」[51]。

康熙皇帝所擔心拉藏汗的事終於發生了。「拉藏之子在策妄阿喇布坦處住了三年，與其女結婚後並已生子。」因策妄阿喇布坦乃有才幹與抱負之人[52]。認為「拉藏汗系嗜酒無用之人，不足介意。」「乃派大將策凌（零）敦多布（卜）率精兵六千，以送拉藏汗之子噶爾丹丹衷夫妻返藏為名」[53]。從伊犁取道葉爾羌，「徒步繞戈壁，逾和闐南大雪山，涉險冒瘴，晝伏夜行。」於康熙五十六年七月，始達藏界。「由騰格里突入，敗唐古特，遂圍攻布達拉，誘其眾內應開門，執殺拉藏汗。」拉藏汗次子「率兵三十人衝圍而出，被擒獲。」其妻間道奔青海，向朝廷報告詳情並求救[54]。策凌敦多布進入布達拉宮後，將達賴伊喜嘉措囚禁在吉泡熱山，另委第巴，秉承策凌敦多布的意志，管理西藏日常政教事務。至此固始（顧實）汗及其子孫控制西藏地區長達七十五年的時代，永遠結束了。

西藏位於清朝疆域的西南邊陲，唐代名吐蕃，元、明兩朝稱烏斯藏，清代稱西藏，稱藏族為唐古特或土伯特。清初，藏族地區分為康、衛、藏及青海等四區。其西、南部與印度、廓爾喀（尼泊爾）、哲孟雄（錫金）、布嚕克巴（不丹）、緬甸等國為鄰。其東、北部與雲南、四川、青海、新疆等地接壤，面積遼闊，戰略位置非常重要。康熙皇帝得知策零敦多卜率軍佔領拉藏後說：「自西寧至四川、雲南，內外土番，雜居一處。西藏之人，皆係土番。伊等俱是一類，倘藏地被策零敦多卜占據，則藏兵即是彼之兵丁。而邊疆土番，豈能保全？」[55]尤其西藏是黃教聖地，而黃教在西藏及蒙古社會中有眾多的信徒與深遠的影響方，如準噶爾佔領了西藏，則西藏與眾蒙古將受其控制，不止清朝西南及西北邊疆受到威脅，將使康熙皇帝懷柔蒙古，以蒙古為長城以防沙俄的戰略受其影響。故康熙皇帝接獲拉藏汗求救奏疏後，立即召議政大臣等議准，決定派兵前往救援。「應令西寧、松藩、打箭爐、噶斯等處，各預備兵馬。并土司楊如松屬下兵丁，一同前往。見今青海王、臺吉等派兵六千，在正月初十日起程，但非滿洲兵丁不可。應令侍衛色楞侍讀學士查禮渾，在西寧滿洲兵內，選二百名，綠旗兵內，選二百名，及土司之兵一千，帶至青海地方。會同青海王、臺吉等，商酌行事。」稍後，又得知策妄阿喇布坦派兵「前往西藏之時，曾有令伊等翦滅拉藏，即在藏駐

---

51 《聖祖仁皇帝御製文》，第四集，卷四，《欽定四庫全書》（臺北：商務印書館發行），頁四。

52 郭松義等編著《清代全史》，頁二二六。

53 牙含章《班禪額爾德尼傳》，頁七八；並參《聖祖仁皇帝實錄》，卷二七三，頁一五、一六。

54 魏源《聖武記》（臺北：中華書局珍仿宋版印），卷五，頁七；及《聖祖仁皇帝實錄》，卷二七八，頁一九。

55 牙含章《班禪額爾德尼傳》，頁三〇；及《聖祖仁皇帝實錄》，卷二八六，頁一九。

扎。」並聞「拉藏有陣亡之信」。故康熙皇帝「即令色楞率軍兵，征勦西藏。」而「色楞所統滿洲綠旗土司之兵，及西寧調往之兵，止二千四百名，數少力弱。」但色楞「以為準噶爾殘害西藏，彼處人民懸望我師，如望雲霓，豈能刻緩！況聞準噶爾兵眾，散處無紀。伊等伎倆，不過暮夜襲營，偷盜馬匹而已！臣所統兵丁二千有餘，器械堅銳，馬肥餉足。」「若復駐留，以俟額倫特兵到，恐需遲時日，口糧告罄，進退兩難，臣故不能延待，隨即陸續進兵。」至穆魯斯烏蘇地方渡河，從拜圖一路深入藏地。色楞既已率兵深入，朝廷乃命總督額倫特等「作速進兵策應。」額倫特等「統兵自穆魯斯烏蘇起程，至圖爾哈圖地方駐扎」。後又「兵馬齊渡，至七叉河」，得知「色楞自拜圖地方前往」，勢難追及，乃至七叉河向庫庫塞一路進兵，試圖「遇見色楞之兵」，「會同前進」。而色楞等則統兵至喀喇烏蘇安營，等待額倫特大軍[56]。其後「色楞軍拜都嶺，額倫特軍出庫賽嶺，賊佯敗屢卻而精兵伏喀喇河以待。額倫特率所部疾趨，欲先渡河，扼狼拉嶺之險，北至喀喇河，兩軍皆會。賊脅從番眾數萬，以其半據河拒我前，而分兵出我後，截餉道。相持月餘，糧盡矢竭。」「我師覆焉」，額倫特及色楞等陣亡[57]。

綜合分析此次征勦西藏清軍覆沒的原因，實由不明敵情而遲疑與輕敵所造成。早在康熙五十六年七月初三，靖逆將軍富寧安所領大軍在烏闌烏蘇地方「拿獲策妄阿喇布坦哨兵二人」，才獲悉策零敦多卜等率六千兵進入西藏，其目的或助拉藏汗「征卜魯克巴」，或侵拉藏汗「以取西邊地方」。而以拉藏汗欲征青海，「戴青和碩齊、羅卜藏丹津以引導策妄阿喇布坦之兵」的可能性較大。康熙皇帝甚至命理藩院尚書赫壽將策妄阿喇布坦的軍事行動告知拉藏汗並勸諭其勿侵青海，其後又證實「策零敦多卜領兵萬人，前來征取拉藏。」而沒有命「駐扎邊塞二、三年」的靖逆將軍富寧安與振武將軍傅爾丹等兩路大軍迎頭襲擊策零敦多卜之軍，坐失兩路進剿的制勝先機。及至康熙五十七年二月命侍衛色楞及總督額倫特等率軍進入西藏時，而策零敦多卜等軍早已掌握整整七個多月的有利時間，佔領了拉薩，剿滅了拉藏汗的勢力，而且以逸待勞，引誘色楞等清軍深入。這種由於「遲疑」、「耽誤軍機」所造成的重大損失與傷亡，康熙皇帝實難辭其咎。

復以此次派兵進藏的軍事行動而沒有名義上負責的主帥，事事都聽命於康熙皇帝的「集權」指揮。「原任湖廣總督護西安將軍」的額倫特，並不能命令或節制「協理理藩院事一等侍衛」色楞等軍，造成兵力分散，誤入敵人引誘的陷阱，而同遭覆滅。此或與康熙皇帝在此次軍事行動中太過集權有關。而且康熙皇帝認為「西藏之地，達賴喇嘛所蓄糧餉頗多，器械

---

56 《聖祖仁皇帝實錄》，卷二七七，頁二三、二四、二六、二七；卷二七八，頁一一；卷二七九，頁一四；卷二八〇，頁五。康熙五十七年二月庚寅，壬辰三月癸亥，六月甲午，及七月壬戌。

57 李桓輯錄《國朝耆獻類徵初編》（臺北：文友書局印行），卷三四六，忠義十六，頁七；及魏源《聖武記》，卷五，頁八。

亦備。且西藏人眾守法，今策妄阿喇布坦無故欲毀教占藏，眾人豈肯容伊？」「且策零敦多布之兵，自遠路衝雪前來，士卒凍餒，馬駝倒斃」。又「安能取得拉藏城池？」所以康熙皇帝在此軍事行動中所採取的戰略是消極的「防備」，不是積極的「征勦」，沒有採納振武將軍傅爾丹兩路大軍進勦的見議，自始至終都處於被動，其失敗也就在所難免了。

另一造成此次全軍覆沒的原因，則為康熙皇帝的輕敵與過度自信，一生謹慎的康熙皇帝卻不自覺的犯了驕兵必敗的軍家大忌。他曾說：「策妄阿喇布坦之人，皆為烏合之眾，其心不一，我大軍一到，即或降或散。」認為「策妄阿喇布坦，本屬小醜，無足為慮。」「兩年前」綠旗游擊潘至善駐防哈密，即以所屬二百兵丁，擊敗來侵的策妄阿喇布坦的二千兵。色楞所統軍兵共二千四百名，人皆以其「數少力弱」，而康熙皇帝卻認為此次派軍進藏，「兵亦不用多，二百餘人便可破之矣！」㊿當然，康熙皇帝的自信輕敵，也不全是盲目的「虛驕」之氣。他曾「向厄魯特人詢問策妄阿喇布坦的情形」，據告「策妄喇布坦之兵陣容不齊，均隱蔽緩緩而動。」「策妄喇布坦之兵作戰不甚奮勇，似有膽怯之狀」㊾。但康熙皇帝的輕敵與過分自信，確影響了此次統軍的將領色楞與額倫特等，使他們不自覺的率兵步步深入陷入敵人的陷阱，最後造成全軍覆沒的慘敗。而康熙皇帝確能接受慘敗的教訓，敗而不綏，取得下次進兵西藏的勝利。

（六）三路出師四路進兵，護送達賴喇嘛靈童進藏

康熙皇帝基於整體國防戰略的考量，雖然在慘敗之後及青海蒙古王公與滿洲大臣「皆言藏地險遠，不決進兵」的情形下，[60]仍決定作第二次進兵西藏之舉，而且汲取第一次慘敗的教訓。於康熙五十七年十月，任命皇十四子固山貝子允禵為撫遠大將軍，分三起進兵。「往西安一路為第一起」，命護軍統領吳世巴、委署護軍統領噶爾弼帶領起程，駐扎莊浪，是為南路大軍。「往寧夏一路為第二起，命副都統宗室赫石亨，寶色帶領起程，駐扎甘州，是為北路大軍。往宣府、大同、神木、榆林沿邊一路為第三起」，命撫遠大將軍帶領起程，駐扎西寧，是為中路大軍。也就是統軍的主帥，於是年十二月十二日最後起程[61]。

---

[58] 《聖祖仁皇帝實錄》，卷二七三，頁五、八、九、一〇、一五、二三；卷二七四，頁二〇、二一；卷二七七，頁一五、一七、二三、二四、二六、二七；卷二七八，頁一一。並參[53]、[54]、[55]、[56]。

[59] 王小虹等翻譯《康熙朝滿文朱批奏折全譯》（北京：中國第一歷史檔案館編，中國社會科學出版社，一九九六年），頁一〇一三。

[60] 魏源《聖武記》，卷五，頁八。

[61] 《聖祖仁皇帝實錄》，卷二八一，頁一六、一八，康熙五十七年十月丙辰，庚申。據[59]《康熙朝滿文朱批奏折全譯》的記載皇十四子均作「胤禎」，雍正皇帝即位後才改名「允禵」。

康熙皇帝為了使進藏之師一舉成功，製訂了周密的計畫，對各路大軍的兵力更是一再加強，出動的清軍「佯稱三十萬大兵進剿」，三路出師四路進軍。首先加強南路的兵力，提升「自軍興以來，辦事明敏」的年羹堯為四川總督，使其由「止理民事」，進而負「督兵」的「責任」，為「由松潘一路進發」西藏作好準備。他建議將滿洲兵駐防成都，及時設立驛站便利軍報及運輸供應糧餉。「令都統法喇領兵赴打箭爐駐扎」，遣永寧副將岳鍾琪等招撫裏塘、巴塘，並派護軍統領噶爾弼「赴四川與年羹堯一同辦理軍務」。其後「非特裏塘巴塘人等投順」，而乍丫、叉木道、嚓哇三處，「離藏甚近」，為「會兵取藏之處」，亦「相繼歸誠」。因此差郎中等「持銀牌茶緞，輕騎前往三處曉諭犒賞外，復令詳察三處形勢回報」[62]。

北路大軍為進攻準噶爾本土，牽制策妄阿喇布坦增援西藏為目的。此路又分兩支，早在五十六年三月，康熙皇帝為防策妄阿喇布坦侵擾西藏，正式授公傅爾丹振武將軍印，負責阿爾泰山一路的防務。另一支則授富寧安靖逆將軍印，負責巴里坤一路的防務。當策凌敦多布率軍侵藏時，清軍即錯失此兩路大軍襲擊軍機，致策凌敦多布所率領之大軍能順利的進入西藏，以逸待勞，最後大敗色楞及額倫特所率領的兩路大軍。康熙皇帝汲取失敗的教訓，除增強將軍傅爾丹及富寧安的兵力外，並命其「領襲擊官兵」，主動的「分兵進剿」。其後為配合「大軍進剿西藏，其阿爾泰、巴爾庫爾兩路兵，亦約會前進襲擊準噶爾邊境之地，使賊人擾亂，可以相機行事。」在清軍平定西藏的過程中，也立下許多襲擊戰功。真正切斷了侵入西藏的準噶爾人與其新疆本部的關係63。

加強中路大軍的兵力及其主帥之權，「將京師每佐領下，派出護軍二名、馬兵一名，於二月內起程，前往西寧。」而「命撫遠將軍允禵率前鋒統領弘曙移駐穆魯斯烏蘇，管理進藏軍務糧餉。」「授都統宗室延信為平逆將軍，率兵進藏。以公策旺諾爾布，副都統阿琳寶，額駙阿寶，隨印侍讀學士常授，提督馬見伯，總兵官李麟，參贊軍務。」「調西安將軍宗室查布駐防西寧，平郡王訥爾素駐防古木等地方。」而將不適任的宗室調回京師，尊重並加強其主帥的指揮用人權64。

重用並團結青海蒙古王公的勢力，穩定青海形勢，防其傾向策妄阿喇布坦而為清朝大軍

---

62 《聖祖仁皇帝實錄》，卷二八一，頁一九、二〇；卷二八三，頁二、二二；卷二八五，頁一二、一五。康熙五十七年十月甲子，五十八年三月辛未，四月乙巳，九月甲戌，及己丑。

63 王小虹等翻譯《康熙朝滿文朱批奏折全譯》，頁一一七九、二九七六，康熙帝上諭，五十六年三月二十三日。及《聖祖仁皇帝實錄》，卷二八四，頁二；卷二八七，頁一八；卷二八八，頁二二、二三；卷二八九，頁二、五；卷二九三，頁三。康熙十八年四月乙巳，五十九年三月丙申，八月癸丑、甲子，八月壬申、壬午，及六十年六月甲午。

64 《聖祖仁皇帝實錄》，卷二八六，頁一八；卷二八七，頁八。康熙五十八年十二月丙辰，五十九年正月丁酉。

效力。原來青海蒙古畏懼策妄阿喇布坦，態度消極。康熙五十七年九月，青海貝勒察罕丹津等「來朝請安」，理藩院議奏「應照例賞鞍馬銀幣」，康熙皇帝確認為「察罕丹津，當人心疑懼之際，委身效順，甚屬可嘉，著封為多羅郡王。」其後在派兵護送達賴喇嘛之胡必爾汗入藏的過程中，青海蒙古王公臺吉等「捨身效力」，功勞甚大[65]。

康熙皇帝為了「弘揚黃教，俾眾生安居樂業」。曾命十四阿哥撫遠大將軍胤禎至西寧後，「順便前往」「禮拜」「小呼畢勒罕」，其後胤禎遵旨前往並「奏會見古木布木寺呼畢勒罕情形」[66]。康熙皇帝乃借助呼必勒罕向喀木、里塘、巴塘等地方首領，曉諭其出師目的。其小呼弼（畢）勒罕諭曰：「現在準喀（噶）爾人背逆無道，混亂佛教，貽害杜伯特生靈。上天聖主，目不忍睹，掃除準噶爾人，收復藏地，以興黃教，使杜伯特眾生太平如恆，特派皇子封為大將軍，不分畛域，率領大軍，至西寧駐扎，不日大軍由各路進討。」「此軍之舉，期仰副聖主振興黃教普救天下眾生深仁之至意。大軍所到之處，凡杜伯特人眾，皆一致順從，妥為輔助，仍舊安居，斷不至有所騷擾」[67]。這對於清軍順利進藏，是有積極作用的。

住在青海塔爾寺由里塘找到的達賴靈童噶桑嘉措，既能獲青海王、臺吉及西藏杜伯特人眾的認同與擁護，具有如此深遠的號召力。康熙皇帝乃於五十九年二月，「命封新胡必爾汗為弘法覺眾第六世達賴喇嘛。派滿漢官兵，及青海之兵，送往西藏。其四十九旗扎薩克并喀爾喀澤卜尊丹巴胡土克圖等，亦令遣使會送。」此舉措使康熙皇帝成為黃教的護教主，也離間了西藏人與準噶爾的關係。更使撫遠大將軍胤禎所統率的大軍師出有名。是年三月，撫遠大將軍致書班禪額爾德尼，轉達康熙皇帝諭旨，詳述護送六世達賴喇嘛進兵安藏原由。「著班禪留坐高床，以師禮教訓經典，俾使黃教廣敷，眾生安樂等大事。」此一舉措亦能獲得西藏人的認同與支持。因此意大利人德斯得利認為：「中國皇帝在獲取西藏人同情，離間他們同準噶爾人的關係這一著上，顯露出他的明智」[68]。

而各路大軍則按其兵力部署與計畫展開軍事行動。定西將軍噶爾弼率川楚江浙等南路軍自成都起程，經打箭爐、里塘、巴塘、乍丫、察木多等地，至拉里會師，等候中路延信軍，共同進軍拉薩。適遇賊兵，噶爾弼遂率滿洲官兵於八月初四日，自拉里前進，直取戰略要地

---

65 同上引書卷二八一，頁一二；卷二八五，頁一七。康熙五十七年九月己丑，五十八年九月乙未。

66 王小虹等翻譯《康熙朝滿文朱批奏折全譯》，頁一三七一、一三七七，康熙五十八年二月二十及三月二十三。

67 胤禎《撫遠大將軍奏議》，《清史資料》，第三輯（北京：中華書局出版，一九八二年），頁一七四、一七五。康熙五十八年四月十六日。

68 《聖祖仁皇帝實錄》，卷二八七，頁一二，康熙五十九年二月癸丑；及孟昭信《康熙大帝全傳》，頁三〇九。按此六世達賴喇嘛噶桑嘉措，乾隆四十五年後，改稱七世達賴喇嘛。第巴所立的倉央嘉措，仍稱六世達賴喇嘛。

墨朱工喀。二十二日以皮船渡拉薩河，二十三日即攻取拉薩。此次進軍，實未遇強敵，「王師所至，望風響應」。進駐拉薩後，噶爾弼隨即招集所有大小第巴、喇嘛、民人等宣諭「聖主廣施法教，救護圖伯特部落眾人之至意」。所有達賴喇嘛倉庫盡行封閉，安營設卡，「斷絕準噶爾人來往」之「運糧道路」。又令第巴用藏文印信遣散策凌敦多布處所有唐古忒之兵。根據三大寺僧人的舉發，清軍拘禁了一百零一名準噶爾喇嘛，將其為首的五名斬戮。「挑選滿漢兵，整頓馬匹，即前往迎接平逆將軍延信之兵」與六世達賴喇嘛噶桑嘉措入藏[69]。

平逆將軍延信率領中路陝甘滿漢官兵。護送六世達賴喇嘛自西寧起程進兵西藏。雖然此路距西藏較近，但「路途險惡，且有瘴氣」，行走十分艱險。延信大軍於康熙五十九年八月十五日，駐扎卜克河，二十日駐扎齊嫩郭爾，二十二日駐扎綽馬喇，策凌敦多布曾率兵來襲此三地，「乘夜盜營」，均被延信大軍擊敗。「賊兵被傷身死者甚多，餘賊皆望風而遁。」策凌敦多布則在數次大敗傷亡之後，僅餘數百人，狼狽的逃回伊犁。

延信等大軍於九月八日，自達穆起程，「送新封達賴喇嘛進藏」。「經過雷東噴多等處」，沿途受到喇嘛人等熱烈歡迎，到達拉薩。十五日，達賴「轉世」「靈童」噶桑嘉措在布達拉宮舉行隆重的坐床典禮，「憎俗皈依，遠邇傾響，歡聲震天，梵音匝地，共祝上壽無疆，河山鞏固」[70]。將拉藏汗所立的達賴伊喜嘉措解送北京，結束了長達二十三年的真假達賴喇嘛之爭。撫遠大將軍胤禎亦奏報「四路進攻大軍之喜訊」[71]。而康熙皇帝在「御製平定西藏文」中更特別強調其「平定西藏，振興法教」之意義。其冊封第六輩達賴喇嘛，「安置禪榻，撫綏土伯特僧俗人眾，各復生業」，亦是為了「除逆撫順，綏眾興教云爾！」

（七）結語

西藏平定後，清廷為了加強對西藏的管理與控制，即留滿洲、蒙古、綠旗兵四千名駐防拉薩，以公策妄諾爾布署理定西將軍印務，總統管轄駐藏兵馬，額駙阿寶，都統武格俱參贊軍務[72]。這是清朝駐兵西藏之始。清廷隨之又建立了西藏的地方政府，廢除第巴一職，改變

---

69 和甯《衛藏通志》，卷一三上，《中國邊疆叢書》，第一輯（臺北：文海出版社印行），頁五；及《聖祖仁皇帝實錄》，卷二八九，頁一四，康熙五十九年十月庚戌。

70 《聖祖仁皇帝實錄》，卷二八九，頁一六；卷二九一，頁四。康熙五十九年十月乙卯，六十年正月癸未。及和甯《衛藏通志》，卷一三上，頁六。

71 王小虹等翻譯《康熙朝滿文朱批奏折全譯》，頁一四六四，並參上註。

72 《聖祖仁皇帝實錄》，卷二九一，頁一一、一二、三〇、三一；及卷二九四，頁八、二一。康熙六十年二月己未，三月己丑，九月甲午、丁巳。及和甯《衛藏通志》，卷首，頁三、四。

了第巴總攬西藏政務，易於專權的局面，設立了由噶倫（即噶卜倫，意為政務官員）數人組成的政府。這些管理前藏後藏政務的噶倫其任免權操之於清廷[73]。招撫了里塘、巴塘以後，康熙皇帝批准四川總督年羹堯的奏請，將此兩地「暫歸四川管轄」，俾「有濟軍務」。又在打箭爐至拉里設立站道，共驛站六十六處，留綠旗、土司及藏兵一千九百名分守[74]。使西藏邊疆與內地在政治、經濟與文化上的關係更加密切。康熙皇帝這些施政措施為雍正及乾隆時期進一步治理西藏奠定了堅實的基礎。

「興黃教，即所以安眾蒙古」是清初既定的國策，康熙皇帝則是以黃教懷柔統治蒙、藏各族政策的創始人。如「胡必爾汗」亦譯作「呼畢勒罕」，即「靈童」之意。「胡土克圖」亦譯作「胡圖克圖」，係藏語「朱必古」的蒙語音譯，意為「化身」。清初在蒙藏地方即有許多活佛「化身」，見於理藩院檔冊的胡土克圖共一百六十人。康熙皇帝曾冊封三大活佛，與順治十年冊封的達賴喇嘛共號稱清代四大活佛，他們的被冊封俱有極高的政治目的[75]。康熙二十七年，噶爾丹在沙俄的慫恿和支持下，驅兵攻入漠北草原。喀爾喀各部大敗，少數王公貴族曾提議投奔沙俄避難。哲布尊丹巴胡土克圖則堅決主張內附，毅然率部投奔了清朝。所以哲布尊丹巴胡土克圖很受清廷的讚賞，康熙皇帝乃於三十二年，正式冊封哲布尊丹巴為「大喇嘛」，承認其總領喀爾喀喇嘛教的地位。此後，哲布尊丹巴常常冬住北京，夏寓熱河，隨侍康熙皇帝，或到喀爾喀各部講經說法。清廷冊封哲布尊丹巴本有政治目的，使其總領喀爾喀蒙古的喇嘛教，以分達賴喇嘛教權。為了相同的理由，清廷也害怕哲布尊丹巴的勢力在蒙古地區膨脹。故此，在內蒙古冊封一喇嘛掌管內蒙的喇嘛教以分哲布尊丹巴的教權。同時清廷也需用一「御用」喇嘛，協助其處理喇嘛教事務。而章嘉胡土克圖的宗教勢力基礎在青海，他影響青海厄魯特王公臺吉等歸附清廷，對穩定青海政局，有很大的貢獻。故康熙皇帝於四十五年，正式冊封章嘉胡土克圖為「大國師」，其後更正式確定章嘉胡土克圖總領內蒙喇嘛教的地位。至康熙皇帝於五十二年，冊封班禪額爾德尼，更有其穩定西藏政局的政治目的。於是達賴、班禪、哲卜尊丹巴、章嘉四大活佛，分掌前藏、後藏、漠北、漠南喇嘛教的政務。這四大活佛都直轄於清廷。這樣，既保護黃教，又分割了黃教勢力，削弱了西藏達賴喇嘛對漠北、漠南蒙古的控制能力和政治影響，收到了分而治之的政治效果[76]。

木蘭圍場、承德避暑山莊及避暑山莊外圍東北山麓的「外八廟」，是康熙皇帝為了加強對西北邊疆部族管理的一整套的政治措施。也完全體現了康熙皇帝不修長城，懷柔蒙古，爭

---

[73] 郭松義等編著《清代全史》，第三卷，頁二四二。

[74] 《聖祖仁皇帝實錄》，卷二九九，頁五，康熙六十一年九月戊子。

[75] 和甯《衛藏通志》，卷首，頁二七。牙含章《班禪額爾德尼傳》，頁七七。張羽新《清代四大活佛》，頁一〇七；及張羽新《清政府與喇嘛教》，頁九四。

[76] 張羽新《清代四大活佛》，頁五〇、五七—六〇；及孟昭信《康熙大帝全傳》，頁二六七。

取蒙古各族的向心力，友好團結蒙古以蒙古為長城的戰略思想。這是「一種突破傳統的積極做法，摒棄了前代修建長城分兵戍守的軍事隔離手段，代之以懷柔結好各邊疆部族，使之心悅誠服，邊疆自固。」清聖祖首先洞察到黃教對邊疆民族的影響，於五十二年開始興建溥仁寺、溥善寺，開創了以黃教為統治工具的懷柔政策。高宗繼之，又建了九座廟宇，共有寺廟十一座，因分八處管理，又在避暑山莊之外，故俗稱「外八廟」[77]。這些廟宇都是典型的西藏式的「喇嘛教」的建築，使朝覲的西藏、蒙古等外藩在此禮佛，有「賓至如歸」之感，加強了他們對清朝的友好與向心力。

[77] 馮明珠《外八廟的興建與清初的西北邊防》，《食貨月刊》，一一卷一一期（臺北：食貨月刊社），頁一八—二三；並參孟昭信《康熙大帝全傳》，頁二七〇—二七四。

第九章 建儲與廢儲

（一）前言

康熙皇帝有皇子廿四人，子孫曾孫百五十餘人，誰繼承他的皇位，實在難以選擇。而中華傳統嫡長繼承制遂為康熙皇帝所採納，於十四年立一歲多的皇二子為皇太子，其後並親自教他讀儒家經典。但當康熙皇帝於廿九年親往塞外視師，以身體違和時，發現允礽略無憂戚之意，使康熙皇帝對皇太子有壞印象。及康熙皇帝親征噶爾丹時，仍命太子坐鎮京師代理國政，並於硃批奏摺培養其「孝」「悌」親情。但太子聽信匪人之言，其素行遂變，於康熙皇帝巡幸塞外時，竟每夜逼近布城，有謀弑君父嫌疑，康熙皇帝乃決定廢此皇太子，並懲治其太子黨人。

允礽本性「汩沒」，乃由「狂疾」及皇長子允禔厭咒所致。八阿哥也「要結黨羽」，謀害允礽，而大臣等竟「偏徇」保奏允禩為皇太子，更使康熙皇帝不勝「忿恚」。而允礽之罪

「虛誣者甚多」；而且「狂疾」有漸愈之象，乃將允礽復立為皇太子，以抵制允禩勢力。復立後的皇太子一切惡習未改，且有「怨恨」奪權之勢。而皇太子黨人重新復聚，威脅皇權，康熙皇帝乃將復立之皇太子再度廢斥幽禁。此後不再言預立皇太子，而在諸年長皇子中選擇其繼承人。最後在「臨終」時選了「體朕意」、「誠孝」及「中立不倚」從未「鑽營謀為皇太子」的胤禛繼承皇位。

本文即從儒家思想教育及家庭倫理的角度切入，並運用新出版的滿文史料，期能分析康熙朝儲位之爭的「疑案」真象，並藉以瞭解「君臣」、「父子」、「兄弟」倫理親情及其權力相互間的矛盾與衝突之因由。

（二）立儲與皇太子的教育

康熙皇帝八歲即位，作了六十一年皇帝，死時是六十九歲，是中國歷史上自秦始皇以下在位最久的皇帝。康熙五十六年，他召諸皇子及滿漢大學士、學士、九卿等諭曰：「始皇元年至今，一千九百六十餘年，稱帝而有年號者二百一十有一。朕何人斯！自秦漢以下在位久者，朕為之首。」「今朕年將七十，子孫曾孫百五十餘人。」❶至於康熙皇帝的后妃與諸子，據《清史稿》后妃及諸王傳的記載，他有四位皇后，廿七位妃嬪，卅五個兒子，除早殤，不齒序外，尚有廿四子。」❷在皇帝多妻多子孫的中國傳統觀念中，康熙皇帝並不荒淫，而且相當自制。耶穌會法國傳教士白晉曾有一段真實的記載云：「幾年前，皇帝到南京巡視江南省，人們根據舊習慣，以朝貢的方式給他進獻了七個美女。他連看都不看一眼，拒不接受。他覺察到某些侍臣竟敢濫用能與他接近的機會，用女色腐蝕他，非常氣憤。此後，還給他們不同程度的懲罰，使大家清楚地看到皇帝是如何警惕一切籠絡和腐蝕他的行為的。」❸

因皇帝的子孫，就是未來的帝、王，故清朝對皇子皇孫的教育特別重視。按清朝家法，皇子皇孫六歲入學，宮中則延請翰林院內之庶吉士，侍講等官為其師傅，教以四書、五經、史、漢、策問、詩、賦之學。另遴選八旗武員弓、馬、滿語嫻熟者數人，教授皇子皇孫騎馬射箭與滿文，名曰諳達（Anda）（滿文朋友、伙伴之意），其地位僅次於師傅。清晨五時至七時入學，下午三時至五時放學，在校時間整整八小時，除特定的假日外，沒有寒暑假，師傅及

❶《聖祖仁皇帝實錄》（臺北，華文書局發行。）卷二七五，頁七，頁八，康熙五十六年十一月辛未。

❷趙爾巽等撰《〈清史稿〉校註》（臺北，國史館出版發行。）卷二二一，頁七六七六，及卷二二七，頁七八二〇。

❸白晉著、馬緒祥譯〈康熙帝傳〉（《清史資料》第一輯，北京，中華書局，一九八〇年），頁二三五。

諸諳達們的管教非常嚴格❹。而康熙皇帝幼時受這種嚴格教育的時間，僅只二、三年而已。或許是康熙皇帝幼時或少年時所受嚴格教育的不完整，而特別重視諸皇子的幼年教育❺。康熙皇帝自其諸子幼年開始，即慎選教師，並親自督課，嚴格要求。他曾說：「朕深惟列后付託之重，教諭宜早，弗敢辭勞。未明而興，身親督課，東宮及諸子以次上殿，背誦經書，至於日昃。還令習字、習射、覆講，尤至宵分。自首春以及歲晚無有曠日。每思進修之益，必提撕警誡，斯領受親切。」❻在如此嚴格而有系統的教育與訓練下，諸皇子皇孫，「然則文學安得不深？武事安得不嫻熟？宜乎皇子皇孫不惟詩文書畫，無一不擅其妙。而上下千古，成敗理亂，已了然於胸中。以之臨政，復何事不辦！」❼這正是康熙皇帝所希望的，他要培養諸皇子皇孫成為他自己事業的優秀繼承人。及諸皇子年歲漸長，康熙皇帝命他們跟隨出外打獵，巡幸，謁陵以增長見識，瞭解各地風土人情，民間疾苦。康熙廿九年六月，命皇兄和碩裕親王福全為撫遠大將軍，十九歲的皇長子允禔為副將軍，率軍出征噶爾丹❽。其後，康熙皇帝親征噶爾丹，命太子允礽坐鎮京師代理朝政，「命皇長子允禔，皇三子允祉，皇四子胤禛，皇五子允祺，皇七子允祐，皇八子允禩，隨駕。」歷練軍事❾。法國傳教士白晉曾記康熙皇帝重視諸皇子的教育，不希望他們「過分嬌生慣養」，訓練他們「能吃苦耐勞，盡早地堅強起來，並習慣於簡樸的生活。」

「然而，皇帝主要的培養對象是他曾宣佈為皇太子的第二個皇子，即皇帝的繼承者」

❿。他是聖祖孝誠仁皇后所生，雖是二皇子，確是嫡長子。康熙皇帝於十四年十二月十三日，當他還只一歲七個月大時被立為皇太子，次日，即詔告天下，建立「元儲」嫡長子繼承制度。謹告天地、宗廟、社稷，授皇二子允礽「以冊寶，立為皇太子」，是合法的皇位繼承人。

同時，為太子服務的詹事府衙門，也配備官員，「陞內閣侍讀學士孔郭岱，翰林院學士陳廷敬，並為詹事府詹事」⓫。事實上，「自古帝王繼天立極」，「必建立元儲」指的是中華帝國漢人的傳統，滿洲部族則無預立「元儲」的傳統與制度。「康熙以前，清朝舊制，皇

---

❹ 無名氏撰《清宮遺聞》（《筆記小說大觀》卅三編第六冊，臺北，新興書局有限公司。）卷一，頁四〇。

❺ 參第一章：〈幼年所受的教育及其影響〉。

❻ 《聖祖仁皇帝御製文》第二集（《欽定四庫全書》，臺北，商務印書館發行），卷四〇，頁三。

❼ 趙甌北撰〈詹曝雜記〉（《筆記小說大觀》第七編，臺北，新興書局發行）卷一，頁二四三三。

❽ 《聖祖仁皇帝實錄》卷一四七，頁二，康熙廿九年七月辛卯。

❾ 同上引書卷一七〇，頁一三，康熙三十五年正月乙酉。

❿ 白晉著、馬緒祥譯，〈康熙帝傳〉頁二四一—二四二。

⓫ 《聖祖仁皇帝實錄》卷五八，頁二〇—二一，康熙十四年十二月丁卯。

帝生前不立皇太子。這是由八旗制度下的八旗旗主聯合議政制度決定的」⓬。

康熙皇帝改變滿洲部族皇嗣制度而預立儲君，是其皇權鞏固後的措施。他八歲即位，十四歲親政，在其親政後的兩次政治激變中剷除了權臣蘇克薩哈及鰲拜等勢力，達到其維護並鞏固皇權的目的⓭。而預立儲君則是延伸皇權至下一代的措施。康熙皇帝的立儲雖受漢人傳統文化的影響，「學習漢族封建統治者的嫡長子皇位繼承制度，改變滿族不立儲君的傳統」⓮。但也受當時政治情勢激變的刺激。當吳三桂等起兵反叛時，京城爆發了捕獲奸民楊起隆詐稱朱三太子糾眾謀叛的賊黨數百人之事件。南明三王相繼敗亡已十餘年，以「朱三太子」為號召仍有數百人響應，正說明「太子」在中華傳統文化及實際政治中的地位與影響力。「太子」就是未來的皇帝，除了為皇帝身後事預作準備外，也有壯大聲勢，穩定人心，鞏固皇權統治的政治作用。「朱三太子」事件的刺激，或許是康熙皇帝預立儲君的另一誘因。而且康熙皇帝於十四年，冊立嫡長子皇二子允礽為太子之時，正是王輔臣「叛變」不久，康熙皇帝為此甚至準備御駕親征。在此情勢緊急吳三桂等反叛勢力正盛之時而預立儲君，顯然有其高度政治號召的目的⓯。

康熙皇帝對太子的成長與教育，也關注了更多的心力。「太子方幼，上親教之讀書。」「上在宮中親為東宮講授四書五經，每日御門之前，必令將前一日所授書背誦覆講一過，務精熟貫通乃已。」「東宮讀書處殿外種藝五穀之屬，蓋欲子孫知稼穡之艱難，意深遠矣！」

⑯「六歲就傳，令大學士張英、李光地為之師，又命大學士熊賜履授以理性諸書。」⑰張英、熊賜履是康熙皇帝最信任的經筵日講起居注官。李光地、湯斌則是康熙皇帝所敬重的清代著名的理學名臣，他們都曾為康熙皇帝講解儒家經典的精義⑱。在這些理學名臣教導「薰陶涵養」下，太子將來定能成為「孝」敬親長，「友」愛兄弟，「仁」民「愛」物，講「信」修睦而為天下萬民所愛戴的儒家理想中的「仁君」。

太子稍長，康熙皇帝則傳授其治國之道，「告以祖宗典型，守成當若何，用兵當若何。又教之以經史，凡往古成敗，人心向背，事事精詳指示」⑲。並帶他外出視察。皇太子「天姿」，「聰明過人」，他「通滿、漢文字，嫻騎射，從上行幸，賡詠裴然。」卅五年，康熙皇帝「親征噶爾丹，命太子代行郊祀禮，各部院奏章，聽太子處理。事重要，諸大臣議定，

---

⑫ 孟昭信著《康熙大帝全傳》（長春，吉林文史出版社，一九八七年），頁五五八。
⑬ 參第四章：〈集權與激變〉。
⑭ 郭松義等編著《清代全史》（遼寧人民出版社，一九九一年七月）。第三卷，頁三四五。
⑮ 參第五章：〈中央集權與吳三桂等起兵激變〉。
⑯ 王士禎撰〈居易錄〉（《筆記小說大觀》十五編，臺北，新興書局發行。）卷三，頁八，頁一四。
⑰ 趙爾巽等撰《〈清史稿〉校註》卷二二一，頁七六七六，后妃，及卷二二七，頁七八二三，諸王傳六。
⑱ 參第二章：〈經筵日講——青年時期所受的公開教育〉。
⑲ 《聖祖仁皇帝實錄》卷二三四，頁一三，康熙四十七年九月庚寅。

啟太子。」康熙皇帝還「京師」，「太子率群臣郊迎。」次年，「上行兵寧夏，仍命太子居守」⑳。太子也能不負重望，克盡厥職，「舉朝皆稱太子之善」㉑。法國傳教士白晉亦曾記其事，他說：「此刻年已廿三歲的皇太子，他那英俊端正的儀表在北京宮廷里同年齡的皇族中是完美無缺的。他是一個十全十美的皇太子，以致在皇族中，在宮廷中沒有一個人不稱贊他，都相信有朝一日，他將像他父親一樣，成為中華帝國前所未有的偉大皇帝之一」㉒。

(三) 培養親情與其素行遂變

康熙皇帝自十四年立允礽為皇太子，至廿九年皇太子十七歲時止。在此十五年中，康熙皇帝與太子允礽「君臣」「父子」之間，就現有的史料來看，並沒有發生任何不愉快之事。皇太子「在宮廷中」是「完美無缺」，「十全十美」的。及至廿九年七月，「噶爾丹深入烏朱穆秦地，上命和碩裕親王福全為撫遠大將軍」，「皇長子允禔為副將軍，率師往征。」康熙皇帝也「親往視師」，出塞「躬近行間，便指示」機宜。但其「地日中甚熱，夜間甚涼，寒燠不常，兼以大風時至，地方潮濕。」「上以聖體甚覺違和，命太子允礽，皇三子允祉，馳驛前迎。是日，允礽、允祉至行宮請安，見聖體未寧，天顏清減，略無憂戚之意，見於詞色。上以允礽絕無忠愛君父之念，心甚不懌，令即先回京師」㉓。

皇太子允礽「絕無忠愛君父之念」，雖造成康熙皇帝對太子「不仁不孝」的壞印象，但康熙皇帝仍能包容，耐心的從各方誘導教誨訓示，期望他將來仍能成為一位有道的「仁」君。在卅五年，康熙皇帝為了「拓展邊疆，永清朔方」的戰略目的，不辭勞苦，三次率師親征噶爾丹時，命太子允礽坐鎮京師代理朝政，學習處理政事㉔。在「皇太子臣胤礽謹奏」中亦言：「自去（卅五）年三月今年四月，臣所以三次整十一個月不在皇父膝下侍奉，未聆聽聖訓者，皆因逆頑噶爾丹之故也。」在此整十一個月間，根據《康熙朝滿文朱批奏折全譯》書中的記載與統計，其間皇太子胤礽在京師宮中先後呈給皇父康熙皇帝的滿文奏摺共七十八件，而康熙皇帝在塞外軍中先後「朱諭」「皇太子」的滿文諭旨則有卅八件。這些皇太子胤礽的奏摺及摺內的「朱批」，與康熙皇帝「朱諭」皇太子的諭旨，除有關用人行政軍情等軍國大事外，有許多則「係家書瑣細」。康熙皇帝則藉由軍國大事訓練皇太子處理行政事務的

---

⑳ 趙爾巽等撰《〈清史稿〉校註》卷二二七，頁七八二三。

㉑ 《聖祖仁皇帝實錄》卷二三五，頁二三，康熙四十七年十二月戊子。

㉒ 白晉著、馬緒祥譯〈康熙帝傳〉，頁二四二。

㉓ 《聖祖仁皇帝實錄》卷一四七，頁二，頁一六，頁二二，頁二四，康熙廿九年七月辛卯，癸卯，壬子及癸丑。

㉔ 參第七章：〈親征噶爾丹的戰略意義〉。

能力，而藉由「家書瑣細」表達及培養「君臣」「父子」「兄弟」間的「孝」「悌」倫理親情。如（一七二）「康熙帝諭皇太子胤礽親征噶爾丹等情形。諭皇太子：此間爾請安文書隔絕，朕內心不安。今奏文請皇太后安，朕不勝喜悅。朕安。唯晝夜辛勞實感疲倦。諸阿哥、王、大臣、官員等以至兵士均好。皇太子身體好嗎？留宮內眾阿哥均好嗎？此處並無何物，唯有沙石，值歇宿之際命小太監取石，以水淘選各色石一匣送之。……」

又如（二八六）「皇太子臣胤礽進果品折。皇太子臣胤礽謹奏：恭請皇父萬安。……朱批：朕安，皇太子可好？遠隔山河，見爾手疏，不勝快慰。茲送鰣花魚去，以資皇太子食用。以此魚不合皇太后口味，故未進呈。在此再無好物可進。」

而在（一七八）「皇太子胤礽奏為康熙帝恭送衣物折」中更為明顯的可以看出康熙皇帝在很細心的表達及培養「君臣」「父子」親情，其諭旨中云：「……朕率兵前行並不覺。今噶爾丹敗逃窮困之情，親眼所見，恰逢出兵追趕。今欣喜返回時，對爾不勝思念。今值天熱，將爾所穿棉、紗、棉葛布袍四件，褂子四件寄來，務請舊物，為父思念爾時穿之。」而皇太子胤礽的奏摺也一再表達其孺慕眷戀皇父之心，其摺內云：「唯臣思，今春百余日未在膝下，今又十月余未睹天顏，兒臣眷戀之心實難忍。」「以抒臣四月晝夜思念皇父之情。」

而且有的諭旨及奏摺是以皇太后為中心，有「教孝」的作用。除常見的「諭皇太子，恭請皇太后安」等辭句外，康熙皇帝在皇太后誕辰當日更是停止在塞外軍營打獵的活動，並諭令皇太子代為呈進由塞外軍營中呈送的禮物。皇太子胤礽奏云：「初三日，乃皇太后誕辰，張鴻緒前往寧壽宮。將聖上所進之佛、奏書、裘、菜、羊、酒等物獻之。奉皇太后懿旨，見帝奏書，貢物，不勝愉悅，淚流心慟，帝如此至孝至敬，我有何言，惟內心甚喜悅矣！」而皇太后還令皇太子「爾應好生銘記」「爾皇父旨意」與「訓示」。

在皇太子胤礽坐鎮京師，代理朝政期間的表現，康熙皇帝大體是滿意的，在其硃批及硃諭中云：「朕安。爾好嗎？高玉慶十六日晨到，每事均明確具奏。皇太子所問甚為詳盡，明究事理，同朕之心，朕不勝喜悅。況爾在宮穩坐泰山理事，故朕在外放心無事，多爾悠閑，此可輕易得想乎？朕之恩福蓋由行善而致也。朕在此無不告知眾人。爾如此孝順父親，諸事掛念在心，朕亦祝爾長壽無疆，子孫同爾一樣孝順，亦如此恭敬爾。」「皇太子自幼讀書，深明大義，必然謹慎。上則宗廟社稷之福，下則臣民之造化也。朕不勝喜悅。」「皇太子乃極孝順之人，想是見花鳥魚獸，憐惜朕于沙鹵邊陲之勞苦耳！不必為朕擔憂，唯望日夜勤於國事，閑暇之時，閱覽經史前世之得失，以慰愁悶」㉕。

㉕ 王小虹等譯《康熙朝滿文朱批奏折全譯》（中國第一歷史檔案館編，中國社會科學出版社，一九九六年七月。）（三五五），頁一八五；（一五三）—（三六四），頁六九—一八八，（三三六），頁一七三；（一七一），頁八三；（二八六），頁一四五，（一七八），頁八七；（二三三），頁一一九；（二一〇），頁一〇八；（二二八），頁一一七；（三一一）；頁一五八，（三一三），頁一五九。

「皇太子名分，關係重大。」有其崇高的榮譽地位。允礽一歲多時被立為太子，自此身居一人之下，眾萬人之上，處處與眾不同，有其特殊地位。尤其是康熙皇帝親征噶爾丹期間，命皇太子允礽坐鎮京師代理朝政，「舉朝皆稱太子之善。」「至於祈穀於上帝，祭社稷，享太廟，夏至祭地於方澤，冬至祀天於圜丘，俱遣皇太子行禮。皇太子飲食服御陳設等物，較之聖祖有過之，而無不及。朝鮮、蒙古藩屬進貢方物於聖祖之外，另需多備一份進呈皇太子，清室儼如二君。」㉖或許是其崇高的地位及不適當的奉迎，使年輕的皇太子忘忽所以，妄自尊大，養成驕奢專擅等習性。就在康熙皇帝卅六年「出師寧夏後，皇太子聽信匪人之言，素行遂變。」「將諸王、貝勒、大臣、官員任意凌虐，恣行捶撻，」「如平郡王訥爾素、貝勒海善、公普奇俱被伊毆打。大臣官員、以至兵丁鮮不遭其荼毒，」「因諸臣有言及伊之行事者，伊即讐視其人，橫加鞭笞。」康熙皇帝「巡幸陝西、江南、浙江等處，或駐廬舍，或御舟航，未嘗跬步妄出，未嘗一事擾民。乃允礽同伊屬下人等恣行乖戾，無所不至，令朕赧於啟齒」㉗。如皇太子陪康熙皇帝於四十四年南巡時，以江寧知府陳鵬年供奉簡陋，欲殺之，而後大學士張英稱鵬年「賢」，為江寧「好官」。康熙皇帝乃謂太子允礽曰：「爾師傅賢之，如何殺之？」皇太子「猶欲殺之」，江寧織造曹寅「免冠叩頭為鵬年請」，才得幸免㉘。皇太子甚至「遣使邀截外藩入貢之人，將進御馬匹，任意攘取，以至蒙古俱不心服，種種惡端，不可枚舉。」而「允礽賦性奢侈，著伊乳母之夫凌普為內務府總管，俾伊便於取用。孰意凌普更為貪婪，致使包衣下人，無不怨恨」㉙。

（四）廢斥皇太子與懲治其黨人

四十七年五月，康熙皇帝「巡幸塞外，命皇太子允礽、皇長子多羅直郡王允禔、皇十三子允祥、皇十四子允禵、皇十五子允禑、皇十六子允祿、皇十七子允禮、皇十八子允祄，隨駕。」其後「行圍」之時，也命諸皇子前往。就在此時，皇十八子允祄「抱病」，「疾篤」之時，「上回鑾臨視」。「眾皆以朕年高，無不為朕憂慮。」允礽係十八阿哥親兄，「毫無友愛之意，因朕加責讓，伊反忿然發怒。更可異者，伊每夜逼近布城，裂縫向內竊視。從前

㉖ 莊吉發著〈清世宗拘禁十四阿哥胤禵始末〉（臺北，《大陸雜誌》，）第四十九卷二期，頁七八。按胤禵在清實錄中因避諱均作「允禵」，而滿文或其他未經竄改的史料則作「胤禵」或「胤禎」。又據馮爾康的考證，聖祖十四子本即名「胤禵」，後改名「胤禎」，世宗又命其復用舊名。

㉗ 《聖祖仁皇帝實錄》卷二三四，頁二—頁三，康熙四十七年九月丁丑。

㉘ 李桓等撰《國朝耆獻類徵初編》（臺北，文友書局印行），卷一六四，頁一八—頁一九，宋和撰，〈陳鵬年傳〉。

㉙ 《聖祖仁皇帝實錄》卷二三四，頁三，康熙四十七年九月丁丑。

索額圖助伊潛謀大事，朕悉知其情，將索額圖處死。今允礽欲為索額圖復仇，結成黨羽，令朕未卜今日被鴆，明日遇害，晝夜戒慎不寧。似此之人，豈可付以祖宗弘業？且允礽生而剋母，此等之人，古稱不孝。朕即位以來，諸事節儉，身御敝褥，足用布襪。允礽所用，一切遠過於朕，伊猶以為不足。恣取國帑，干預政事。必至敗壞我國家，戕賊我萬民而後已。若此不孝不仁之人為君，其如祖業何？諭畢，上復痛哭仆地，諸大臣扶起。上又諭曰：太祖、太宗、世祖之締造勤勞，與朕治平之天下，斷不可以付此人！俟回京，昭告於天地、宗廟，將允礽廢斥。」江寧織造曹寅即於江南「聞得十八阿哥薨逝」及廢斥太子「異常之變」。

皇太子之被廢斥，固由其「絕無忠愛君父之念」，又「毫無友愛」兄弟之情，以此不孝不仁之人為君，「有將朕諸子不遺噍類之勢。」[30]另一重要因素，則為諸皇子的成長與冊封。康熙皇帝於卅七年三月，分別「冊封諸皇子為郡王、貝勒等職，冊封廿六歲的皇長子允禔為多羅直郡王，廿一歲的皇三子允祉為多羅誠郡王，十九歲的皇四子胤禛，十九歲的皇五子允祺，十七歲的皇七子允祐，十七歲的皇八子允禩、俱為多羅貝勒」[31]。他們參與國家政務，並分撥佐領，各有其屬下之人。滿洲部族自清太祖創立八旗制度後，固山額真或牛彔額真（佐領）就是一旗或一牛彔的主人，旗下或牛彔下的人都是旗主或牛彔主子的屬下人，他們對主人或主子自稱奴才，主奴的關係甚為密切，而「八旗中的君臣等級是很森嚴的」[32]。諸皇子既有其屬下之人，其屬下人對主人都忠誠事主，此亦造成諸皇子間競爭激烈的潛在原因之一。皇太子雖為未來的皇帝，但亦可能被廢，因此形成康熙朝中葉後諸皇子覬覦皇太子之儲位，皇太子覬覦皇權的緊張政局。復以諸皇子成長及參與國家政務後，康熙皇帝也賦與他們上奏摺權。他們既是皇帝的「諸皇子」，又是皇帝的「股肱耳目」親信大臣，難免不發生相互監視，甚或彼此「打小報告」的情事㉝。此或更為助長諸皇子間政治競爭或鬥爭之激烈與緊張，甚而造成政局的不安定。

本來允礽被立為皇太子時，「朝中就出現了擁護皇太子與反太子的勢力」。大學士，領侍衛內大臣索額圖，是康熙皇帝即位時首輔大臣索尼之子，也是太子生母誠孝仁皇后的叔父，太子的外祖父。允礽出生當天，誠孝仁皇后去世。作為外祖父的索額圖對允礽格外疼愛和關懷。允礽立為太子，索額圖當然支持，成為太子黨的首腦人物。皇長子允禔生於康熙十

㉚ 曹寅等撰《關於江寧織造曹家檔案史料》，（偉文圖書出版社，臺北）頁六一，及《聖祖仁皇帝實錄》卷二三三，頁三，頁一九，頁二四，及卷二三四，頁三，康熙四十七年五月丙戌，七月壬辰，八月壬戌及九月丁丑。

㉛ 史松著〈康熙朝皇位繼承鬥爭和雍正繼位〉（《清史研究集》第四輯，中國人民大學清史研究所編，成都）及《聖祖仁皇帝實錄》卷一八七，頁一五。

㉜ 閻崇年著《努爾哈赤傳》（臺北，文史哲出版社），頁一五三，創建八旗制度，並參㉝。

㉝ 參拙著〈奏摺裏的玄機〉（臺北，《故宮文物月刊》，國立故宮博物院），二卷三期，頁一二五。

一年二月，比皇太子允礽大三歲多，他的母親是惠妃，不是嫡出，雖為皇長子卻沒有被立為皇太子。但大學士明珠是惠妃的哥哥，亦即皇長子的舅父，為支持皇長子，他聯合大學士余國柱，戶部尚書佛倫，刑部尚書徐乾學等，與太子黨對立。廿七年二月，御史郭琇糾劾明珠、余國柱等背公結黨罪行後，康熙皇帝罷斥明珠、余國柱，使黨爭暫時告一段落㉞。

但康熙皇帝對皇太子黨人抬高太子地位威脅或侵犯皇權的行動或措施，則予以嚴厲的壓制或懲罰以維護皇權。索額圖竟「懷私倡議，凡皇太子服御諸物，俱用黃色。所定一切儀注，幾與朕相似。驕縱之漸，實由於此」㉟。而「禮部奏祭奉先殿儀注，將皇太子拜褥，」「應設檻外」，「設置檻內」，禮部尚書沙穆哈受到革職處罰。而內務府所屬膳房人花喇、額楚、哈哈珠子德住，茶房人雅頭，伊等在皇太子處行走，甚屬悖亂，著將花喇、德住、雅頭處死，額楚交與伊父「圈禁家中」㊱。

索額圖於康熙四十年「以老乞休，允之。」次年九月，「上巡視南河，命皇太子允礽，皇四子多羅貝勒胤禛，皇十三子胤祥隨駕。」途中，皇太子允礽患病，「諭召索額圖前來奉侍」。十一月，皇太子病癒，「遵旨回京」。四十二年正月，「祈穀於上帝，遣太子允礽行禮。」是月，康熙皇帝第四次南巡，又命皇太子，皇四子，皇十三子隨駕。就在是年五月，康熙皇帝「命執索額圖，交宗人府拘禁。」「尋索額圖死於幽所」，即因其「無退悔之意，背後仍怨尤，議論國事，結黨妄行。」其後康熙皇帝更明白指出索額圖助太子「潛謀大事」，「誠本朝第一罪人也」！37

康熙皇帝在拘禁索額圖後，「又命執索額圖諸子交心裕，法保拘禁」，防其「別生事端」。其後皇三子「臣胤祉」，皇四子「臣胤禛」等「遵上諭」「審訊索額圖家人及其口供」。至「諸大臣黨附索額者麻爾圖等」，「並命禁錮」。「又命諸臣同祖子孫在部院者，皆奪官，江潢以家有索額圖私書，下刑部論死」38。

康熙皇帝雖然「先發」懲罰了索額圖及其「太子黨」勢力，但與皇太子「君臣」「父子」間的「緊張」關係並未因此而改變。事實上，康熙皇帝自卅六年於平定噶爾丹回朝後，再也沒有命皇太子代理朝政之事，此或為其「防微杜漸」慎防皇權旁落的措施，而且自四十二年後，康熙皇帝的第四次，五次及六次南巡，均命皇太子等隨駕，雖有命皇太子「歷練」

---

34 孟昭信著《康熙大帝全傳》，頁五六三。

35 《聖祖仁皇帝實錄》卷二五三，頁八，康熙五十二年二月己酉。

36 同上引書卷一六二，頁一九，卷一八五，頁九。

37 趙爾巽等撰《〈清史稿〉校註》卷二七六，頁八六一二，《聖祖仁皇帝實錄》卷二〇五，頁一六；卷二一〇，頁二，頁一三；卷一一一，頁二；卷二一二，頁一五，頁一六；卷二三四，頁三，及卷二五三，頁八。

38 王小虹等譯《康熙朝滿文朱批奏折全譯》（五三五），頁二八九，康熙四十二年七月廿一日，並參上註。

及瞭解「民間疾苦」之意，但亦有可能命皇太子隨侍在側，隨時暗中「觀察」[39]。而皇太子胤礽的「恣行淫樂」，也與其隨駕巡幸江南有關[40]。而皇太子之被廢斥「禁錮」。即因其有謀弒「君」「父」之嫌疑。但其後廢太子二阿哥申訴著說：「皇父若說我別樣的不是，事事都有，只有弒逆的事，我實無此心。」康熙皇帝聽後，不但沒生氣，反命將廢太子「項上鎖開了」[41]。

(五) 廢太子的復立與再廢

皇太子允礽幼承庭訓，受完整的儒家思想教育，而儒家倫理道德以「仁」「孝」為中心。允礽在康熙皇帝慎為安排的儒學師友及其庭訓的影響下，應有「尊君」「親上」「誠」「敬」待人處事及與人為善的正確人生觀。但「今皇太子所行若此」，故康熙皇帝「實不勝憤懣」，「六日未嘗安寢」，「涕泣不已」。但「近觀允礽行事，與人大有不同。晝多沉睡，夜半方食，飲酒數十觥不醉。每對越神明，則驚懼不能成禮，遇陰雨雷電，則畏沮不知所措。居處失常，語言顛倒。竟類狂易之疾，似有鬼物憑之者。」「允礽宮人所居擷芳殿，其地陰黯不潔，居者輒多病亡。允礽時常往來其間，致中邪魅，不知自覺。以此觀之，種種舉動，皆有鬼物使然，大是異事。」「今忽為鬼魅所憑，蔽其本性，勿起勿坐，言動失常。

時見鬼魅，不安寢處，屢遷其居，啖飯七、八碗，尚不知飽。飲酒二三十觥，亦不見醉。」「以此觀之，非狂疾何以致是？」

允礽既有「狂疾」，則將其「廢斥」「幽禁」，就理所當然了。但皇太子之覬覦「皇位」，諸皇子之覬覦「儲位」，「要結黨援」，相互爭鬥之事實，則是康熙皇帝所深痛惡絕的。故康熙皇帝在昭告天地宗廟廢斥允礽的同時，即明確宣示：「朕前命直郡王允禔，善護朕躬，並無欲立允禔為皇太子之意。允禔秉性躁急、愚頑，豈可立為太子？」以杜絕允禔以皇長子直郡王的身份競爭儲位的企圖。其後更諭令諸皇子及大臣曰：「今允礽事已完結，諸阿哥中，倘有借此邀結人心，樹黨相傾者，朕斷不姑息也。」及「有鑽營謀為皇太子者，即國之賊，法斷不容。」

但允禔見自己奪儲無望，乃推薦與自己關係密切的皇八子允禩，謂「相面人張明德曾相允禩，後必大貴。」並稱「今欲誅允礽，不必出自皇父之手。」康熙皇帝知道後「為之驚

㊴《聖祖仁皇帝實錄》卷二一一，頁三，卷二一九，頁七及卷二二八，頁四，康熙四十一年正月壬戌，四十四年二月癸酉，及四十六年正月丙子，並參㉚。

㊵吳秀良著、張震久等譯《康熙朝儲位鬥爭記實》（中國社會科學出版社，北京，一九八二年），頁一〇一—一一〇。

㊶《文獻叢編》（臺聯國風出版社印行，臺北，民國五十三年三月），頁二八，並參㉚。

異」，而沉痛的斥責「允禔為人兇頑愚昧，不知義理。倘果同允禩聚集黨羽，殺害允礽。其時但知逞其兇惡，豈暇計及於朕有礙否耶？似此不諳君臣大義，不念父子至情之人，向為亂臣賊子。天理國法皆所不容者也！」「且允禔於朕之侍衛執事人等，擅自責打者不少。」「其看守允礽時，將允礽處所有匠人，盡行收去，又加以苦刑，以致匠人逃遁，且有自縊者。」當審訊相面人張明德時，查出他不僅相面，且有謀殺皇太子的嫌疑，而允禔及允禩也牽連在內。其後皇三子允祉又奏報大阿哥允禔與會巫術之人來往，「咒詛廢太子」，並「掘出鎮厭物件十餘處」。證明大阿哥確有「厭咒親弟」，「及殺人之事」。「其母惠妃亦奏稱其不孝，請置之於法。」但康熙皇帝「固不忍殺之」，令革其王爵，嚴加幽禁[42]。

皇長子允禔「幽禁」後，皇八子允禩的勢力大增，反皇太子的勢力聚集其門下。八阿哥允禩首先利用何焯及南方漢族文人學士「沽名釣譽」，為他取得「喜愛儒學」的「賢王」稱號。又利用滿清宗室康熙皇帝的異母兄弟裕親王福全「贊揚胤禩的天賦和品格，建議康熙皇帝將其冊立為皇太子。」但康熙皇帝從相面等事發現他的政治野心，「其黨羽早相要結，謀害允礽。」又查出署內務府總管事，「八阿哥到處妄博虛名，凡朕所寬宥及所施恩澤處，俱歸功於己。」侵欺皇權，「是又出一皇太子矣」！於是以「柔奸性成，妄蓄大志」，要結黨羽，「謀害允礽」等罪名，「著將允禩鎖拿，交與議政處審理」，不久，將允禩「革去貝勒，為閑散宗室」。在鎖拿允禩時，「皇九子允禟，語皇十四子允禵云：爾我此時不言何待？允禩奏云：八阿哥無此心，臣等願保之。上震怒，出所佩刀欲誅允禩。皇五子允祺跪抱勸止，諸皇子叩首懇求。上怒少解，命諸皇子撻允禩，將允禟、允禵逐出。」

「胤禟一直是胤禩爭奪儲位的堅強支持者」，他是大學士，吏部尚書明珠的女婿，「身體肥胖而笨拙」，「好酒色，圖受用」。「他加入胤禩派的目的，不在爭權奪勢，而是為了維護他的財富和生活方式。」「在諸皇子中，胤禟最富有，日後胤禩在財力上就主要靠他的支持。」「胤禟大部分財產都以非法手段攫取的」及「繼承了巨富明珠家的大部分財產」㊸。

允禟，允禵保救允禩時，康熙皇帝雖然認為他們的義氣，「都是梁山泊的義氣」，並當場「將十四阿哥打了二十板」。但康熙皇帝一個月後的另一舉措，卻表明他並沒有將允禵與允禩、允禟同等看待。當皇長子允禔被革去王爵，加以幽禁時，康熙皇帝諭令將其「凡上三旗所分佐領，可盡撤回，給與允禵。」「其包衣佐領及渾託和人口均分，以一半給與允

㊷ 參附錄〈庭訓格言〉，及第三章：〈「理學」思想〉，並參《聖祖仁皇帝實錄》卷二三四，頁三，頁四，頁七，頁九，頁十，頁一二，頁一三，頁二〇，頁二一，頁二三〇及卷二三五，頁一二，及頁一五。

㊸ 吳秀良著、張震久等譯《康熙朝儲位鬥爭記實》，頁一一三—一一六。並參《聖祖仁皇帝實錄》卷二三四，頁二三，頁二四，及卷二三五，頁五。

禩。」這可能是康熙皇帝在懲罰允禩「樹黨」「邀結人心」後的「親情」補償。也顯示出康熙皇帝在「君臣」間的「忠」「義」與「父子」間的「孝」「慈」，及其間相互的倫理關係，很難取得一平衡點。這可能也是康熙皇帝內心深處掙扎的痛苦與矛盾。

除諸皇子等「要結黨羽」競爭儲位外，宮中許多貴戚王公大臣等也參與黨爭。康熙皇帝為了自身安全，甚至「收錄」「飛賊」「好漢」來防範自己的兒子。這種緊張情勢嚴重影響政局的穩定，朝廷內外惶惶不安。而康熙皇帝身體「漸覺虛弱」，「心氣不寧，精神恍惚」。在此情勢下，康熙皇帝召滿漢文武諸大臣，齊集暢春園，令他們「會同詳議，於諸阿哥中，舉奏一人。大阿哥所行其謬，虐戾不堪，此外於諸阿哥中。眾議誰屬，朕即從之。若議時互相瞻顧，別有探聽，俱屬不可。」「繼又諭曰：議此事！勿令馬齊預之。」但領侍衛內大臣阿靈阿，散秩大臣鄂倫岱，侍郎揆敘，戶部尚書王鴻緒等，「遂私相計議，與諸大臣暗通消息，書八阿哥三字於紙，交內侍梁九功，李玉轉奏。」康熙皇帝卻認為「八阿哥未嘗更事，近又罹罪。且其母家亦甚微賤，」「豈可使為皇太子？況允禩乃允禔之黨。允禔曾奏言，請立允禩為皇太子，伊當輔之。可見伊等結黨潛謀，早定於平日矣！」於是康熙皇帝命追查「倡首」保舉允禩之人，查出「此事必舅舅佟國維，大學士馬齊以當舉允禩，默喻於眾，眾乃畏懼伊等，依阿立議耳！」故康熙皇帝對他們結黨「倡言欲立允禩為皇太子，殊屬可恨」「不勝忿恚」。而「今爾諸臣乃扶同偏徇，保奏允禩為皇太子，不知何意？豈以允禩庸劣無有知識，倘得立彼，則在爾等掌握中，可以多方簸弄乎？如此則立太子之事，皆由爾諸臣，不由於朕也。且果立允禩，則允禔必將大肆其志，而不知作何行事矣！」㊹

在斥責滿漢大臣「扶同偏徇，保奏允禩為皇太子」的次日，康熙皇帝召科爾沁達爾漢親王、額駙班第等諭曰：「前執允礽時，朕初未嘗謀之於人，因理所應行，遂執而拘繫之。」「今每念前事，不釋於心。一一細加體察，有相符合者，有全無風影者。況所感心疾，已有漸愈之象，不但諸臣惜之，朕亦惜之。今得漸愈，朕之福也，亦諸臣之福也！」暗示將重立允礽為皇太子，並謂近日夢見其祖母太皇太后，「顏色殊不樂，但隔遠默坐，與平日不同。皇后亦以皇太子被冤見夢。且執太子之日，天色忽昏。」「進京前一日，大風旋繞駕前」，種種徵兆顯示廢太子似有冤枉。在調查處理允禔、允禩等明爭暗鬥，甚至不擇手段爭奪儲位的過程中，康熙皇帝發現廢太子允礽的罪狀，「有全無風影者」「虛誣者甚多」，而太子允礽「弑逆」之嫌疑既已澄清消除，與允禔、允禩等之狠毒，謀殺親弟兄之罪證相比，允礽並無大罪。復以「心高陰險」的允禩挾朝中大臣保舉的勢力，勢將威脅皇權，故康熙皇帝在

㊹ 許曾重著〈清世宗胤禛繼承皇位問題新探〉《清史論叢》第四輯，中國社會科學院編，中華書局，北京），頁一一七，並參《聖祖仁皇帝實錄》卷二三五，頁三，頁一五，頁一八，頁一九，頁二〇；卷二三六，頁四，頁五，頁八，頁九。

「甚無奈」的情況下，「將不可冊立之允礽放出」，以抵制允禩的勢力。事實上，「慈祥」的康熙皇帝「自有廢皇太子一事，朕無日不流涕，頃幸南苑，憶昔皇太子及諸阿哥隨行之時，不禁傷懷。」當日回宮，即召見八阿哥及廢太子，並告諭臣下，「自此以後，不復再提往事」。「自禁允礽之後，朕日日不能釋然於懷，」「召見一次，胸中疏快一次」。即在命諸大臣保舉皇太子前，康熙皇帝曾召見李光地，詢問「廢皇太子病，如何醫治，方可痊好？」李光地奏言：「徐徐調治，天下之福。」只是李光地「未嘗以此告諸臣」，才造成諸臣「偏徇」保舉允禩為皇太子之事。

至「廢皇太子，雖曾有暴怒，捶撻傷人事，並未致人於死，亦未干預國政。」而皇太子魘魅，「皆由允禔魘魅所致」，「以至本性汩沒耳」！「加意調治，今已痊矣！」其病源，「治療已痊，誠國家之福，天下之福也！」，如再「幽禁」廢皇太子，就無此需要了。在群臣「同一心」無異議的請求下，康熙皇帝將昭雪平反廢太子罪的「御筆硃書」「對眾宣讀」，「力保」「允礽斷不報復讎怨」。次日，更「當眾人之前」釋放廢皇太子，並命允礽於「眾前剖白『凡事俱我不善』，『改諸惡』，及勿『念人之讎』之意。又訓誨諸皇子輔導允礽，諭允礽「痛改前非，晝夜警惕。」

三個多月後，四十八年三月九日，康熙皇帝以復立皇太子允礽，遣官告祭天地、宗廟、社稷。次日，以「復立皇太子大慶之日，允祉、胤禛、允祺俱著封為親王，允祐、允䄉俱著封為郡王，允禟、允祹、允禵俱著封為貝子。」允禩在此前已被復封為貝勒。從釋放到復立皇太子允礽三個多月的觀察期間，康熙皇帝生了一場大病，自其「抱疾以來，皇太子、三阿哥、四阿哥、五阿哥、七阿哥晝夜侍奉，用藥調治，今已愈矣！並非諸臣醫療得痊也。皇太子雖縲絏幽禁，並不怨恨，乃諄切以朕躬為念，故今釋之。」其後在滿朝文武大臣奏請復立皇太子時，康熙皇帝更是強調「允礽，累月以來，晝夜在朕前守視湯藥。其被鎮魘詛咒，以致迷惑之處，已經痊癒。」著即查復立皇太子「典禮具奏」。復以佟國維等欲立八阿哥為皇太子所造成大臣侍衛官員等「終日憂慮，若無生路者」，為了政局的穩定，康熙皇帝乃復立允礽為皇太子[45]。

康熙皇帝復立皇太子後，在其「巡幸塞外」，「謁陵」，「巡視」「河隄」或「行圍」時，均命太子允礽「隨駕」，不復再命太子「坐鎮京師」，「代理朝政」，除有將允礽留置身邊，隨時觀察之意外，也或有避免其形成「二君」與皇權抗衡之意。據朝鮮於康熙五十一年至五十三年間，派往清朝的謝恩使及冬至使等所探聽得的情報，證實「太子經變之後，皇帝操切甚嚴，使不得須臾離側。而諸弟在外般遊，故恨自己之拘檢，猜諸弟之閒逸，怨恨之

45《聖祖仁皇帝實錄》卷二三五，頁一四，頁二〇，頁二一，頁二二，頁二三，頁二四，頁二八；卷二三六，頁八，頁九，頁一三，頁二五；卷二三七，頁二，頁五，及卷二六一，頁八，頁九。

心，及於帝躬。」而「太子不良，雖十年廢因，斷無改過之望，締結不逞之徒，專事牟利，財產可埒一國。」「沉酗酒色，常習未悛，分遣私人於十三省富饒之處，勒徵貨賂，責納美姝。」皇太子更是「每言古今天下，豈有四十年太子乎？」事實上，此時的皇太子才卅八歲，康熙皇帝則是五十九歲。皇太子允礽這種「直接」而「急躁」與毫無「掩飾」略含「怨恨」的「奪權」心態，是康熙皇帝最不能容忍的，也可能是導致康熙皇帝於五十一年第二次廢太子的主要原因之一㊻。

康熙皇帝雖刻意防範皇太子勢力的再起而威脅皇權，但其「年高」，而皇太子就是未來的皇帝，故在復立皇太子二年半之後，康熙皇帝又發現「國家大臣有為皇太子而援結朋黨者。諸大臣皆朕擢用之人，受恩五十年矣！其附皇太子者，意將何為也？」其中甚至有「索額圖之黨，竟不斷絕，俱欲為索額圖報復。豈伊等祖父，皆索額圖之奴僕乎？」故康熙皇帝認為「此輩小人」，在「朕父子之間」「生事」，「若不懲治，將為國之亂階矣！」於是命將「結黨」的都統鄂繕及兵部尚書耿額等「鎖拏」「監禁」「質審」。在質審時，又發現他們「受賄」，「結黨會飲」，「肆行無忌」，「恣意貪婪」，「居心暗昧」，「妄自尊大」，「負恩背義」，「刁險叵測」等罪狀。此皆太子允礽「徒以言語貨財，買囑此等貪濁諂媚之人，潛通信息」所致。其後又經「刑訊」取供：「原任刑部尚書齊世武受賄三千兩，原任步軍統領託合齊受賄二千四百兩，原任兵部尚書耿額受賄一千兩。」康熙皇帝除將主要的「結黨」「受賄」者「著監候秋後處決」外，其餘也「俱著革退」㊼。

康熙皇帝其所以如此嚴厲的懲治為太子而「結黨」的大臣，或因諸阿哥等常「枉法」撻辱諸大臣侍衛，破壞國家體制，「是欲分朕權柄，以恣其行事也！」而「國家惟有一主」，「大權所在，何得分毫假人？」而皇太子允礽復立後，又重新成為諸皇子競爭的對象，尤其是阿靈阿、揆敘要皇子允禩等同為黨援，肆無忌憚，日夜謀為造作無稽之談，轉相傳達，以致康熙皇帝「聖心憤懣，莫可究詰」㊽。故康熙四十九年正月間，朝廷內外即流傳「東宮目下雖然復位，聖心尤在未定。」及「東宮雖復，將來恐也難定」之語，影響人心與政局之安定。尤其是在康熙皇帝嚴厲的懲治「太子黨人」後，「臣庶不安」，「今眾人有兩處總是一死之言。」即因「或有身受朕恩，傾心向主，不肯從彼（太子黨人），寧甘日後誅戮者。亦

㊻《肅宗大王實錄》（《朝鮮王朝實錄》四十冊，〈肅宗實錄（三）〉，國史編纂委員會，漢城），卷五二，頁四二；卷五四，頁三六，卷五五，頁五，及《聖祖仁皇帝實錄》卷二三七，頁二〇；卷二三八，頁一五；卷二四〇，頁一七；卷二四一，頁七，卷二四二，頁八；卷二四四，頁一七，卷二四五，頁五，卷二四六，頁六，卷二四七，頁五。

㊼《聖祖仁皇帝實錄》卷二四八，頁一五—一八，卷二五〇，頁五—一〇。

㊽《滿洲名臣傳》（《清代傳記叢刊》，明文書局印行，臺北）卷三二，頁三四，並參《聖祖仁皇帝實錄》卷二三三，頁二六。

有微賤小人，但以目前為計，逢迎結黨，被朕知覺，朕即誅之者。此豈非兩處俱死之勢乎？」㊾此一情勢的發展，將嚴重影響朝中人心的浮動與不安。

康熙皇帝與太子儲君之間又再度陷入不可調和的僵局，於是決定再廢太子。五十一年九月卅日，康熙皇帝巡視塞外回京奉皇太后回駐暢春園時，「諭諸皇子等，皇太子允礽自復立以來，狂疾未除，大失人心，祖宗弘業斷不可托付此人。朕已奏聞皇太后，著將允礽拘執看守。」次日，又以「御筆硃書諭諸王、貝勒、貝子、大臣等，前因允礽行事乖戾，曾經禁錮，繼而朕躬抱疾，念父子之恩，從寬免宥。」「想伊自應痛改前非，晝夜警惕。乃自釋放之日，乖戾之心，即行顯露。數年以來，狂易之疾，仍然未除。是非莫辨，大失人心。」「秉性兇殘，與惡劣小人結黨，允礽因朕為父，雖無異心，但小人輩，懼日後被誅，倘於朕躬有不測之事，則關係朕一世聲名。」「前者釋放時，曾有諭旨，善則為皇太子，否則復行禁，詳載檔冊。今毫無可望，故有此諭。」「嗣後眾等，各當絕念，傾心向主，共享太平。後若有奏請皇太子已經改過從善，應當釋放者，朕即誅之。」其後「命禁錮廢皇太子允礽於咸安宮」，並以廢黜皇太子事，遣官告祭天地、太廟、社稷。於是「頒詔天下」，「咸使聞知」，完成一切廢黜太子的既定手續與程序㊿。

（六）可能的皇位繼承人與胤禛即位

康熙皇帝重視家庭倫理長幼之序，當皇太子被廢黜及皇長子允禔無被立為皇太子之望後，年齡最大的皇三子允祉的地位就顯得更為重要了。據現存的《康熙朝滿文朱批奏折全譯》的記載與統計，自康熙四十二年起，皇三子胤祉與皇四子胤禛二人合奏而以胤祉領銜的〈奏報索額圖被禁錮情形折〉及〈審訊索額圖家人及其口供折〉共二件，並有胤祉領銜帶領諸弟胤禛、胤祺、胤祐、胤祀、胤䄉、胤禟、胤祹、胤禎等〈奏問十八阿哥病勢折〉一件。而在四十三年至五十六年間，也均以胤祉單獨奏報或領銜帶領諸弟奏報，其中以四十五年及四十六年間的奏摺最多，分別為九十四件及七十件。其次則為四十八年及四十九年，分別為六十四件及四十八件。五十六年最少，全年只有二件，而且是胤祉單獨的奏報。五十四年全年，無一件胤祉或其他諸皇子的奏摺。五十七年九月後，則有皇四子胤禛領銜帶領諸弟胤祺、胤祐、胤禟、胤䄉、胤祹、胤祥、胤禮等奏謝賞鹿肉等折共二件。而在胤祉或胤禛領銜

㊾〈李煦奏摺〉（《紅樓夢研究資料之（三）》，里仁書局，臺北），頁八〇，並參《聖祖仁皇帝實錄》卷二五一，頁一一。

㊿《聖祖仁皇帝實錄》卷二五一，頁七—一二，頁二五，卷二五二，頁五，頁一四。

帶領諸弟的奏折中，其諸弟名次順序均按其長幼順序先後排列，惟其中沒有發現皇八子胤禩的名字。因康熙皇帝曾宣示「與允禩父子之恩絕矣」！當然不會准胤禩有上奏摺之權，故在胤祉或胤禛等遵旨領銜帶領諸弟的奏摺中，沒有胤禩的名字[51]。

以上的統計旨在說明年長的允祉與胤禛等皇子在康熙皇帝心目中的地位。楊珍先生更根據《清聖祖實錄》的記載，證明「允祉經常協助父親處理各種政務，與胤禛相比，並不為少。」而且允祉、胤禛都曾多次有機會代表康熙皇帝「祭孔」、「祭太廟」與「祭天」。更重要的是從康熙四十六年至六十一年間，允祉「恭請上幸王園，進宴」十八次（在北京八次，在熱河十次），其中有六年是一年兩次。胤禛「恭請上幸王園，進宴」十一次（在北京五次，在熱河六次），其中六十一年有三次。康熙皇帝「去允祉花園的次數超過去胤禛花園，說明允祉與父親的關係更為密切，融洽。」尤其在「第二次廢太子後，自康熙五十二年至六十一年的十年中」，康熙皇帝每次避暑熱河塞外，無不帶允祉前往，而胤禛卻有四年未得隨駕。亦即康熙皇帝在最後十年間每年四月至九月將近半年的時間都在熱河避暑山莊處理軍政事務，而且允祉都能隨駕，這就更足以說明允祉在康熙皇帝心目中的地位了。允祉也能投父親之所好，友愛兄弟，「平日與允礽，甚相親睦。」其後又揭發皇長子允禔利用蒙古喇嘛「咒詛廢太子」允礽，致其「本性汨沒」，「有類狂易」，「皆由允禔魘魅所致」。經「朕竭力調治，果蒙天佑，狂疾頓除」，若「不違朕命，不報舊仇，盡去其奢費虐眾種種悖謬之事，改而為善，朕自另有裁奪。」為復立太子事定下基礎[52]。

康熙皇帝曾命允祉在武英殿修書處監督編纂事宜，後又命允祉在蒙養齋率耶穌會教士及中國的科學家輯律呂、算法、曆法諸書，於康熙五十三年編纂完成《律曆淵源》一書。著名的學者如方苞、陳夢雷及何國宗等，都曾參與允祉主持下的編纂工作。而且由於允祉的文化修養，漢人學者特別是南方的文人學士及各流福建人都很喜歡他。這些事實都足以說明康熙皇帝與允祉君臣父子間之關係良好，而允祉在漢人學者中的聲望也很高。在這段時間內，允祉「居然以儲君自命」。但在五十五年底及五十六年初卻發生了「光棍」孟光祖假冒允祉門下，在晉、陝、湘、鄂、川、黔等省招搖撞騙的案件。「或許因為孟光祖詐騙案損及胤祉的形象，此後，他不再被視為最有希望的太子候選人。」當然，「他不可能被選為太子的最重要的原因，還在於他對父親和已故的母親不孝。」「當時的一位觀察者說，盡管胤祉十分自

---

51 王小虹等譯《康熙朝滿文朱批奏折全譯》頁二七八至頁一四八九，自康熙四十二年至六十年及《聖祖仁皇帝實錄》卷二六一，頁九。並參33。

52 楊珍著〈關于康熙朝儲位之爭及雍正繼位的幾個問題〉（《清史論叢》第六輯，中國社會科學院歷史研究所清史研究室編，中華書局，北京），頁一〇四至頁一〇八，《聖祖仁皇帝實錄》卷二三四，頁六；卷二三五，頁一二，一六，二二，及二三。

負，實際上他只不過是『單槍匹馬』派，在滿漢諸臣之中都沒有強大的權力基礎」53。

繼允礽後，比皇三子小一歲八個月，時年四十歲的皇四子胤禛就更有希望成為皇位的繼承人了。根據《康熙朝滿文朱批奏折全譯》的記載與統計，胤禛自康熙五十七年九月後始有其領銜帶領諸弟胤祺等奏謝賞鹿肉等折二件54。事實上，康熙皇帝與四阿哥胤禛間之相處較為融洽，這可能是在康熙皇帝的諸皇子中，「惟四阿哥，朕親撫育」，「幼年時，微覺喜怒不定」。但「十餘年以來，胤禛已「年逾三十，居心行事，大概已定」，「其能體朕意，愛朕之心，慇懃懇切，可謂誠孝。」而且「前拘禁允礽時，並無一人為之陳奏，惟四阿哥性量過人，深知大義，屢在朕前，為允礽保奏，似此居心行事，洵為偉人。」而四阿哥又曾為其他「諸阿哥陳奏之處甚多」，可謂友愛兄弟。更重要的是則為康熙皇帝自廢太子後，「不幸事出多端，朕深懷愧憤，惟日增鬱結，以致心神耗損，形容憔悴，」大病一場。「惟貝勒允祉、胤禛特至朕前。奏稱皇父聖容，如此清減，不令醫人診視，進用藥餌，徒自勉強擔延，萬國何所倚賴！臣等雖不知醫理，願冒死擇醫，令其日加調治，因痛哭陳請。」康熙皇帝「始用醫藥」，「時皇太子已經開釋，亦同竭力趨侍，晝夜不懈。」「累月以來，朕因諸事憤鬱，心神耗損，允礽朝夕侍左右，憂形如色，藥餌必親，寢膳必視，惟誠惟謹，歷久不渝。」康熙皇帝「劇疾」乃得「全癒」。此事與允礽之復立為皇太子，允祉、胤禛及允祺等年長諸皇子封為親王有關，而允祉及胤禛等日後受到信任與重用，也與此事有密切關係55。

其後允祉及胤禛即以親王身份恭請康熙皇帝至其親王府邸花園中遊玩進宴，使他們與康熙皇帝間之關係較為親密，也使他們的地位超越其他年青的諸皇子而為皇位的直接繼承人選。即令康熙皇帝後來破格任用十四阿哥允禵時，也沒有改變年長諸皇子在康熙皇帝心目中的地位。

五十七年十月，康熙皇帝任命皇十四子固山貝子允禎為撫遠大將軍，三路出師四路進兵西藏。為了加強主帥統馭權，康熙皇帝特授與胤禎上奏摺之權，據《康熙朝滿文朱批奏折全譯》的記載與統計：五十七年十二月，即有〈胤禎奏請康熙帝訓諭折〉共二件。五十八年，又有〈胤禎奏報在山西經過情形折〉共七十九件。五十九年，則有胤禎以撫遠大將軍職銜〈奏報地方官員獻禮物折〉共四十件。六十年，有〈撫遠大將軍胤禎奏為皇父賞物品謝恩

---

53 吳秀良著、張震久等譯《康熙朝儲位鬥爭記實》頁一五〇至一五二，頁一六五，並參《聖祖仁皇帝實錄》卷二七〇，頁二五，卷二七一，頁一一，一七。

54 《康熙朝滿文朱批奏折全譯》所記載雖只是滿文朱批奏折的一部分，但其數目竟高達四二九七件。其中大部分又都屬於康熙朝中期以後的朱批奏折。而且自康熙三十年至六十一年的滿文朱批奏折，每年都有，康熙朝早期的滿文朱批奏折只有十幾件。在如此不算少的滿文朱批奏折中，或能略窺康熙朝中葉以後歷史發展之梗概，再與其他史料相互印證，其事實真象之演變與發展應屬不是偶然或巧合，應有其一定的真實性。並參51。

55 《聖祖仁皇帝實錄》卷二三五，頁二四—二八，卷二三七，頁四—六。

折〉共七件。康熙皇帝任命十四阿哥為撫遠大將軍率軍進入西藏，是在清軍全軍覆沒慘敗後基於整體國防戰略考量的最重要軍事行動，各方都寄與厚望。在任命胤禎為大將軍後，康熙皇帝「諭議政大臣等十四阿哥，既授為大將軍，領兵前去。其纛用正黃旗之纛，照依王纛式樣。」胤禎為固山貝子，其纛竟「照依王纛式樣」，此乃康熙皇帝破格授與的殊榮。胤禎出征前，康熙皇帝為其「親詣堂子行禮」，「祭旗纛」。起程時，「上命內閣大臣，頒給大將軍敕印」，並舉行盛大而隆重的歡送禮[56]。其後康熙皇帝更諭青海蒙古各盟長等曰：「大將軍王是我皇子，確係良將，帶領大軍，深知有帶兵才能，故令掌生殺重任。爾等或軍務，或巨細事務，均應謹遵大將軍王指示。如能誠意奮勉，即與我當面訓示無異。」

以上種種跡象均顯示康熙皇帝對十四阿哥之重視及其能力的肯定。尤其是廢太子允礽曾於「拘禁處」，「以礬水作書」，「密送信息」，「囑託」滿洲都統公「普奇保舉二阿哥為大將軍」。故康熙皇帝破格任命胤禎為大將軍時，也給外界以聯想認為胤禎將被立為虛懸已久的皇儲皇太子。輔國公阿布蘭於康熙六十年「大將軍允禵自軍前回時」，「出班跪接」，即將允禵作為皇太子看待，其行為也可能代表清廷部分宗室王公大臣的心理[57]。

但事實上，康熙皇帝於五十二年二次廢太子後，已傾向不再預立皇太子。他曾說「太子為國本」，但「立非其人，關係匪輕」。故「宋仁宗卅年，未立皇太子」，我「太祖」「太宗」朝「亦未預立皇太子」。因「太子幼沖，尚保無事」，及其「年長」，「結黨營私」，

「鮮有能無事者」。且「天下大權，當統於一」，「天無二日，民無二王」。蓋預立皇太子除易造成皇太子「驕縱」外，也易造成皇儲覬覦皇權，諸皇子覬覦儲位，形成君臣父子兄弟間之「緊張」與「黨爭」，康熙皇帝深受其「痛苦」。故康熙皇帝於第二次廢太子後，有四年多的時間未提立皇太子事。五十六年十一月，康熙皇帝預立遺詔時，也未預定皇太子人選。甚至於五十七年，大學士九卿等「繕摺具奏」「建儲大事」時，康熙皇帝更是避重就輕的諭當先議定皇太子「禮儀」，而沒有預立皇太子㊽。從朝鮮方面的史料也證實康熙五十八年及五十九年，清廷「太子虛位已久，至今無建立之意」。「太子事，依舊無他聞。」

而康熙皇帝「自四十七年大病之後，過傷心神，漸不及往時。」五十六年春，「始患頭暈，漸覺消瘦」。其後「心神憂瘁，頭暈頻發」，「近日多病，心神恍忽，身體虛憊，動轉

㊻ 參拙著〈康熙皇帝的振興法教與平定西藏〉（〈國史上中央與地方的關係〉，中華民國史專題第五屆討論會，國史館，臺北），頁一五—二六，並參註疌，註肊，及《聖祖仁皇帝實錄》卷二八一，頁二二，卷二八二，頁四，頁一一。

㊼ 胤禎撰〈撫遠大將軍奏議〉（《清史資料》第三輯，中國社會科學院歷史研究所清史研究室編，北京，中華書局。），頁一八五—一八六，及《聖祖仁皇帝實錄》卷二七七，頁十及《世宗憲皇帝實錄》卷一九，頁一三。

㊽ 《聖祖仁皇帝實錄》卷二五三，頁八—頁九；卷二七五，頁九，頁一三；卷二七七，頁八—頁九。

非人扶掖，步履難行。」康熙皇帝在如此「多病」，且已預立「遺詔」的情形下，仍沒有預立皇太子之意。[59]但卻在年長諸皇子中默默的觀察挑選他意中「最後一刻」「臨終」時宣佈的皇位繼承人選。他曾諭諸皇子議政大臣等曰：「今立皇太子之事，朕心已有成算，但不告知諸大臣，亦不令眾人知，到彼時，爾等只遵旨而行。」康熙皇帝意中的皇位繼承人選，在年長的皇三子允祉沒有希望成為皇太子人選後，皇四子胤禛就成為康熙皇帝心目中最適當的人選了。因在廢太子後，康熙皇帝最痛恨厭惡諸皇子結黨爭儲位，曾召諸皇子諭曰：「諸阿哥中，如有鑽謀為皇太子者，即國之賊，法斷不容。」皇八子允禩積極鑽營謀為皇太子，即受到康熙皇帝嚴厲的斥責，甚至不惜與他「絕」「父子之恩」。在第二次廢太子後，康熙皇帝又提出立皇太子「必能以朕心為心者，方可立之。」康熙皇帝重視家庭倫理中的「孝」與「悌」，皇長子，二阿哥及三阿哥等均因有虧「孝」「悌」之道，而遭「禁錮」，「廢斥」或喪失被立為皇太子的資格。四阿哥胤禛是唯一被康熙皇帝稱讚為「誠孝」及「知大義」的「偉人」皇子，是能「體朕意」，以「朕之心為心者」的皇太子人選，而且他從未「結黨」「鑽營謀為皇太子」。或許因其「中立不倚」，康熙皇帝臨終時才命他「纘承大統」[60]。故當「隆科多」「述皇考遺詔，朕聞之驚慟，昏仆於地。」[61]

（七）結語

《聖祖仁皇帝實錄》所載康熙皇帝稱讚胤禛之辭，難免有溢美之嫌，孟森先生在〈三大疑案考實〉中，特別提出「凡歷代實錄所載其直接關係帝王本身者，為最難得實」[62]。許曾重先生更直接的指出，「在清入關後的九朝實錄中，康熙朝實錄卻最為簡略。」有許多史料被「有計劃的銷燬了」，對雍正皇帝的即位存有相當程度的懷疑[63]。吳秀良先生則以宏觀的角度研究康熙朝儲位之爭，他認為在雍正皇帝「的統治中，澄清吏治，削除朋黨，懲治貪風，使康熙朝後期一度廢弛的朝政得以整頓，從而建立起一個獨具革新特色的雷厲風行的帝王政府。」但「早已習慣於康熙寬仁政策的諸王大臣和太監」，「為了反對新皇帝的銳意改

---

59 《肅宗大王實錄》卷六三，頁二二，《景宗大王實錄》卷二，頁三。及《聖祖仁皇帝實錄》卷二七五，頁五，頁一〇。

60 《聖祖仁皇帝實錄》卷二三五，頁三；卷二三四，頁二三；卷二六一，頁九。卷二五三，頁九，及《世宗憲皇帝實錄》卷六，頁一七，雍正元年四月丁卯。

61 胤禛著《大義覺迷錄》（文海出版社印行，臺北）卷一，頁三四。

62 孟森著《三大疑案考實》《近代中國史料叢刊》三六輯，文海出版社印行，臺北。），頁七二。

63 許曾重著《清世宗胤禛繼承皇位問題新探》，頁一三六。

革，他們中傷他的人格，誹謗他『非法』簒奪皇位。」而「雍正簒權之說流傳于全國，甚至傳到海外日本與朝鮮，衝擊波在擴散的過程中發生了畸變，雍正的形象在通俗小說和戲劇中成了一個十惡不赦的反面人物」64。其論證與分析都非常中肯，也與康熙朝儲位鬥爭的事實真象相吻合。

更重要的事則為胤禛即位後，鑒於康熙朝諸皇子結黨爭儲位，所造成的政局不穩，而「立即建立秘密立儲制度，從而解決了延續太祖、太宗、世祖、聖祖四代之久的儲位相爭問題，有助於維護清朝統治集團的團結，鞏固皇權統治」65。故胤禛的即位有承前啟後之勢，其功不可沒。

64 吳秀良著、張震久等譯《康熙朝儲位鬥爭記實》頁一六八—一六九。

65 楊珍著《關于康熙朝儲位之爭及雍正繼位的幾個問題》，頁一二二。

附錄：庭訓格言

康熙皇帝有廿四個兒子，其庭訓格言是其皇四子也就是以後繼位的雍正皇帝「追述往日」，「偕諸昆弟，侍奉宮廷」於「視膳問安之暇」，「聆聽」乃父康熙皇帝生前耳提面命的訓示，共二四六則約三萬餘字，於雍正八年出版。康熙皇帝幼年及青年時，曾逐字逐句熟讀四書五經，接受完整的儒家思想的教育。他終身也以服膺及實踐儒家思想理念為職志，故其教育諸皇子的家教以儒家思想為重心，也就是儒家所謂的正心誠意修身齊家治國平天下的理論。而儒家思想理念影響中國社會已二千餘年，故康熙皇帝的「庭訓格言」雖為「帝王之家」的家訓，但與中國傳統社會中的一般平民百姓的家庭教育重點也有許多相通相同之處。茲將其「庭訓格言」的內容，按其性質分類歸納分析說明其有關家庭教育的部分。

在正心修身方面，康熙皇帝受宋明理學的影響除祀禮神佛「必以誠敬存心」外，更訓示諸皇子建立「誠」「敬」待人處事的正確人生觀。訓曰：「凡天下事，不可輕忽，雖至微至易者，皆當以慎重處之。慎重者敬也，當無事時，敬以自持，而有事時，即敬以應事，務心謹終如始，慎修思永，習而安焉，自無廢事。」「凡理大小事務，皆當一體留心，古人所謂防微杜漸者，以事雖小而不防之，則必漸大，漸而不杜，必至於不可杜也。」而處人行事也要「一出於真誠，無纖毫虛飾。」更重要的則是待人處世須有「仁愛」之心，「仁者無不愛，凡愛人愛物皆愛也。」而且要推己及人，「已逸而必念人之勞，已安而必思人之苦。」「凡有利於人者為之，凡不利於人者則去之。」至「持身處世，惟當以恕存心，見人得意事，使當生歡喜心。見人有失意事，便當生憐憫心。此皆自已實受用處，若夫忌人之成，樂人之敗，何與人事，徒自坏心術耳！古人云：見人之得如己之得，見人之失如己之失，如此存心，天必佑之。」要其子孫以「幸災樂禍之人」為戒。其訓曰：「世上人心不一，有一種人不記人之善，專記人之惡。視人有醜惡事，轉以為快樂，如自得奇物者然。此等幸災樂禍之人，不知其心之何以生而怪異如是也！汝等當以為戒。」

主敬存誠為正心修身之本，而康熙皇帝更進而認為忠君孝親也自誠敬開始。「訓曰：為臣子者，果能誠敬存心，實心體貼，凡事一出於至誠，未有不得君親之歡心者。」但「凡人欲盡孝道，欲得父母之歡心者，不在衣食之奉養也，惟持善心，行合道理，以慰父母而得其歡心，斯可謂真孝者矣！」並以他自己侍養太皇太后「誠意無不懇到」，故能獲得其祖母之歡心。「昔日太皇太后聖躬不豫，朕侍湯藥三十五晝夜，衣不解帶，目不交睫，竭力盡心」，「竭誠體貼，盹盹懇至。」才能獲得聖祖母的訓諭：「惟願天下後世，人人法皇帝如此大孝，可也。」但「孝經一書，曲盡人子事親之道，為萬事人倫之極，誠所謂天之經，地之義，民之行也。」

而教育與讀書更為修齊、治平之本，惟康熙皇帝認為教子應自幼嚴飭之始善，而且對子孫不可太過嬌養。其訓曰：「父母之於兒女，誰不憐愛，然亦不可過於嬌養。若小兒過於嬌養，不但飲食之失節，抑且不耐寒暑之相侵。即長大成人，非愚則癡。曾見王公大臣子弟中，每有癡獃軟弱者，皆其父母過於嬌養之所致也。」而且認為「為上人者，教子必自幼嚴飭之始善，看來有一等王公之子，幼失父母。或人惟一子，而愛恤過甚，其家下僕人，多方引誘，百計奉承。若如此嬌養，長大成人，不致癡獃無知，極多任性狂惡。此非愛之而反害之也，汝等各宜留心。」甚至訓曰：「聖人以勞為福，以逸為禍。」主張「天行健，君子自強不息。」法國傳教士白晉曾記康熙皇帝重視諸皇子們幼年的教育，不希望他們「過份嬌生慣養」，而「能吃苦耐勞。」「並習慣於簡樸生活。」可為康熙皇帝教導諸皇子吃苦耐勞的最好說明。

至清朝皇子皇孫典學的制度在中國歷史上的朝代中，「家法之嚴」，「以迴絕千古。」康熙皇帝自其諸子幼時開始，即慎選教師，並親自督課，嚴格要求。他曾說：「朕深惟列后付託之重，教諭宜早，弗敢辭勞。未明而興，身親督課，東宮及諸子以次上殿，背誦經書，至於日昃。還令習字，習射，覆講，尤至宵分。自首春以及歲晚無有曠日，每思進修之益，必提撕警戒，斯領受親切。」他曾訓曰：「人心虛則所學進，盈則所學退。」但「讀書以明理為要，理既明，則中心有主，而是非邪正自判矣！遇有疑難事，但據理直行，得失俱可無愧。書云學于古訓乃有獲，凡聖賢經書，一言一事俱有至理。讀書時，便宜留心體會，此可以為我法，此可以為我戒，久久貫通，則事至物來，隨感及應而不待思索矣！」「朕自幼讀書，間有一字未明，必加尋繹，務至明愜於心而後已。」「人多強不知以為知，乃大非善事。是故孔子云：知之為知之，不知為不知，朕自幼即如此。」但「凡看書，不為書所愚，始善。」至「讀書之法，以經為主。苟經術深邃，然後觀史。觀史則能知人之賢愚，遇事得失亦易明了。故凡事可論貴賤老少，惟讀書不問貴賤老少，讀書一卷則有一卷之益，讀書一日，則有一日之益。此夫子所以發憤忘食，學如不及也。」「朕則謂當讀書時，須要體認世務，而應事時，又當據書理而審其事宜」，避免「執泥」及「圓融而無定見」之弊。「時常看書，知古人事，庶可以寡過，故朕理天下五十年無甚差忒者，亦看書之益也。」而且讀書要自幼開始，「人在幼稚，精神專一通利，長成之後，則思慮散逸外馳，是故應須早學，勿失機會。朕七八歲所讀之經書，至今五六十年，猶不遺忘。至於二十以外所讀經書，數月不溫，即至荒疏矣！」「蓋幼而學者，如日出之光，壯而學者，如炳燭之光。雖學之遲者，亦由賢乎始終不學者也。」而讀書要「人一能之，已百之，人十能之，已千之，果能此道矣！雖愚必明，雖柔必強，實為學最有益之言也。」他甚至認為，「凡人進德修業，事事從讀書起。多讀書則嗜慾澹。嗜慾澹，則費用省。費用省，則營求少。營求少，則立品高。」

康熙皇帝的「勤儉」雖與一般平民百姓家的「勤儉」不盡相同，但亦有其相通相同之處。他訓曰：「民生本務在勤，勤則不匱，一夫不耕或受之饑，一婦不蠶或受之寒，是勤可以免饑寒也。至於人生衣食財祿皆有定數，若儉約不貪，則可以養福，亦可以致壽。若夫為官者，儉則可以養廉。居官居鄉只緣不儉，宅舍欲美，妻妾欲奉，僕隸欲多，交游欲廣，不貪何從給之？與其寡廉，孰若寡欲。語云：儉以成廉，侈多成貪，此乃理之必然者。」康熙皇帝更是「生性廉潔，不欲奢於用度。」「生性不喜價值太貴之物。」他認為「世之財物，天地所生以養人者有限。若節用自可有餘，奢則頃刻盡耳！何處得增益耶？」「朕為帝王，何等物不可用，而朕之衣食，毫無過費。所以然者，特以天地所生有限之財而惜之也！」「蓋深念民力惟艱，國儲至重，祖宗相傳家法，勤儉敦樸為風。古人有言，以一人治天下，不以天下奉一人，以此為訓，不敢過也！」其「所居殿，現鋪氊片等物，殆及三四十年而未更換者有之。」

戒嗜酒，酒雖為祀神獻賓禮中不可少，但「沉酣湎溺至不時不節，則不可。」「大抵嗜酒則心智為其所亂而昏昧，或至病疾，實非有益於人之物。」「奈何今之人無故而飲，飲必醉而後已。富家子弟敗家破產，身罹疾危，皆由於此。而貧苦者纔得幾文，便沽飲盡醉，行兇遭禍，抑何比比！」「世之好飲者，樂酒無厭，心恒狂亂，遂至形骸顛倒，禮法喪失，其為敗德，何可勝言？是故朕諄諄教飭爾等斷不可耽於酒者！正為傷身敗行，莫此為甚也！」

並以自己不喜飲酒為例告誡子孫，其訓曰：「朕自幼不喜飲酒，然能飲而不飲。平日膳後，或遇年節筵宴之日，只小飲一杯。人有點酒不聞者，是天性不能飲也。如朕之能飲而不飲，始為誠不飲者。」

「嚴賭博之禁，凡有犯者必加倍治罪，斷不輕恕。」康熙皇帝認為「凡人處世」，「亦當以一藝一業而消遣歲月。奈何好賭博之人，身家不計，性命不顧，愚癡如是之甚。假賭博之名以攘人財，與盜無異。利人之失以為己得，始而貪人所有，陷入坑阱。繼而吝惜情生，妄想復本苦戀局內，囊罄產盡，以致無食無居，蕩家敗業。雖密友至戚，一入賭場，頃刻反顏。一錢得失，怒詈旋興，雅道俱傷，結怨結仇莫此為甚。且好賭博者，名利兩失。齒雖少，人即料其無成。家正殷，人決知其必敗。沈溺不返，汙下同群，骨肉輕賤，親朋笑恥，種種敗害相因而起，果何樂何利而為哉？」

而「居家在外，惟宜潔淨。人平日潔淨，則清氣著身，若近污穢，則為濁所染，而清明之氣漸為所蒙蔽矣！」但「居處宮室雖貴潔淨，然亦不可太過成癖。嘗見有人過於好潔，其所居之室，一日掃除數次，家下人著履者，皆不許入。衣服少有沾污，即棄而不用，親屬所饋飲食，俱不肯嘗。此等謂之犯潔癖，久之反為身累。蓋其性情識見鄙隘已甚，實非正心修身之大道。」康熙皇帝也要其子孫知之，並以「朕之衣服有多年者，並無纖毫之玷，裏衣亦不至少污，雖經月服之，亦無汗跡，此朕天秉之潔淨也。」

至「慎起居，節飲食」也是康熙皇帝告誡其子孫的事，曾訓曰：「凡人飲食之類，當各擇其宜於身者。所好之物，不可多食。即如父子兄弟間，我好食之物，你則不欲。你不欲食之物，我強與汝以食之，豈可乎？各人所不宜之物，知之即當永戒。」而「養生之道，飲食為重，設如身體微有不豫，即當節減飲食。」當然，康熙皇帝更不忘告誡其子孫要保重身體，因其子孫皆係「富貴之人，當思各自保重身體。諸凡宜忌之處，必當忌之。凡穢惡之處，勿得身臨。譬如出外，所經之地，倘遇不祥不潔之物，即當遮掩躲避。古人云：千金之子坐不垂堂，況於你等身為皇子者乎？」

綜上所引《聖祖仁皇帝庭訓格言》的內容來看，康熙皇帝除深受儒家思想的影響外，也受中國傳統農業社會觀念的影響，故其「庭訓格言」雖為「帝王之家」的「家訓」，與中國一般平民百姓及讀聖賢經書的士大夫家庭的「家訓」，有其相通相同之處。甚或與受中華傳統文化影響下的現代一般家庭所期盼及告誡子孫的「家訓」，也有相互啟發與輝映的功能。

國家圖書館出版品預行編目資料

儒家思想與康熙大帝

劉家駒著. – 初版. – 臺北市：臺灣學生，2002 [民 91]
面；公分

ISBN 957-15-1110-2 (精裝)
ISBN 957-15-1111-0 (平裝)

1.中國 – 歷史 – 清聖祖(1662-1722)

627.2 90021622

儒家思想與康熙大帝（全一冊）

著作者：劉家駒
出版者：臺灣學生書局
發行人：孫善治
發行所：臺灣學生書局
臺北市和平東路一段一九八號
郵政劃撥戶：〇〇〇二四六六八號
電話：(〇二)二三六三四一五六
傳真：(〇二)二三六三六三三四
E-mail: student.book@msa.hinet.net
http://studentbook.web66.com.tw

本書局登記證字號：行政院新聞局局版北市業字第玖捌壹號

印刷所：宏輝彩色印刷公司
中和市永和路三六三巷四二號
電話：二二二六八八五三

定價：精裝新臺幣四四〇元
平裝新臺幣三七〇元

西元二〇〇二年一月初版

62704
有著作權・侵害必究
ISBN 957-15-1110-2 (精裝)
ISBN 957-15-1111-0 (平裝)